## 主编简介

　　**陈　涛**　教授，长期从事学生思想政治教育工作，入选教育部首批"思想政治教育中青年杰出人才支持计划"，荣获江苏省"三八红旗手"荣誉称号。先后主持承担国家社科基金、团中央课题等10余项，发表论文50余篇，主编专著、教材7部。组织申报项目获第四届全国民办高校党的建设和思想政治工作优秀成果特等奖。

高校校园文化建设成果文库

# 行业特色校园文化建设探索

## ——基于"双创"育人理念的思考与实践

陈 涛◎主编

光明日报出版社

图书在版编目（CIP）数据

行业特色校园文化建设探索：基于"双创"育人理念的思考与实践 / 陈涛主编 . -- 北京：光明日报出版社，2017.12

ISBN 978－7－5194－3773－2

Ⅰ.①行… Ⅱ.①陈… Ⅲ.①校园文化—建设—研究 Ⅳ.①G47

中国版本图书馆 CIP 数据核字（2017）第 321853 号

**行业特色校园文化建设探索：基于"双创"育人理念的思考与实践**
HANGYE TESE XIAOYUAN WENHUA JIANSHE TANSUO：JIYU "SHUANG CHUANG" YUREN LINIAN DE SIKAO YU SHIJIAN

主　　编：陈　涛

责任编辑：许　怡　　　　　　　　责任校对：赵鸣鸣
封面设计：中联学林　　　　　　　责任印制：曹　净

出版发行：光明日报出版社
地　　址：北京市西城区永安路 106 号，100050
电　　话：010－67078251（咨询），63131930（邮购）
传　　真：010－67078227，67078255
网　　址：http：//book. gmw. cn
E － mail：xuyi@ gmw. cn
法律顾问：北京德恒律师事务所龚柳方律师

印　　刷：三河市华东印刷有限公司
装　　订：三河市华东印刷有限公司
本书如有破损、缺页、装订错误，请与本社联系调换

开　　本：710×1000　1/16
字　　数：350 千字　　　　　　　印　张：19.5
版　　次：2018 年 3 月第 1 版　　印　次：2018 年 3 月第 1 次印刷
书　　号：ISBN 978－7－5194－3773－2
定　　价：78.00 元

# 编 委 会

# 前　言

　　深化高等学校创新创业教育改革,是国家实施创新驱动发展战略、促进经济提质增效的迫切需要,是推进高等教育综合改革、促进高校毕业生更好就业的重要举措。党的十八大对创新创业人才培养做出了重要部署,国务院对加强创新创业教育提出了明确要求。习近平总书记强调,高校要充分发挥文化育人功能,要更加注重以文化人、以文育人。新形势下深化高校创新创业教育改革,树立先进的创新创业教育理念,构建创新创业特色育人文化,面向全体、分类施教、结合专业、强化实践,促进学生全面发展,努力造就大众创业、万众创新的生力军,是摆在高校面前的一项重大课题。

　　南京信息工程大学滨江学院是经教育部批准建设的一所独立学院。近年来,学院围绕立德树人的根本任务,遵循技术技能型人才培养的办学思想,坚持以"双创(创新、创业)"育人理念为引领,努力塑造富有行业特色的校园文化,将创新创业教育融入人才培养全过程,不断深化教育教学改革,改进教学内容和方法,强化实践育人环节,积极构建高校、社会、行业、企业四方耦合的协同育人模式,促进学生在创新创业教育实践中全面发展,着力培养基础厚、技术强、专业精的高素质应用型、创新创业型人才,适应经济社会发展和国家战略需要,逐步形成了以立德树人为根本、学生全面发展为目标、创新创业为核心的特色育人文化。

　　经过 15 年的不断探索,学院的创新创业教育取得了丰硕成果。近年来,滨江学子在全国"挑战杯"创业计划大赛、全国大学生电子设计竞赛、全国大学生数学建模竞赛、美国大学生数学建模竞赛(MCM/ICM)、全国大学生英语竞赛、全国软件和信息技术专业人才大赛、江苏省"互联网＋"创新创业大赛、"挑战杯"大学生课外学术科技作品竞赛中屡获佳绩。学生的公益创业项目和科技创新项目分别荣获第四届中国公益慈善项目大赛大学生公益创客项目金奖、第十五届江苏省大学生课外学术科技作品竞赛暨"挑战杯"江苏省赛特等奖、第十四届江苏省大学生科技创新成果展金奖、第七届全国大学生电子商务"创新、创意及创业"挑战赛江苏省赛一等奖；陆续涌现出全国大学生基层创业就业先进人物、江苏省励志成长成才优秀学生、江苏省大学生创业优秀团队等一批创新创业先进典型。学院暑期社会实践团队荣获"全国最佳实践团队"称号，与清华大学、北京大学等高校的社会实践团队共同跻身全国十强，在共青团中央"镜头中的三下乡"活动中获评全国"优秀单位"。学院荣获第四届全国民办高校党的建设和思想政治工作优秀成果特等奖。《"万千气象看人生"实践育人互动活动》入选江苏省高校培育和践行社会主义核心价值观创新案例。学院的创新创业教育成果和思想政治教育工作经验得到《光明日报》《扬子晚报》《南京日报》人民网、中国青年网、中国大学生在线等多家媒体、网站的关注与报道。

# 目　录
## CONTENTS

第一篇

# 01

## |理论研究篇|

　　深化高等学校创新创业教育改革,是国家实施创新驱动发展战略的重要举措。党的十八大对创新创业人才培养作出重要部署,国务院对加强创新创业教育提出了明确要求。南京信息工程大学滨江学院多年来坚持"双创"育人理念下的人才培养理论研究与实践探索,形成了系列研究成果。本篇收录了大学文化重构、引领与化育:社会主义核心价值观教育的两大法宝、创新型国家建设进程中独立学院创新创业教育模式构筑、基于应用型人才培养的独立学院实践教学发展研究、独立学院大学生思想状况调查研究等十多篇理论研究文章。

# 大学文化重构与开放教育资源发展探索的历史考察<sup>*</sup>

## 一、大学文化重构的时代背景

伴随着时代发展和社会进步的大学文化变迁是无法阻挡的,这就意味着需要对原有的大学文化系统进行重构,融入更多崭新的理念和价值观以保持大学文化的先进性,从而更好地发挥大学文化的引领作用。然而,大学文化重构的过程不可能是一帆风顺的,而来自内部的变革力量也很难成为大学文化重构的主导性力量。一位英国大学的校长曾经说过,大学如同一座坟墓,如果你想要移动它的话,不要奢望里面的人能为你提供多少帮助。大学的存在已经超过九百年,它们被视为国家经济发展和社会进步的关键性因素;它们理所当然从政府或捐助者手中获得所需要的经费;它们还拥有足够的自治权利。当然,对于大学的核心使命(通过学术研究创造和保存知识,通过教学、出版和社会服务来传播知识)来说似乎没有必要发生什么改变,但是对于完成使命的方式和在此过程中秉持的价值导向,也即所谓的大学文化则需要进行根本性的重新审视,否则无法适应日新月异的外部世界。美国教育研究协会前任主席蒂尔尼(William G. Tierney)认为,大学的变革是基于一种社会结构框架而开展的,在这种框架中改革者存在着显著的路径依赖,倾向于沿用传统的高等教育规范,于是这种变革无法真正摆脱固有社会标准的束缚,参与者也无法跳脱固有社会地位限制。于是一些大学开始寻求其他的解决手段,将信息技术作为新参量纳入传统的社会变革框架成为一种选择,希望能够最大限度地推进变革。简而言之,至少能通过维持大学现有目标和价值观的基础上实现一定程度的变革,而对固有的大学文化并不产生太大的冲击。结论显而易见,从传统大学的内部是不太可能出现激烈的教育变革的,只有借助外部的力量才能真正实现大学文化的重构。

不过,来自外部的力量似乎并未对大学文化的重构产生太大的积极作用,大

---

* 本文作者:孟克、申双和、钱小龙

学文化的重构注定是一个长期复杂的过程。政府致力于在技术革新基础上创新大学组织形式,出现了如"开放大学"这样的大学组织,但总体趋势仍然停滞不前,已经出现由于缓慢速度和迟缓进展所引起的急躁情绪。在 2008 年的欧洲远程与数字学习网络会议中,与会代表认为,尽管信息与通信技术对于教育和培训领域的各个层级都产生了实质性的影响作用,但是与所预期的目标还相差很远,教育教学变革的任务才刚刚开始,只采用旧瓶装新酒的方式是不可能很好地将新技术应用于教育和培训领域的,真正有效的应用必须改变原有的模式和习惯。高等教育正处于从传统模式向技术扮演关键角色的新模式转换,但技术并没有实质性改变高等教育:学生所需要的新的教育模式没有实现;学生已经成为数字土著(Digital Natives),而教师却成为落后者;与其介绍 21 世纪的技能,还不如运用技术来实现落后教育方式的自动更新;技术的发展已经改变了学生需要学习的内容,但传统记忆方式仍然在使用。换句话说,技术已经进入课堂教学,但仍未应用于教学系统的变革,一些大学机构甚至已经制定出在教育教学中运用信息技术的正式策略方案,却没有找到任何测量和评价信息技术应用效果的方法。在许多大学机构,仍然存在着一种趋向,即将信息技术只是视为研究、管理、教学和学习的支持性服务。一些大学管理者依靠信息技术专业人员来为学校管理提供相关建议,随后根据这些建议来决定如何更好地支持科学研究或教学方面目标的达成。然而,事实上信息技术本身已经成为大学发展的核心目标和活动之一,或者是大学文化系统的重要组成部分,大学需要明确 21 世纪信息技术的使命和所扮演的角色。

## 二、大学文化重构的目标指向

尽管如今的大学看似人满为患甚至显得杂乱无章,但伴随着大学文化的重构,政府和公民将会发现大学在社会发展中所扮演的崭新角色,尤其是在解决现实问题和未来问题时将表现出更强的能力,从而为经济繁荣和人民的生活幸福提供服务。为此,大学需要回答一些问题:大学机构将以何种形式在网络空间存在,如何在这种环境中从事研究、管理、教学和学习等活动? 大学课程应该如何进行变革以满足知识经济时代不断变化的需求? 相关活动的地理边界和空间边界是什么? 回答这些问题需要大学机构全身心参与到社会变革的洪流中。面对未来,大学必然成为具备革命性和开创性的学习机构,大学文化重构将集中表现在学习理念和形式的变化上。

第一,终身学习理念的树立。终身学习的理念已经深入人心,在人们的终身学习之路中,大学将扮演关键性的角色,为人们提供学习、反思和参与的机会。终身学习目标的实现一方面有赖于人们具备强烈的学习愿望,而另一方面则需要大学能够为此提供足够的教育机会和空间,摆脱传统高等教育层级体制的束缚。

第二,泛在学习的推广应用。泛在学习意味着任何人、任何时间、任何地点都能进行学习,与传统的学习模式存在很大的差异,并几乎可以应用于各种不同层级和类型的教育系统。泛在学习系统由课程、工作室、专门的学习群体、国际性的研究小组,基于短期或长期的承诺通过开展各种报告、讨论会和活动而形成。泛在学习不仅用于知识的传播,而且更加强调激发学生的争辩和讨论,所提供的学习机会也将注重符合多元化学生群体的不同学习风格和学习需要。

第三,协作学习成为时尚。无论是现实的课堂教学,还是虚拟的网络教学,协作学习已经成为一种时尚的学习模式。协作学习关注师生互动和生生互动,要求对实际问题进行反思,强调打破学科的边界,建立一种跨学科领域的课程。

第四,多元化学习需求得到尊重。伴随时代的发展,未来的大学将提供更多不同模式的教育,以实现大学的教育、研究和社会服务职能,服务于不断增长的多元化人群的差异性需求和目标。

第五,低廉的学习费用。无论是采用何种学习形式,也无论这种学习形式是如何先进,学习费用始终都是无法回避的重要问题。对于大多数人来说,一般的学习费用是可以接受的,但是对于一些人来说学习花费却是不可承受之重,未来的教育将更加关注这部分人的需求。作为一种廉价甚至是免费的学习类型,数字化教育资源将担负起这种历史责任,为所有人提供丰富而多元的学习资源。

### 三、大学文化与开放教育资源发展的探索历程

大学文化并不是静止的,它的生命力所在便是动态发展,尤其进行创新性发展,否则根本就无法对开放教育资源这样一个飞速发展的新事物产生有效的影响作用。当开放教育资源的发展步入转折阶段,更多的不确定性因素和非预期性事务相继涌现,如果开放教育资源要实现持续性的发展,离不开大学文化的引领和促发,而大学文化的重构便是大学文化担负这一重要职责的保证。大学文化的重构体现为学院文化、管理文化、发展文化和协商文化的重构,这些文化的重构在开放教育资源发展的转折阶段发挥着保驾护航的作用,避免出现宏观层面的战略失误,也指引着开放教育资源走向更加深远和广阔的发展空间。

(一)制定开放教育资源的发展战略

在经历短期的快速发展之后,各种预料之中或预料之外的问题相继涌现,开放教育资源运动到了进行经验总结和发展规划的时候。为此,2007 年 9 月开放社会研究所(The Open Society Institute)和沙特尔沃思基金会(The Shutleworth Founda – tion)在南非首都开普敦组织召开了一次开放教育国际会议,会议邀请了

30个积极支持开放教育国家的代表机构或组织,会议就督促政府和出版机构加大教育资源开发的公共资金投入、促进教育资源在网络中的免费公开发布以及加强开放教育资源在教育中的应用等话题展开了讨论和合作研究,并于2008年1月发布了著名的《开普敦开放教育宣言》(Cape Town Open Education Declaration)。对于开放教育资源运动而言,《开普敦开放教育宣言》的发布是一个具有里程碑意义的事件,它对开放教育资源所面临的时代挑战、开放教育资源的革新实践、开放教育资源的发展愿景进行了细致深入的论述,并提出了提升开放教育资源影响的三个战略:鼓励教育者和学习者采取基于资源开发(创建、使用与改编)、教育实践(协作、发现与知识创造),以及社会合作等举措积极参加开放教育资源运动;倡议教育者、作者、出版者和相关机构采用更加开放的方式来发布他们的资源;督促制定相关的开放教育政策以确保政府、学校理事会、学院和大学拥有更高的开放教育优先权。这三大战略无一不反映着大学文化的重构:第一个战略一方面体现了学院文化的重构,明确了教师与学生在教育实践中的角色和地位,要求共同担负创造、使用和传播知识的重任,另一方面体现了协商文化的重构,注重开展社会合作,满足普通公民的需求,实现更大范围的知识共享与传播;第二个战略体现了管理文化的重构,大学不再是一个封闭的教育机构,而是应该实施开放式管理,确保开放教育资源的大众共享,提高教育资源的利用效率;第三个战略体现了发展文化的重构,明确了大学在非正式教育资源发展中的主体地位和关键性角色,也明确了政府在非正式教育资源发展中的主导权和非正式教育服务于国家利益的基本理念,指明了开放教育资源建设与应用的权利结构。互联网提供了前所未有的学习环境,一场学习的革命正在悄然进行,《开普敦开放教育宣言》的发布标志着开放教育资源运动面对时代的变化开始步入转折阶段,为了更好地促进开放教育资源的发展,必须以重构求变的姿态,尤其是大学文化的重构来积极地应对各种挑战和困境。

(二)探索开放教育资源的运作机制

在大学文化的创新精神的引领下,在《开普敦开放教育宣言》相关要求和规范的督促下,全球范围内高等教育机构开始与各级政府部门和各种社会组织展开合作,纷纷开展开放教育资源活动,进一步强化了开放教育资源的影响力和作用。2009年2月,休伊特基金会为密歇根大学、非洲开放教育资源联盟以及四个非洲大学提供相关项目资助以支持开展免费的健康教育,协商文化的重构开始跨越国界发挥作用。2009年3月,全球著名的视频网站You Tube启动You Tube教育项目,从数百个学院、大学、教授和著名学者那里收集了大量的优质教育资源,免费向公众发布,协商文化的重构摆脱教育机构的束缚,商业机构开始成为开放教育资源运动的重要参与者和推动者。2010 年 9 月,斯坦福大学在线发布了大量免费课程资源,吸引了超过 35 万用户浏览和使用资源,私立研究型大学开始走向管理文化的重构,实现了知识的自由共享。2011 年 8 月,在风险投资公司 Y - Combinator 的资助下,趣味编程网站 Codecademy 开始提供免费的在线学习编程开放教育资源,发展文化的重构意味着开放教育资源必须引入多元化的发展路径和呈现多元化的资源形态,由静态资源呈现转变为动态交互学习便是发展文化重构的一种具体反映。2012 年 3 月,世界著名的私有非营利信息科技机构 TED 开通了专门针对教育者的频道 TED - Ed,将收集到的顶级教育材料免费向大众发布,私营机构在开放教育资源运动中崛起,不是意味着大学机构地位的下降,而是反映了在大学文化重构的作用下,开放教育资源发展赢得了更高的社会接纳度。这一时期,开放教育资源在经历短暂的徘徊之后,迅速获得了发展的主动,这要归功于《开普敦开放教育宣言》的经验总结和发展规划,更要归功于大学文化重构的巨大引领作用。不过,飞速的发展无法掩盖发展过程中的问题,而这些问题也并未因为开放教育资源的发展速度而有所缓解,反而愈演愈烈,大有风雨欲来之势。

(三)明确开放教育资源的发展目标

在开放教育资源运动步入十周年之际,大量的开放教育资源活动有力地促进开放教育资源的发展,但同时也开始面临一些新问题和新挑战,因此在经历一个阶段的发展之后需要进行相关总结、交流和学习。2012 年 6 月,在学习共同体(Common - wealth of Learning)的全力组织和休伊特基金会的经费支持下,世界开放教育资源代表大会(World Open Educational Resources Congress)在联合国教科文组织总部巴黎召开,来自各国政府、国际机构、教育者群体、非政府组织、大学在内的四百多名代表参加了此次会议。会议的主要议程包括发布《2012 巴黎开放教育资源宣言》(2012 Paris OER Declaration)、通过开放式研讨会和展览的形式交流全球开放教育资源运动情况以及庆祝 2002 年教科文组织论坛(2002 UNESCO Forum)十周年纪念。其中,最受世人瞩目的是《2012 巴黎开放教育资源宣言》,该宣言以英语、法语、西班牙语、阿拉伯语、汉语、俄语等六种语言形式向全世界公开发布。宣言进一步明确了未来开放教育资源的发展目标和历史责任,要求各国政府、社会组织和教育机构致力于:提高对开放教育资源的认识,促进对开放教育资源的利用;为使用信息与传播技术创造有利环境;进一步制定有关开放教育资源的战略和政策;促进对开放许可授权的了解和应用;支持能力建设,促进优质学习材料的可持续开发;促进形成开放教育资源的战略联盟;鼓励用各种语言开发和改编以各种文化为背景的开放教育资源;鼓励对开放教育资源展开研究;便利开放教育资源的搜索、获取和共享;鼓励对利用政府资金开发的教育材料实行开放许可授权。该宣言进一步彰显了大学文化重构的影响作用,学院文化的重构体现为转变政府和社会组织在开放教育资源运动中的角色,鼓励担负更多的职责和发挥更大的作用;管理文化的重构体现为促进开放教育资源的许可授权和推广应用,鼓励运用各种语言开发和改编多元文化的开放教育资源;发展文化的重构体现为注重能力建设,实现开放教育资源的可持续发展;协商文化的重构体现为构建开放教育资源的战略联盟,鼓励政府和企业参与开放教育资源的开发。这次会议的召开标志着开放教育资源运动进入深水区,一系列支持政策相继出台、一系列改革措施不断推进、一系列研究活动持续展开,开放教育资源的重要性和价值已经得到广泛的认可,在重构大学文化的作用下开放教育资源运动必然拥有更加光明的前景和灿烂的未来。

### 四、开放教育资源发展的现实困境与基于大学文化的应对之策

历经十数年的发展,开放教育资源从萌芽逐渐走向成熟,但也面临众多的挑战,不同的利益群体相互碰撞和冲突,使得开放教育资源的发展过程既充满了机遇也遍布荆棘和变数,给予一个理念上指引和实践的指导是非常必要的。

(一)发展效率:组织界限问题的处理

开放教育资源作为一项社会公共事业,它的本质属性是开放性、灵活性和自由性。这种本质属性广泛体现在开放教育资源的设计、使用、编辑、重复使用、重复包装以及传播等活动中。显而易见,这种低效的发展理念使开放教育资源的发展陷入两难境地:一方面,为了开放教育资源未来更加健康和科学的发展,必须在资源的创建、存储、传播、教学应用、学习应用等领域建立一套严格可信的管理框架;另一方面,为了保证开放教育资源本质属性或发展初衷的充分发挥与实现,必须提供更加灵活自由的管理框架。于是,开放教育资源机构开始考虑一个历史上重复出现的话题,即自组织界限(Limits of Organization)的问题。根据中马宏之(Hiroyuki Chuma)的观点,知识应该自由地共享和经由信息处理过程形成知识网络以促进组织的涌现和自组织效果的出现,否则就会伴随着出现组织界限问题,导致组织合作和地区最优化的失败。组织界限对开放教育资源起着一种类似于过滤和筛选的作用,开放教育资源机构可以根据自己的需要有选择地输入能量、材料和信息,以便有效地加以处理,确保优质高效的管理。如果对组织界限问题视而不见,不仅会出现资源浪费和投入产出率低下的问题,也会在一定程度上导致管理的混乱和组织结构的松散化。面临严峻的发展形势,高等教育机构应该充分发挥大学文化的影响作用,一方面从大学管理文化的角度检验和反思开放教育资源的管理框架,另一方面将大学管理文化的理念应用于实践,在当前基础设施

和管理系统的作用范围之内对开放教育资源进行制度化操作。具体而言,高等教育机构需要实施一系列的文化举措以应对开放教育资源发展所面临的组织界限问题:第一,从大学管理文化实践应用的层面对目前开放教育资源的管理实践和管理策略的运用进行调查,掌握开放教育资源管理系统的运行情况、存在的问题、汲取的教训和推广应用的可能性;第二,从大学管理文化理论研究的层面分析开放教育资源管理模式的差异性,了解哪种管理模式对于开放教育资源的知识管理是最有效的,高等教育机构的学术文化是否会对开放教育资源和开放教育实践形成障碍,以及需要通过对教师和基础设施进行何种形式的投入来改善教学和学习的质量;第三,贯彻大学管理文化的基本理念,将大学管理文化理论研究与实践应用的成果进行推广,鼓励和资助高等教育机构开展开放教育资源管理改革,在机构层次发展出具有前瞻性的开放教育资源知识管理机制。

(二)发展维度:正式应用与非正式应用问题的处理

对于开放教育资源的发展维度,高等教育机构倾向于多种形式和多元发展。这与大学文化的本质属性是完全一致的,但整体上可以分为正式的教育运用和非正式的教育运用两种维度。正式的教育运用反映的是大学文化的认识论取向,其主旨是创造与传播知识,实际上就是在高等教育机构内部或正规课程教学中的应用。非正式的教育应用反映的是大学文化的政治论取向,其主旨是从封闭落后走向开放先进,是指高等教育机构之外或在课堂教学时间之外的,通过非教学性质的社会交往来传播和获取知识,由学习者自我发起、自我调控、自我负责的应用。尽管在正式运用与非正式运用问题的处理上面临巨大的挑战,但仍出现了一些备受鼓舞的进展,EdX 项目就是其中的一个典型案例。麻省理工学院和哈佛大学在2012 年 5 月联合启动了一个开放教育资源大学课程项目 EdX。该项目致力于通过试验混合型的学习模式和支持教师开展富有意义学习方式研究来改善大学的教学质量,为任何拥有网络接口的学习者提供免费的学习机会。EdX 项目通过创建一个开源性在线学习平台和一个在线网络入口来开展网络教学,相关课程主要由在线视频、网页嵌入型测试以及协作论坛组成,任何学生在完成课程学习和通过评价流程之后将会获得一个不同于全日制大学的技能证书和成绩。EdX 项目对正式学习和非正式学习问题的处理进行了一个很好的尝试,大学文化的公益性与先进性得到很好的实践阐释,自项目启动以来,其所秉持的高质量和非营利网络教育模式得到广泛的认同,来自世界各地的超过 140 所高等教育机构对参与项目和开展合作表达了强烈的兴趣。EdX 项目充分体现当前高等教育机构和教育者对于传统教育机构框架强烈的改革愿望,有关非正式学习的学习认定和学分获得理所当然应该成为改革的议程之一。

（三）发展模式：可持续发展问题的处理

开放教育资源的发展模式一直以来都是存在较多争议和冲突的话题，尽管不同的高等教育机构结合自身的特征和条件运用着不同的发展模式，但绝大多数机构都面临同样的挑战或发展瓶颈，即可持续发展的问题。根据伽斯柏和罗森布鲁姆（Chesbrough & Rosenbloom）的观点，发展模式是指能将各项投入转化为经济价值的一种经营方式，包括产品价值命题说明、市场划分与消费者定位、企业价值链结构定义、产品的成本结构和利润潜力评估、企业在产业链中的位置描述、竞争策略制定等六大功能。一种可持续的发展模式应该能够综合考虑开放教育资源提供者的内部组织和与用户需求相关的资金流之间的关系，完成对于开放教育资源的价值、定位、价值链结构、财务、产业链位置以及竞争优势的说明和实现。开放性是开放教育资源的本质属性，它意味着自由地进入、使用和分享，因此从理论上来说开放教育资源的商业模式不是一种可持续的盈利模式。对于绝大多数高等教育机构来说，开放教育资源项目所能获得的经费资助往往都是不稳定的，如果不采用某种商业模式，很可能就会导致项目的停止，甚至完全失败。开放教育资源的开发、管理和传播都需要一定的成本，开放教育资源的所有者也希望通过商业运用获取一定的利润，因而从更加宽泛的视角来看，开放教育资源实际上并非是免费的，只有采用合适的商业运作模式才有可能真正实现可持续的发展。实现开放教育资源的可持续发展面临着各种问题的激烈冲突，如何平衡商业化项目与公益性事业的矛盾成为其中的关键。相对而言，一些具有较高社会地位和学术声誉的大学机构似乎能够更加从容地应对两者之间的矛盾，也更可能获得充足的经费以实现可持续发展。如果这种差异放大的话，那么也就意味着研究型大学相比普通高校获得了发展的竞争优势，这种优势的获得表面上与研究型大学的社会地位和学术声誉相关，但实质上更为关键的是研究型大学所具有的文化差异性。因此，如果从社会实际来看，拥有强势大学文化的研究型大学似乎更适合扮演开放教育资源运动的主角，而拥有弱势大学文化的普通大学也许只能根据实际情况来确定自身在开放教育资源运动中的角色。

（四）发展愿景：推广和应用问题的处理

作为组织发展的指引向导，发展愿景是指组织根据现阶段经营与管理的需要，对组织未来发展方向的一种期望、预测和定位。从本质上来看，大学组织的发展愿景与大学文化的使命是一致的，两者都致力于为大学的未来发展明确方向和指明道路，因此开放教育资源的推广与应用既是大学组织的发展愿景之一（扩大影响力和提高社会地位），也是大学文化的重要使命之一（扩大知识传播和共享的范围，提升大学的社会影响力）。开放教育资源的推广和应用已经取得了显著的进展,开放教育资源的话题开始逐渐进入各种学术交流和科学研究的视野,一些组织也在积极地参与开放教育资源的推广和应用活动,如联合国教科文组织(UNESCO)、经济合作组织(OECD)、创意共享组织(Creative Commons)等。当然,不少高等教育机构出于各方面的原因仍然秉持着市场垄断的旧传统,选择将各种教育资源封锁在密码或高墙之后,使得用户很难突破各种限制性的条款获得所需要知识,从实际来看开放教育资源很多时候并不开放。作为一项引领时代发展潮流和符合社会发展需要的事业,未来开放教育资源的发展终究会摆脱各种桎梏,尤其是资源所有者所设置的限制性实践和可能导致的开放性与所有权之间战争,走上高速发展的康庄大道。当代大学文化已经更多地表现出其开放性和公益性的特征,大学机构有责任,也有能力担当开放教育资源推广和应用的排头兵和领导者,并将此问题的解决列入组织发展愿景,依靠组织成员对这个愿景的共同关切和认同,激发群体的热情和力量来推进问题的解决。与此同时,大学文化的先进性应该表现得更为显著,其卓越的文化引领作用意味着高等教育机构必须随时了解开放教育资源的发展状况,关注无处不在的全球性教育环境的创建,通过运用各种类型的计算机技术和移动通信技术来实现教学环境的充分开放、教学系统的随时随地随人自由访问以及教学资源的免费使用与传播,在一定程度上这些举措更加有利于问题的解决。

**参考文献:**

[1]Tony Bates,Albert sangra. *Managing Technology in Higher Education*:Strategies for Transforming Teaching and Learning[M]. San Francisco:John Wiley & Sons,2011:232.

[2]William G. Tierney. *Organizational Culture in Higher Education*:Defining the Essentials [J]. The Journal of Higher Education ,1988(1):2-21.

[3]U lf Daniel Ehlers. Understanding Quality Culture [J]. Quality Assurance in Education,2009(4):343-363.

[4]Henry Chesbrough & R. Rosenbloom. *The Role of the Business Model in Capturing Value from Innovation*:Evidence from Xerox Corporation's Technology Spin off Companies[J]. Industrial and Corporate Change,2002(3):529—555.

[5]陈昭锋. 国外政府促进战略性新兴产业发展商业模式的创新[J]. 南通大学学报(社会科学版),2013,(6):103-109.

# 引领与化育:高校社会主义核心价值观
# 教育的两大法宝*

改革开放以来,我国社会发展面临着新的转折点。一方面旧价值观受到外来思想的拍打,另一方面新价值观有待完善。作为祖国的未来,作为社会主义事业的建设者和接班人,当代大学生能否树立起正确的人生价值观是关乎中国特色社会主义建设事业成败的大事。因此,在新形势新政策下,如何培育和践行社会主义核心价值观已成为当前高校思想政治工作的一项重要任务。

学者们围绕"社会主义核心价值体系和大学生思想政治教育"这一主题进行了较为广泛和深入的研究。在期刊数据库检索显示,以"社会主义核心价值体系""社会主义核心价值观""大学生思想政治教育""高校思想政治教育"为关键词的文章以及专著数不胜数。早期比较有代表性的成果有吴潜涛教授的《用中国特色社会主义核心价值体系引领大学生成长成才》、冯刚教授发表的《用社会主义核心价值体系引领高校思想政治教育深入发展》等文章。除此之外,还有一些学术著作问世,代表性著作主要有《社会主义核心价值体系融入大学生思想政治教育全过程的基本问题研究》《社会主义核心价值体系融入大学生思想政治教育全过程研究》等,这些研究成果为后续研究的全面展开启迪了思路。

作为传播知识、引领文化、研究学术、追求真理、创造思想、培养人才的重要场所,高校也是建设社会主义核心价值体系的重要阵地。作为一名高校思想政治教育的管理者,笔者拟从梳理社会主义核心价值观的由来、把握其本质出发,论述社会主义核心价值观教育的必要性,指出高校在培育和践行社会主义核心价值观中需要坚守的基本原则。

---

* 本文作者:王娟、黄锐、王晓阳

**一、社会主义核心价值观的内涵**

（一）"社会主义核心价值观"的由来

党的十六届六中全会第一次明确提出"建设社会主义核心价值体系"的重大命题和战略任务，并指出社会主义核心价值观是社会主义核心价值体系的内核。

党的十七大进一步指出"社会主义核心价值体系是社会主义意识形态的本质体现。"党的十七届六中全会强调，社会主义核心价值体系是"兴国之魂"，建设社会主义核心价值体系是推动文化大发展大繁荣的根本任务。

十八大报告明确提出"三个倡导"，即"倡导富强、民主、文明、和谐，倡导自由、平等、公正、法治，倡导爱国、敬业、诚信、友善，积极培育社会主义核心价值观"，这是对社会主义核心价值观的最新概括。2013 年 12 月，中央办公厅印发《关于培育和践行社会主义核心价值观的意见》，明确提出，以"三个倡导"为基本内容的社会主义核心价值观，与中国特色社会主义发展要求相契合，与中华优秀传统文化和人类文明优秀成果相承接。2014 年 2 月 12 日，《人民日报》今日头版公布 24 字的社会主义核心价值观基本内容——富强、民主、文明、和谐、自由、平等、公正、法治、爱国、敬业、诚信、友善。

（二）社会主义核心价值观的本质内容

价值是某种客体对于主体需要的某种满足，价值观是在客体对主体需要的满足上人人心里都有的那杆秤。那么，核心价值观就是建立在根本利益基础之上的、使得社会系统得以运转、社会秩序得以维持的基本精神依托。以此推论，社会主义核心价值观是中国传统核心价值观经过中国历史的大浪淘沙、借鉴西方当代核心价值观有益因素、结合中国当下实际、为助推"中国梦"实现而凝练的基本价值取向。用中国社会科学院马克思主义研究院党委书记、副院长侯惠勤教授的话来说："社会主义核心价值观本质上是集体主义，而不是个人主义；本质上是社会主义，而不是资本主义。"

**二、社会主义核心价值观教育的必要性**

2014 年 2 月 24 日，习近平总书记在中央政治局第十三次集体学习时强调，要把培育和弘扬社会主义核心价值观作为凝魂聚气、强基固稳的基础工程。为什么如此重视社会主义核心价值观教育？

第一，这是意识形态建设的迫切需要。伴随着全球化时代的到来，世界范围内思想文化交流交融，一些共性的全球性观念正在形成，世界同质化现象越来越明显，但是意识形态领域内的竞争从未褪去，而且日益严峻，只不过是披了一层隐形的外衣而已。社会主义中国必须培育和践行社会主义核心价值观，巩固马克思主义在意识形态领域的指导地位，扩大主流价值观念的影响力，以面对新形势下"暗流涌动"的意识形态交锋，在激烈竞争中有自己强势的影响力和话语权。这是意识形态建设面对新形势新挑战的需要。

第二，这是实现"中国梦"的战略需要。悠久、连续的中华文明经历了"辉煌、衰落和悲剧"，在中国共产党的领导下，这一文明焕发了生机和活力，有望迎来"复兴"的大好时机。作为世界第二大经济体的中国，要使中国经济进一步走向世界，需要"社会主义核心价值观"为之开辟道路并提供价值观念的支撑。正如中国文化软实力研究中心主任张国祚教授在讲座中所言，理论自信、制度自信、道路自信为中国梦的实现提供灵魂动力、保障支撑以及根基方向。

第三，这是继续稳定发展的现实需要。随着改革开放和社会主义市场经济的发展，思想意识呈现出多元多样多变的新特点，改革开放也进入了前所未有的攻坚阶段。保持现有成就、推动大变革大调整、推进国家治理能力，这需要解决好价值体系问题。只有积极培育和践行社会主义核心价值观，巩固全党全国人民团结奋斗的共同思想基础，才能促进人的全面发展、引领社会全面进步，创造平稳有序的社会进步秩序。

### 三、高校社会主义核心价值观教育的基本原则

学校是培养中国特色社会主义事业建设者和接班人的重要阵地，对推动培育和践行社会主义核心价值观具有重大的政治责任、现实责任和历史责任。作为青年聚集地的高校，更应切实承担这份重大责任，毕竟，青年兴则国家兴，青年强则国家强。正如胡锦涛同志指出：一个有远见的民族，总是把关注的目光投向青年；一个有远见的政党，总是把青年看作推动历史发展和社会前进的重要力量。因此，作为建设社会主义核心价值体系的重要阵地，高校在学生工作中应紧紧围绕立德树人根本任务，以社会主义核心价值观引领学生工作，在结合实际中将培育和弘扬社会主义核心价值观落细、落小、落实，以学生喜闻乐见的方式"化育"学生成人成才。

第一，站在"引领"的高度。这是从认识层面讲高校对社会主义核心价值观教育应有的态度。

随着我国社会的快速发展，随着全球化进程的加快，诸多社会思潮的发展给高校带来许多新的气象和观念，大学生受到社会层面、校园层面的社会思潮的影响，价值观念出现多元化。例如，有的学生"三观"功利化，在价值评判和行为选择上存在双重标准；有的学生学习动力不足，学习处于浅层次和被动状态；有的学生

自我意识比较突出、个性化需求增多,出现人际交往、心理压力大等问题。

在我国社会结构、利益格局、思想观念等方面发生重大调整和深刻变化的新形势下,我们必须以社会主义核心价值体系引领大学生价值观念,用富有生命力、凝聚力和感召力的社会主义核心价值观引领高校思想政治教育工作。唯有充分发挥社会主义核心价值体系和价值观的作用,不断巩固社会主义核心价值体系意识形态主导地位的能力,才能不断积极引导大学生思想政治教育朝着正确方向发展。唯有如此,方能从根本上提升高校学生思想教育工作的质量和水平,为中国特色社会主义事业培养合格的建设者和接班人。

这是由社会主义核心价值体系的目标性、人民性、先进性、包容性等内在特征决定的。在社会主义核心价值体系的方向指引、精神支撑、整合引领、批判引领、理想激励、道德昭示中,高校的思想政治教育工作拥有了源源不断的力量源泉。

第二,把握"化育"的力度。这是从实践层面讲高校对社会主义核心价值观教育应然的方式和方法。

青年学生是国家的希望、民族的未来,是推动中国特色社会主义建设的中坚力量,是促进民族振兴和国家发展的强大力量。他们能否认同社会主义核心价值观,关系到中国特色社会主义道路能否走得坚定,关系到他们会不会把中国特色社会主义共同理想转化为民族复兴和建设国家的动力。

鉴于大学生群体的特殊性,实践中的社会主义核心价值观教育必然涉及方式方法问题。"填鸭式"的一味灌输,显然会适得其反,高校学生工作者应更多地寻找开展社会主义核心价值观教育的适合路径。例如,通过微信微博等新媒体广泛宣传社会主义核心价值观;通过挖掘中国优秀传统文化的教育意义为社会主义核心价值观教育找回历史积淀;通过先进典型、身边榜样等充满正能量的事例来感染人;通过搭建快捷高效的学生工作平台使得辅导员从事务性工作中得以释放,将更多精力投入思想道德教育;通过健康向上、丰富多样的校园文化活动浸染青年学生的文化意识、价值观念和生活方式;通过加强理想信念教育,发挥党员的模范带头作用,带动大学生积极进取……这些均是在以春风化雨的形式对学生进行社会主义核心价值观的"化育"式教育,即通过在大学生中开展无处不在的"轰炸式"宣传向学生"灌输"社会主义核心价值观的理论知识,通过丰富多样的活动营造社会主义核心价值观教育氛围,通过多方努力创造践行社会主义核心价值观的社会实践,取得社会主义核心价值观教育的实效。

在这种春风化雨式的教育活动中,高校思想政治教育工作者让社会主义核心价值观的"话语权"日益彰显,让社会主义核心价值观的教育更加富有吸引力,逐步让大学生内心接受社会主义核心价值观所蕴含的价值判断、价值评价、思维方式与审美方式,并将之自觉地转化为"羡慕、靠近、模仿与人同社会主义核心价值观"后的行为。即在大众化、通俗化、生活化的社会主义核心价值观"化育"中,高校思想政治教育工作者"通过吸引而非强迫或收买的手段"来达成对社会主义核心价值观的形象塑造、渗透认同以及行为外化。

## 四、结语

核心价值观承载着一个民族、一个国家的精神追求,体现着一个社会评判是非曲直的价值标准。核心价值观是文化软实力的灵魂、文化软实力建设的重点。一个国家的文化软实力,从根本上说,取决于其核心价值观的生命力、凝聚力、感召力。二十四字的社会主义核心价值观,融合了天、地、人三才者,蕴含着自强不息、厚德载物、内在超越三种精神,是永葆生命力、富有凝聚力、具有感召力的价值观。

高校开展社会主义核心价值观教育是高校学生工作的新目标、严要求、长任务,如何让社会主义核心价值观教育在高校中百舸争流、切实提升育人水平,这是我们每个高校学生工作者的必修课,唯有在引领与化育中方能为社会主义核心价值观教育出谋划策、添砖加瓦,为推动中国特色社会主义事业发展提供强有力的中间力量。

**参考文献:**

[1]石海兵、于玉娟:《论大学生核心价值体系教育的生活化路径》,载《中国青年政治学院学报》,2011年第2期。

[2]徐锋:《社会主义核心价值体系的引领功能论析》,载《求索》,2014年第11期。

[3]唐凯麟、张静:《社会主义核心价值体系的公民认同和道德构建研究》,载《伦理学研究》,2014年第1期。

[4]范纯琍:《文化软实力视域下的社会主义核心价值体系建设》,载《学习与实践》,2014年第3期。

[5]高庆涛:《当代大学生社会主义核心价值观内涵及实践路径探析》,载《学校党建与思想教育》,2014年第1期。

# 高校辅导员幸福指数、工作状态、
# 离职倾向互动影响分析*

## ——基于江苏7所高校的调查研究

辅导员的思想道德水平高低、职业素质优劣、工作能力强弱、工作状态好坏直接影响到高校立德树人根本任务的完成质量。本文以高校辅导员为研究对象,以幸福指数、工作状态、离职倾向为研究视角,考察高校辅导员幸福指数、工作状态、离职倾向三者之间的关系,为改善高校辅导员的工作状态,降低离职率提出有效建议。

### 一、研究对象与研究方法

（一）研究对象

研究随机抽取江苏省7所高校的辅导员作为调查样本,现场发放及回收问卷。共发放问卷485份,收回有效问卷415份,有效回收率为85.6%,样本分布如表1所示:

---

* 本文作者:陈涛、张莉、张莹瑞

**表1 样本分布状况(N=415,100%)**

| 统计指标 | 分类指标 | 人 | 比例(%) | 统计指标 | 分类指标 | 人数 | 比例(%) |
|---|---|---|---|---|---|---|---|
| 学校 | 211高校 | 55 | 11.3 | 岗位 | 学院科研管理人员 | 362 | 87.2 |
| | 独立学院 | 48 | 11.6 | | 部门科研管理人员 | 49 | 12.8 |
| | 省属财经类大学 | 101 | 24.3 | 编制 | 在编 | 158 | 38.1 |
| | 省属全国重点大学 | 74 | 17.8 | | 编外 | 257 | 61.9 |
| | 省属普通高校 | 31 | 7.5 | 学历 | 专科 | 17 | 4.1 |
| | 教育部直属药学高校 | 61 | 14.7 | | 本科 | 167 | 40.2 |
| | 省属医科大学 | 45 | 10.8 | | 硕士 | 226 | 54.5 |
| 性别 | 男 | 186 | 44.8 | | 博士 | 5 | 1.2 |
| | 女 | 229 | 55.2 | 职务 | 科员 | 273 | 65.8 |
| 年龄 | 20—25岁 | 65 | 15.7 | | 副科 | 78 | 18.8 |
| | 26—30岁 | 171 | 41.2 | | 正科 | 60 | 14.5 |
| | 31—35岁 | 123 | 29.6 | | 处级 | 4 | 0.9 |
| | 36—40岁 | 25 | 6.0 | 月收入 | 3000元以下 | 145 | 34.9 |
| | 41岁以上 | 31 | 7.5 | | 3000—4000元 | 118 | 28.4 |
| 职称 | 初级 | 251 | 60.5 | | 4000—5000元 | 92 | 22.2 |
| | 中级 | 158 | 38.1 | | 5000—6000元 | 49 | 11.8 |

(二)研究方法和工具

采用自编高校辅导员幸福指数问卷、工作状态问卷和离职倾向问卷进行测量。上述三个量表借鉴了国内外关于幸福指数、工作状态、离职倾向的相关研究以及高校辅导员的群体特征和职业特点编制而成。

1. 幸福指数测量量表

自编《高校辅导员幸福指数量表》,采用李克特5点量表计分:"1=非常不符合,2=基本不符合,3=说不清楚,4=基本符合,5=非常符合"。问卷共有34个项目,分为工作满意、健康体验、积极情绪、自主感、自我价值、成长发展、人际和谐、家庭氛围、社会信心9个因子指标,通过验证性因素分析可知,量表的9因子模型具有较好的结构效度。量表的总体内部一致性系数 α=0.933,各指标的信度系数如表2所示:

**表2 高校辅导员幸福指数各因子的Cronbach α 系数(N=415)**

| | 总体 | 工作满意 | 健康体验 | 积极情绪 | 自主感 | 自我价值 | 成长发展 | 人际和谐 | 家庭氛围 | 社会信心 |
|---|---|---|---|---|---|---|---|---|---|---|
| α | 0.93 | 0.82 | 0.78 | 0.94 | 0.71 | 0.80 | 0.82 | 0.85 | 0.81 | 0.79 |

2. 工作状态测量量表

自编《高校辅导员工作状态量表》，问卷共有 43 个题项，包含工作满意、工作投入、组织承诺三个因子。量表采用李克特 5 点计分度量："1 = 非常不符合，2 = 基本不符合，3 = 说不清楚，4 = 基本符合，5 = 非常符合"。通过验证性因素分析可知，工作状态量表的 3 因子模型具有较好的结构效度，总体内部一致性系数 α = 0.945，各分量表的信度系数如表 3 所示：

**表 3　高校辅导员工作状态指标体系的信度系数**(N = 415)

|  | 总体量表 | 工作满意 | 工作投入 | 组织承诺 |
|---|---|---|---|---|
| Cronbach α 系数 | 0.945 | 0.913 | 0.903 | 0.814 |

3. 离职倾向量表

参考 Griffeth & Hom 的离职倾向量表，设计三个指标来测量高校辅导员的离职倾向。量表采用李克特 5 点计分度量："1 = 非常不符合，2 = 基本不符合，3 = 说不清楚，4 = 基本符合，5 = 非常符合"。量表的内部一致性系数 α = 0.803。

4. 数据分析工具

使 SPSS17.0 对数据进行探索性因素分析、描述性统计分析、信度检验、差异分析和回归分析，使用 AMOS17.0 对量表结构进行验证性因素分析。

(三)数据分析结果

1. 幸福指数、工作状态、离职倾向描述性统计及差异性分析

对高校辅导员的幸福指数、工作状态和离职倾向进行描述型统计，并分别对不同性别、编制和不同职务的高校辅导员在三个测量量表中的得分进行差异性分析，得到的结果如表 4 所示。

**表 4　高校辅导员幸福指数、工作状态和离职倾向的分类描述性统计**

|  |  | 性别 | | | 编制 | | | 职务 | | | |
|---|---|---|---|---|---|---|---|---|---|---|---|
|  |  | 男 | 女 | T(p) | 在编 | 非编 | T(p) | 科员 | 科级 | 处级 | F(p) |
| 幸福指数 | M | 127.75 | 123.38 | 2.02** | 118.95 | 118.35 | 0.33 | 118.27 | 118.41 | 146.00 | 4.66* |
|  | SD | 18.82 | 17.33 |  | 18.78 | 17.88 |  | 18.54 | 17.221 | 15.42 |  |
| 工作状态 | M | 162.68 | 156.48 | 2.69** | 161.27 | 158.03 | 1.37 | 158.94 | 158.79 | 197.75 | 5.57** |
|  | SD | 24.35 | 22.22 |  | 21.63 | 24.43 |  | 23.73 | 22.17 | 17.197 |  |
| 离职倾向 | M | 6.88 | 6.98 | -0.36 | 6.52 | 7.19 | -2.44* | 7.15 | 6.601 | 3.501 | 5.24** |
|  | SD | 2.85 | 2.56 |  | 2.37 | 2.85 |  | 2.77 | 2.49 | 1.00 |  |

注：$^*P < 0.05$，$^{**}P < 0.01$

分析结果显示,男性辅导员在幸福指数和工作状态上的得分显著高于女性;非在编人员的离职倾向显著高于在编人员;不同职级的辅导员在幸福指数、工作状态和离职倾向上均存在显著性差异。

2. 幸福指数、工作状态、离职倾向的相关分析

对高校辅导员的幸福指数、工作状态、离职倾向进行相关分析,所得结果如表5所示:

**表5　幸福指数、工作状态、离职倾向之间相关系数**

| | 幸福指数总分 | 生活满意 | 健康体验 | 积极情感 | 自主感 | 自我价值 | 成长发展 | 人际和谐 | 家庭和睦 | 社会信心 |
|---|---|---|---|---|---|---|---|---|---|---|
| 工作状态 | .728** | .573** | .450** | .571** | .298** | .573** | .627** | .420** | .298** | .628** |
| 工作满意 | .740** | .616** | .418** | .578** | .361** | .540** | .643** | .416** | .296** | .653** |
| 工作投入 | .630** | .401** | .476** | .488** | .179** | .564** | .513** | .390** | .329** | .489** |
| 组织承诺 | .443** | .393** | .250** | .360** | .162** | .354** | .405** | .246** | .114* | .418** |
| 离职倾向 | −.385** | −.266** | −.373** | −.269** | −.276** | −.309** | −.227** | −.320** | −.375** | −.385** |

注:*P<0.05, **P<0.01

从表5的数据分析结果可知,高校辅导员的幸福指数与工作状态存在显著的正相关,与离职倾向存在显著的负相关。进一步对幸福指数的9个因子与工作状态的3个因子相关性进行分析,发现幸福指数的9个因子与工作状态的3个因子均存在正相关关系,其中幸福指数中的成长发展和社会信心与工作状态的相关系数较高,达到0.6以上。其次为自我价值、生活满意、积极情感,相关系数达到0.57。

3. 幸福指数对工作状态与离职倾向的影响

(1)幸福指数高分组与低分组在工作状态和离职倾向上的差异

分别选取幸福指数总分排在前27%和排在后27%的样本作为分析样本,分别界定为高分组和低分组,分析其在工作状态和离职倾向上存在的差异。t检验的结果如表6所示。

表6 高幸福指数与低幸福指数人群在工作状态、离职倾向上的差异

| 幸福指数 | 总体工作状态 | 工作满意 | 工作投入 | 组织承诺 | 离职倾向 |
|---|---|---|---|---|---|
| | M（SD） | M（SD） | M（SD） | M（SD） | M（SD） |
| 低分组 | 137.96(19.62) | 61.56(9.59) | 39.20(7.93) | 37.20(7.21) | 8.46(2.60) |
| 高分组 | 179.86(15.76) | 84.97(8.51) | 50.04(5.62) | 44.85(5.49) | 5.22(2.19) |
| T值（p） | −18.22** | −19.76*** | −12.09*** | −9.14*** | 10.26*** |

注：＊＊＊P＜0.001

表6的数据分析结果告诉我们，幸福指数高的辅导员其工作状态的三个因子得分显著高于幸福指数低的人群，而幸福指数高的辅导员其离职倾向得分显著低于幸福指数低的人群。

（2）回归分析

为确定高校辅导员的幸福指数对工作状态和离职倾向的影响，以幸福指数的各因子指标为自变量，工作状态和离职倾向得分为因变量，进行回归分析，结果如表7和表8所示。将影响幸福指数的各个因子纳入工作状态回归方程，采用逐步回归法进行分析，其中有五个因子的回归系数显著进入回归方程，五个因子可以解释工作状态60.6%的变异。五个因子是社会信心、成长发展、自我价值、生活满意、积极情感。

表7 工作状态对幸福指数的回归分析

| | 非标准化系数 | | 标准化回归系数 | | |
|---|---|---|---|---|---|
| | B | 标准 误差 | 系数 | t | P值 |
| 社会信心 | 8.195 | 1.216 | .265 | 6.737 | .000 |
| 成长发展 | 6.812 | 1.147 | .243 | 5.939 | .000 |
| 自我价值 | 8.034 | 1.347 | .221 | 5.963 | .000 |
| 生活满意 | 4.856 | 1.036 | .187 | 4.687 | .000 |
| 积极情感 | 2.597 | 1.085 | .101 | 2.394 | .017 |

将幸福指数的各个因子指标纳入离职倾向的回归方程，采用逐步回归法，有三个因子的回归系数显著，三个因子可以解释离职倾向22.5%的变异。三个因子

分别是生活满意、家庭氛围、社会信心。

**表 8　离职对幸福指数的回归分析**

| | | 非标准化系数 | | 标准化回归系数 | | |
|---|---|---|---|---|---|---|
| | | B | 标准　误差 | 系数 | t | P值 |
| 自变量 | 生活满意 | −.721 | .151 | −.241 | −4.789 | .000 |
| | 家庭氛围 | −.711 | .162 | −.202 | −4.385 | .000 |
| | 社会信心 | −.698 | .183 | −.195 | −3.808 | .000 |

（3）工作状态的中介效应

从相关分析的结果发现,幸福指数同离职倾向呈显著负相关,工作状态与幸福指数呈显著正相关而与离职倾向呈显著负相关。因此,工作状态具有中介效应,我们将对工作状态的中介效应进行检验。采用 Baron 和 Kenny 提供的检验中介作用的程序和判断条件,对工作状态的中介作用进行验证。该程序的步骤及判断条件为:第一步,中介变量工作状态对自变量幸福指数进行回归,回归系数应该显著;第二步,因变量离职倾向对自变量幸福指数进行回归,回归系数应该显著;第三步,自变量幸福指数和中介变量工作状态同时进入回归方程,自变量的回归系数仍然显著,说明中介效应显著,并且比第二步中有所下降,则表明存在部分中介作用。也就是幸福指数既直接影响离职倾向,也通过工作状态的中介作用间接影响离职倾向。

**表 9　工作状态的中介效应检验**

| 自变量 | 因变量 | | |
|---|---|---|---|
| | 第一步: | 第二步: | 第三步: |
| 幸福指数 | B=0.728*** | B=−0.457*** | B=−0.153*** |
| 工作状态 | | | B=−0.419*** |
| 调整后的$R^2$ | $R^2$=0.528 | $R^2$=0.207 | $R^2$=0.288 |
| $R^2$增量 | | | 0.081 |

表 9 的数据分析结果显示,高校辅导员的工作状态在幸福指数和离职倾向之间具有中介效应,高校辅导员幸福指数高低可以通过影响工作状态来影响离职倾向。

## 二、结论与对策建议

### （一）女性辅导员的幸福指数和工作状态较低

究其原因在于，高校女性辅导员的晋升发展机会比男性要少，使得女性的发展预期较低，不公平感较强。此外，由于女性承担着较重的家庭劳务，她们的生活满意度常常低于男性。因此，高校管理者应制定规范的岗位晋升制度，做到男女平等，能者胜出。

### （二）离职倾向

非在编人员的离职倾向显著高于在编人员；不同职务的管理人员在幸福指数、工作状态和离职倾向上均存在显著性差异，职务越高，幸福指数越低。

针对这种情况，高校应该加大人事制度改革力度，打破身份的限制，努力实现同工同酬，以能力和贡献作为员工考核和发展的主要标准。对于专职从事教育管理的人员，一方面鼓励走"双肩挑"的道路，管理和教科研协同发展；另一方面应该设计"双轨制"职业发展规划，不能走专业发展之路，就选择行政发展路径，其待遇应该与同等级专业教师的待遇相当。

### （三）高校辅导员的幸福指数

高校辅导员的幸福指数与工作状态呈显著正相关，与离职倾向呈显著负相关，并且高校辅导员的幸福指数可以通过影响他们的工作状态间接影响到离职倾向。

因此，高校管理部门应该充分重视了解辅导员的心理诉求，从职业发展、公平感受、积极的组织文化营造等方面努力提升他们的幸福指数。

### （四）个人生活满意度与贡献大小

社会信心、成长发展、自我价值、生活满意、积极情感对工作状态的贡献最大。

高校应该努力营造公平、公正、公开的管理文化，制定科学的绩效评价体系，做好职业发展规划。结合辅导员的职业要求和个体特征做好人职匹配，努力拓宽辅导员的发展空间，激发他们在工作中充分实现自我价值。要建立公平合理的薪酬制度，提高辅导员的收入和福利待遇，提高他们的生活满意度。此外，高校管理者还要注意倾听辅导员的合理诉求，积极听取和采纳他们的合理化建议，提高他们的职业成就感。

## 参考文献

[1]黄昱方、陈莹莹：《科技创业人才组织承诺对离职倾向的影响研究》，载《科技管理研究》，2009年第4期。

[2]Baron R M，Kenny DA. *The moderator – mediator variable distinction in social*

*psychological research*：Conceptual strategic and statistical considerations［J］. Journal of Personality and Social Psychology，1986，51：1173 - 1182.

　　［3］温忠麟等：《中介效应检验程序及其应用》，载《心理学报》，2004 年第 5 期。

# 独立学院创业教育的优势分析与合理定位<sup>*</sup>

创业教育最早是 1989 年由联合国教科文组织在"面向 21 世纪教育国际研究会"上首次提出的,随后西方国家开始结合本国国情开展创业教育。我国的创业教育是在胡锦涛同志"实施扩大就业的发展战略,促进以创业带动就业"的战略指导下开展起来的。江苏省的独立学院作为新兴民办教育主体,在经历了快速成长后,步入内涵教育建设阶段,大学生创业教育依托独立学院的优势教育资源,必将得到高度重视和大力扶持。

## 一、基于 SWOT 分析的独立学院创业教育因素分析

SWOT 分析,也称为企业评估,是将企业内部环境的优势与劣势、外部环境的机会与威胁同列在一张"十"字形图表中加以对照:SWOT 是 Strengths(优势)、Weaknesses(劣势)、Opportunities(机会)、Threats(威胁)的缩写,SWOT 分析就是在优势、劣势、机会和威胁四个要素的基础上,通过对企业内部资源与能力和外部环境与机遇的分析,来明确企业在市场中所处的地位。基于 SWOT 分析的"十"字模式,从创业教育内含的创业意识、创业精神、创业知识、创业能力四个方面的内容看,独立学院的开展在内外部因素上同样存在优势、劣势、机会和威胁。

(一)优势是能够积极推进独立学院创业教育开展的学生主体优势明显

独立学院的学生普遍存在情商高于智商的特点,他们思维活跃,创新创业意识强,人际交往能力强,这有利于引导学生树立正确的创业观。实现以培养学生走自主创业之路为目标的创业教育;他们中很多来自于创业家庭,自幼受到创业环境的熏陶,形成了兴趣广泛、见多识广、一技多长等特点,加上家庭创业资源的优越条件,有利于挖掘和培养学生勇于创新、勇于尝试的创业精神。

(二)劣势是牵制独立学院创业教育开展和形成良好效果的消极方面

创业知识是创业成败的基础,一般除了行业的专业知识外,还涉及法律、管理、

---

*　本文作者:郑晓坤、沈伟峰

财会、贸易等全方位的知识储备,而"三本"学生普遍存在知识基础较差、知识面不够广泛、创新创造能力有限等问题,成为牵制创业成败的关键要素之一;独立学院自身办学历史不久,创业知识教育也缺乏系统性和专业性的指导,尤其是创业教育师资的匮乏,成为牵制创业教育可持续性发展的劣势之一。

(三)机会是独立学院在努力探索适合自身办学特点的发展之路过程中,不断产生有利于创业教育发展的时机。

独立学院是以"应用型、创业型"人才培养为目标,专业设置更加贴近市场需求,尤其是贸易类、市场类、财会类、法律类等专业人才培养趋于实用型。独立学院的课程设置较为灵活,易于接受新兴课程,如 KAB 等创业课程的引入就更加迅速。注重实践教学,这样的人才培养定位和教育资源为创业教育的推进提供了有机土壤。

(四)威胁是伴随着独立学院外部环境的改变而产生的,不利于创业教育推进的时机

这主要体现在民办教育社会认可度等方面的欠缺。在大学生就业难的时代,社会上企业用人更是存在偏见,独立学院学生往往受到民办教育身份的限制,受到不公平的对待,带来了人为的就业困难,尤其是家庭经济困难的学生,想在大城市实现就业更是难上加难。与此同时也给独立学院的创业教育带来了契机,因为就业难使很多有创业梦想的学生更加坚定了创业的决心,全力以赴地投入到大学生创业团队中来,为推进独立学院的创业教育提供了主体支持。

综合以上四个要素的分析,创业教育在独立学院的教育环境中有着巨大优势,教育者应该结合独立学院的学生特色和教育资源合理定位创业教育的目标,这样才能将劣势发展成优势,将威胁转化为机会,研究并实践出一条适合民办教育实际的创业教育之路。

### 二、"优势最大化"前提下合理定位独立学院的创业教育

所谓"优势最大化",就是要在充分分析和挖掘独立学院的教育资源和办学特色的基础上,将学生主体、教育优势无限发挥。突破社会传统偏见的限制,研究出一条符合独立学院办学特色的道路,以实现教育优势和教育成效的最大化。

目前,独立学院的创业教育基本上存在以下几个问题:第一,创业主体培养目标不明晰。基本上是按照"一本""二本"的教育模式在培养"三本"的创业人才;第二,创业教育特色不突出,无论是在课程设置还是实践教学环节,都是照搬照学,没有利用好自身的优势;第三,创业教育的地位没有得到足够的重视,学生的创业行为基本上是服务学科竞赛,而未真正实现以创业带动就业的效果。而要实现独立学院创业教育的优势最大化,关键是要有一个合理而准确的定位。

（一）创业层次的定位

中国高校创业教育明确提出要为国家培养创新创业技术人才,国内外一流大学都强调大学生创业应该是以实现科学技术成果转化、专利申请为特点的研究型创业,独立学院也应结合学生主体特点进行合理的创业层次定位。"三本"学生专业知识基础普遍较差,但人际交往能力较强,所以合理的创业层次定位应该是以市场为依托的贸易类、市场类、人力资源类等普通创业人才层次为主,降低创业专业化,以提高创业成功率。同时,独立学院的学生创业又要区别于社会人员二次就业的创业形式,不是简简单单的买卖行为,还应该体现出更高的创业价值,以创造经济价值为手段,实现社会价值为目的,在创业成功的基础上创造更多的工作岗位,为周边就业困难的同学提供帮助,扶持弱势群体,激发大学生的社会责任感,是体现促进公平公正的"社会创业"。

（二）创业知识的定位

独立学院创业层次定位直接决定了其创业知识的内容。独立学院创业知识不应该是着重加强科研创业所需的高端专业知识储备,而是在引入创业教育课程的同时结合学生实际的知识水平,在各专业中普遍开展通识教育,以专业基础课、选修课或通修课等形式,普及法律、市场营销、国际经济与贸易、财会、管理学等基础知识。创业知识的教授应该以满足学生创业需求为主,将国内外先进的创业教育课程引入教育教学中,在激发学生创业意识的基础上,普及创业知识,增强大学生创业的知识储备,能够独立解决创业过程中面临的简单的政策法律解读、权益维护保障等问题。

（三）创业模式的定位

独立学院的学生大多自幼家庭条件比较优越,接触现代网络媒体的机会更多,因此创业模式定位应该是突破传统创业模式,鼓励大学生开展网络创业。既能有效避免实体创业复杂性对"三本"学生能力的冲击,又能发挥网络创业模式的优势,快速赢利见效,提升"三本"学生的创业自信;同时,网络创业模式与传统创业模式相比更加灵活多变,信息量更加丰富,也更符合学生见多识广、思维活跃、一技多长的特点,这样的创业模式定位能够更好地发挥独立学院学生主体和灵活办学机制的优势。

**三、推进独立学院创业教育特色发展的路径思考**

基于优势分析与合理定位基础上推进独立学院创业教育,就需要充分地挖掘"三本"学生主体的特色,利用好灵活的办学机制,整合好校企合作和家校互动等社会资源,探索出创业教育特色发展的道路。

（一）将创业教育进行分层开展

针对学生群体的不同程度，分层次进行创业教育。通过创业教育相关课程的开设，在学生中间广泛宣传普及创业意识和基础知识，目的在于培养学生具有创新创业的精神；针对有创业梦想的学生，则重点采用创业实践教学，开设创业案例课程与实践体验课程，给予他们更多的创业理念和思维，鼓励他们努力实践自己的创业梦想；针对有创业项目的学生，则通过创新实践项目、创业大赛等学科竞赛，配备专业指导教师，提高创业项目的专业层次和创新内涵，同时提供大学生创业园等实践基地和配套服务。

（二）将创业教育作为特色，开展结合"创业型、应用型"人才培养目标，体现独立学院灵活办学机制的优势

一方面，将创业教育作为办学特色推进，在课程设置上将创业教育渗透到专业教育中，体现技能培养和实践教学的优势，对于创业典型给予相应学分奖励等，通过一系列的激励措施，激发大学生创业的热情；另一方面，独立学院相对灵活的用人机制，可以给予任课教师一定创业激励，比如担任创新创业项目指导教师或者利用自己课题进行创业，在职称评定、工作量计算中都给予优先。有过创业经历的任课教师组成创业教育讲师团，从而以师促生，通过开发教师创业资源反哺大学生创业教育。

（三）做好创业教育资源整合

独立学院创业教育最大的优势体现在"资源链"上，要想走出一条特色发展的道路，就必须整合好各类资源，共同为独立学院的创业教育出力。家校互动是创业教育资源的原动力，正是由于"三本"学生很多出自于创业家庭，因此才使创业知识更容易被接受，创业精神更坚定地被继承。通过家校互动的形式，让家长将创业经历与孩子分享，让家长为创业梦想的孩子提供便利条件，使大学生创业得到家庭的支持。校企合作是创业教育资源的潜能量。独立学院注重学生的技能培养，与企业开展实践教学的校企合作，可挖掘具有实践经验的优秀企业讲师进入课堂，担任创业教育课程的外聘教师。组织学生实习实践的同时鼓励他们学习创业型企业的先进经验和资源支持，使大学生创业得到社会的认可。第二课堂是创业教育资源的助动力。改变现在为了参加"挑战杯"等科技竞赛而要求学生确立创业项目研究的情况，通过创业教育的进一步推广和实践，应该在已经开展的大学生创业项目中选拔优秀的推荐参赛，在促进大学生创业大赛、职业生涯规划大赛等取得优异成绩的同时，实现以学科竞赛为助力提升大学生创业的水平。

**参考文献：**

［1］武倩：《自议科学发展观视阈下的独立学院创业教育》，载《科技创业月刊》，2011 年第 1 期。

［2］梅发同：《独立学院大学生创业教育探析》，载《商业经济》，2012 年第 1 期。

［3］理阳阳：《面向家族企业继任问题的独立学院创业教育模式研究》，载《经济研究导论》，2012 年第 1 期。

［4］中国注册会计师协会：《公司战略与风险管理》，经济科学出版社 2010 年版。

# 创业教育：独立学院办学新亮点\*

## 一、创业教育是独立学院学生发展的自身需要

### （一）创业教育的内涵

创业教育是一种新的教育观念，至今还没有一个大家都认可的定义。较普遍的观点是：创业教育是以提高学生自我就业能力为目的的，使较多的毕业生成为职业岗位创造者的教育。其基本任务是：帮助学生正确认识自己、认识社会，了解就业形势，了解劳动力市场现状，树立正确的择业观和创业观；培养学生的创业意识和良好的创业心理品质，培养学生自立、自强、自信、自主的创业精神；指导学生积累创业知识，开展创业实践活动，提高自主创业能力；向学生提供各种创业信息，帮助学生选择创业方向，做好创业准备。创业教育不但体现了素质教育的内涵，而且突出了教育创新和对学生实际能力的培养。

### （二）独立学院学生特点和办学定位为开展创业教育打下良好基础

独立学院的学生头脑灵活，敢于冒险，动手能力强，有较强的社会适应能力和社交能力。他们善于沟通和交流，爱好广泛，许多学生都具有一定的特长，在各种活动中有展示自我才华的强烈愿望。同时，他们人生价值取向积极务实，渴望得到社会的平等对待，自我意识和自尊意识强烈，这些都是作为一名创业者所必须具备的良好素质。

而作为三本层次的独立学院，在研究了学生的特点后，为避开与一本、二本学生在教育市场竞争中的不利位置，更好地变劣势为优势，大多将应用型、创业型本科教育作为人才培养定位的重点，在教学计划和教学大纲中，削减了一些过深、过精的理论课程，强化了课程的应用性和实用性，加大了实践课程的力度，突出学生动手能力和应用能力的培养。

---

\*　本文作者：万卫华

（三）创业教育应成为独立学院参与教育市场竞争的亮点

独立学院创办时间不长，毕业生在社会上、人才市场中以及用人单位里的认可度还不是很高。就业是民生之本，让大学生有一份能发挥专长的工作，是党和政府努力的目标，也是所有大学生的心愿。破解一部分大学生毕业即待业的难题，除了政府的政策支持、用人单位和社会各界的不懈努力外，处于劣势地位的独立学院更需要加强对学生进行生存教育、创业教育，要系统地把创业的技巧、创业的心理准备、创业的风险、创业的政策环境等等方面的知识告诉学生，让学生在获得基本的文化知识和专业技能之后，具有从业的本领和创业的能力，懂得如何去开拓市场空间，如何去寻求市场空白点，变被动就业为主动创业，变"等、靠、要"为自强、自立、自主创业，这是教育为经济服务的重要途径，也是市场经济对教育的必然要求。创业教育应成为独立学院区别于其他类别学校办学的一个亮点，并逐步成为独立学院办学的特色，从而成为独立学院参与教育市场竞争的一个筹码。

**二、独立学院创业教育的现状**

（一）创业教育呼声高，落实少

应该说，大多数独立学院都意识到创业教育应该是独立学院做大做强的一块蛋糕。调查显示，80%的独立学院将应用型、创业型人才的培养作为人才培养定位。显然，独立学院要开展创业教育的呼声较高。围绕开展创业教育，独立学院在教学计划、教学大纲等方面也作了一定的调整和改革，但真正落实的却很少。从目前的情况看，创业教育仅仅局限于对过深、过精理论课程的削减，局限于课程的应用性和实用性的强化以及实践课程力度的加大，这些距现代经济社会发展对创业教育的要求还有较大的距离，创业教育无论从教学内容、教学方法上看，还是从学生的学习兴趣、学习成效上看，都还很难让人满意。

（二）创业教育升温，教育水平参差不齐

调查显示，部分独立学院开设了创业及相关课程，另有部分正准备开设创业及相关课程。同时，一些创业教育开展起步较早的独立学院，在积累了一些教育教学经验的基础上，还举办了有关创业教育如何进行的研讨会。但业内人士用"参差不齐"来形容独立学院开设的创业学课程。在开展创业教育时会遇到不同的问题，如母体是财经类的独立学院面临着很多教师缺乏技术管理方面的背景，而一些母体是理工科的院校可能面临管理方面课程少的问题。

（三）实践课程缺乏，创业教育的瓶颈

清华大学中国创业研究中心副主任高建教授具体指出了中国创业教育的三个"先天性不足"：一是积累不够，对于创业教育的理论研究还比较少；二是时间不够，创业教育在我国是 20 世纪 80 年代末提出的,90 年代中期才开始研究和实践,因此缺乏经验的总结;三是实践不够,教学活动开展得比较少。南开大学国际商学院副院长张玉利指出:"实践课程缺乏高质量师资是当前创业教育存在的主要问题。"这一大的教育背景,同样成为制约独立学院创业教育开展的瓶颈。创业教育的实践性比其他课程要强,这就需要有理论功底扎实的教师,更需要有实战经验的企业家来给学生上课。但是在一些实践性较强的课程上则缺乏有效师资的积累。目前,一些独立学院尝试着和企业建立合作关系,并邀请资深的企业家给学生上课。但即使是拥有国外 MBA 学习经历和国内创业实践的双背景的企业家给学生们上课,效果也不尽如人意,这是因为企业家要上好创业教育课,必须和专职教师密切配合才行,而企业家和专职教师的沟通、磨合过程需要大量的时间和经费。

### 三、如何开展创业教育

（一）重视对创业教育师资队伍的选拔与培养

创业教育离不开高素质的师资队伍,必须把选拔与培养创业教育的优质师资提到重要日程上来。一方面要加强对创业骨干教师的专业培训,同时制定激励措施,鼓励现职教师到创业一线兼职,或有计划地选派有潜质的青年教师直接参与创业实践。另一方面,可以聘请一些企业家、成功的创业者、技术创新专家到创业基地任兼职教师,或兼职从事创业方面的教学与研究工作,扩大创业教育的师资队伍。与此同时,要积极探索丰富多彩的创新创业实践,加强国际国内创新创业领域的学术交流、研讨和科学研究,培养和造就一支宏大的、高水平的创业教育师资队伍。

（二）突出综合素质培养

美国的创业教育是从培养学生的创新精神、创业热情、冒险意识、团队精神入手,使学生形成发现新的市场商机,捕捉市场机遇,提高筹集资金、寻找合作伙伴、创办企业的能力、管理与运作企业以及最大限度地获得利润的能力,从而提高毕业生的竞争能力,有效解决就业。通过这种模式培养的学生不仅可以创办新的企业,也可以在现有的企业或其他部门中开创新的工作领域。开展创业教育不仅可以解决毕业生的就业问题,也有利于推动经济发展和科技进步,对我们有着很强的借鉴意义。

国外十分重视小企业对经济发展的作用,创业教育不是针对某一行业的专业知识和技能的培养,甚至对企业的经营管理知识也不作深入的研究,而主要是在教学内容上对小企业创业者与经营者本身的综合素质提高要求,进行评定、启发和引导,对企业创业、经营知识与技能进行基础教育和综合论述,教育重点不在于知识和技能的传授,而在于能力挖掘和素质教育。许多创业教育课程都是围绕小企业的创办做文章的。如亚太地区,不论是经济发达国家还是发展中国家都非常重视围绕小企业开展创业教育,许多亚太地区的国家如文莱、印度尼西亚、斐济等国都在兴办小企业创业教育机构。如澳大利亚的技术与继续教育学院(TAFE)的小企业创业教育,菲律宾大学的小型工业企业研究所(UPISSI)。

(三)设立创业新讲堂

设立创业新讲堂,定期邀请社会名流做演讲。创业新讲堂采取多种方式,灵活变通,可以同时承担一个项目论证和吸引创业风险投资的任务。对希望获得创业风险投资的人,给予一个展示团队、项目介绍、商业计划、盈利模式等当众讲解的机会,由提供风险资金的孵化器、企业和其他听众做评委,当场决定是否投资,并对创业计划进行评论。邀请著名企业家、教育家、专家、学者来讲自己在相关领域内的研究和认识,通过演讲和回答问题,与听众交流、沟通,把先进的管理理念和创业的思想深深植根在学生的头脑中。亦可定期举办创业设计大赛,形成浓厚的创业氛围。学生在创业作品的设计过程中,综合运用各种知识,查阅大量资料,这是极好的锻炼。

(四)突出实践教学,为学生提供实战场所

教学内容多采用案例教学,教学方法采用讨论式教学,教学组织多采用学生分组结合项目进行,同时鼓励学生深入到企业中结合实践学习。设立创业教育中心来专门从事创业教学和研究工作。中心聘请创业经验丰富的教授从事教学,同时还请企业管理人员、风险投资专家等参与教学活动。为鼓励学生的创业行为,学校每年都提供资金资助学生进行创业项目的研究,同时通过竞赛等形式选出一些学生的创业项目进入孵化器。建立创业教育的实践基地,走校企联合的模式,可在企业创立学生创业实践基地,亦可利用学校自身优势创办实体,为学生提供创业实战演习场所,根据学校专业设置情况,制定周密的创业培训计划,通过创业教育的实践活动,鼓励广大学生在不影响学习的情况下,利用周末及业余时间创立投资少、见效快、风险小的实体,让学生从中体会到创业的乐趣与艰辛,体会成功的喜悦,在潜意识中培养他们的创业意识。

**参考文献:**

[1]房欲飞:《创业教育——世界高等教育新理念》,载《上海教育》,2004 年第 38 期。

[2]梁国胜:《创业教育任重道远》,载《中国青年报》,2005 年 12 月 13 日。

# "创新型国家"建设进程中独立学院
# 创新创业教育模式构筑*

### ——以南京信息工程大学滨江学院为例

**一、创新创业教育是"创新型国家"战略的必然要求**

独立学院是在新形势下高等教育办学机制和模式的一项探索和创新,办学目标在于培养高层次"应用型、创业型"人才,是更好更快地扩大高等教育规模的一种有效途径,其发展归根到底需靠创新因子等内部力量的拉动。同时,面对严峻的就业形势的要求,独立学院必须摒弃过去的人才培养观念和模式,探索如何培养创新、创业型人才的新道路,开展创新创业教育已成为独立学院就业指导工作中艰巨却充满希望的使命。

**二、我国当代主流创新创业教育模式及反思**

我国作为联合国教科文组织"创业教育"项目的成员国,早在 1991 年就在基础教育阶段试点创业教育,由原国家教委基础教育司牵头组织了六省市布点研究。我国的创业教育兴起是伴随着创业活动的开展而逐步推开的,以 1999 年在清华大学举办的第一届"挑战杯"中国大学生创业计划竞赛为标志。到现在,我国高校的创新创业教育已经形成了较为稳定的三种典型模式。

第一种模式以中国人民大学为代表的"双课堂结合"式创业教育。

该模式提倡将第一课堂(教育教学主课堂)和第二课堂(实践教学、团学活动课堂)结合起来开展创新创业教育,强调创业教育"重在培养学生创业意识,构筑创业所需知识体系,养成学生的综合素质"。第二课堂鼓励学生创造性地投身于各种社会实践活动中,通过开展创业教育专题讲座、创业计划大赛等活动,为第一课堂做专业依托,以项目和社会为"创业教育"实践客体。

---

＊ 本文作者:李艳艳、王中杰

第二种模式以北京航空航天大学和浙江大学为代表的"知识与实践相结合"创业教育。

该模式认为创新创业基本素质的培养是帮助学生提升个人能力的良好途径,故以提高学生的创业知识、创业技能为侧重点。通过商业化运作的形式,建设大学生科技创业园,传授创业基本知识,并辅助为学生提供资金资助、咨询服务。北航的创新创业教育在基础知识教学的基础上,成立了"创业管理培训学院",专门负责与学生创业有关的事务。学校还设立了300万创业基金,对创业计划书经评估后进行"种子期"的融资。

第三种是以上海交通大学为代表的"综合式"创业教育。

"综合式"创业教育强调学生在实战环节中,学习并培养创新创业基本素质,注重创新创业教育体系的系统性、科学性。一方面将创新教育作为创业教育的基础,在知识传授过程中注重学生素质的养成;另一方面,为学生提供创业所需资金和必要的技术咨询。上海交大共投入资金8000多万元建立了若干个试验中心和创业基地,全天候向全校学生开放,以培养学生的动手能力。现由该校研究生成立的学子创业有限公司,已经入驻上海"慧谷"科技创业基地。

纵览以上三种典型的模式,创新创业教育在纵横两个方向都获得了初步发展,在普通本科类院校中已经初具成效,但独立学院的创新创业教育起步较晚,仍存在着不少问题:一是独立学院创新创业教育的教育理念和教育目的不够明确。创新创业教育的目的不应仅仅定位在对企业家的培养,应该把向独立学院大学生普及创业精神、教授创新途径作为目标。在"创新驱动"的背景下,创新创业教育还应培养学生具有组合创新、结构创新的意识。二是独立学院的创新创业教育模式的体系尚不完善、教学形式较为单一。我国独立学院创新创业教育体系发展还处于初级阶段,急需上升至理论学科层面,形式上以上述三种典型模式为基础,大都没有任何实质性的改变,导致培养机制体制还不够完善;三是独立学院创新创业实践平台发展举步维艰、产学研发展模式水平不高,从而导致成果转化率不高、企业孵化效果不明显,创新创业活动没有实质性进展,产学研发展模式尚未建立有效的"政府、社会、独立学院、企业"四方互融体制机制。

### 三、独立学院创新创业教育模式构筑——以南京信息工程大学滨江学院为例

(一)明确创新创业教育理念,厘清教育思路

独立学院开展创新创业教育,首要解决的问题就是梳理科学的教育理念。独立学院大学生创新创业教育理念是培养学生创新精神、创业素质、创业技能的教育活动,即培养学生如何适应社会生存、自主择业、自谋职业的有效方法和途径。

具体应体现为学会学习,学会做人,学会创新,学会创业。独立学院的学生大部分家庭条件较为优越,有相对广泛的社会资源,为此,独立学院开展创新创业教育不仅应针对学院中精英分子,而且要考虑到所有在校学生,以学生的主体性和潜能开发为依据,通过"全方位、全过程、多形式"的教育方式,在做到遵循高等教育一般规律的同时彰显出学院办学特色,把培养目标定位养成"高水平、高素质、高技能"的"创业型、应用型"人才。在这种科学的教育理念指导下,开展创新创业教育实践,能够把学生塑造成拥有合理的就业观念和创业精神的社会个体。为此,滨江学院将创业教育纳入职业生涯规划课程,以必修课的形式普及到对所有学生的教学活动中。

(二)完善创新创业教育体系,建立创业实践平台

创新创业教育是一个层次性、系统性的教育教学体系,独立学院在主教学方面需跨学科地进行课程的设置,通过学科的互补性完备地教授创业综合素质相关知识,通过强化创业实践平台的建设,不断培养大学生的创新思维和创业思维。滨江学院近几年逐步形成了由"创新创业教育体系、大学生科技创业园、创业活动与组织"组成的"三位一体"的创业实践平台,课程设置上"职业生涯规划"以及"就业指导"分别为 16 学时,分别计 1 个学分。在通修课课程中,增加创业教育相关领域的课程。大学生科技创业园已经连续开展三年,计招收创业组织 31 个、创业人员 150 人,成效显著(包括注册实体公司、参与校企共研项目等形式)。同时,组建有"大学生科学与技术协会""大学生创业者协会"等组织,定期开展专题创业讲座,与南京市人力资源与社会保障局开设 SIYB 创业培训课程。

(三)企业参与创新创业教育,建立创业孵化基地

创业孵化基地是独立学院学生参与创业实践的重要平台,能够保障高校创新创业教育的规范化和持续化发展,是创新创业教育多级组织架构中的重要一环。独立学院应充分借助企业资源,发挥办学优势,将企业引进到学校创新创业教育的全过程。滨江学院结合学校特色,先后与昆山市气象局、镇江市气象局等建立实践教学基地,同焦点科技股份有限公司、网博计算机软件有限公司、江苏微软技术中心等企业签订校企合作协议。校企协同通过引进师资力量、合作创新项目、加强创业技能培训等途径开展大学生创新创业教育实践。企业参与创新创业教育为大学生项目(成果)的孵化提供实践平台,为创业型、实战型教育师资力量的深入化和常态化提供保障。

## 四、结论与展望

由于当前我国具体的、历史的因素制约,独立学院在开展创新创业教育院体

系的建设和完善工作过程中仍存着不足与问题,比如大学生创业孵化机制制度不健全、孵化基地双向沟通渠道缺乏高层次保障等。对于独立学院而言,应该在"创新驱动"的整体框架下,充分利用大校母体资源、借助丰厚的企业资源优势,立足服务学生高质量就业,不断树立创业教育的理念、完善创业教育教学体系,从而探寻出一条符合自身特色的创新创业教育的教育模式。

**参考文献:**

[1]胡桃、沈莉:《国外创新创业教育模式对我国高校的启示》,载《中国大学教学》,2013 年 2 月。

[2]安建强:《知识经济时代高校创新创业教育探析》,载《教育与职业》,2013 年 5 月。

[3]张敏:《民办本科院校创新创业教育实践教学体系刍议》,载《重庆科技学院学报》,2013 年 4 月。

[4]洪银兴:《关于创新驱动和协同创新的若干重要概念》,载《教育与职业》,2013 年 5 月。

[5]曹巍、宋冰、王晓琳:《国内外高校创业教育状况述评》,载《煤炭高等教育》,2004 年 7 月。

# 独立学院"三高"人才培养模式的探索与实践<sup>*</sup>

## ——以南京信息工程大学滨江学院为例

### 一、引言

独立学院是我国高等教育改革与创新的产物,自 20 世纪 90 年代末出现以来,经过十多年的发展,已经成为我国高等教育事业的重要组成部分,为促进高等教育大众化做出了积极贡献。当前,独立学院发展迅速,势头良好,但是作为新兴事物必然有其不成熟和需要完善的方面,特别是在人才培养模式方面,大多独立学院借鉴或依托的培养模式和理念,对本学院的人才培养目标没有科学准确的定位,从而对"母体"高校进行"生搬硬套"。这种"东施效颦"式的办学方法显然不是科学良策,也必然会影响独立学院人才培养的质量,从而阻碍独立学院的良性发展。人才培养是大学的根本任务和使命。因此,独立学院只有通过探索和实践,建立起符合自身特色的人才培养模式,才能健康、稳定、持续的发展,保持强大的生命力。南京信息工程大学滨江学院,成立于 2002 年 5 月,是经教育部批准的由南京信息工程大学举办的一所独立学院,学院经过十年的发展,目前设有 9 个系,37 个本科专业,在校本科生达 12000 多人。十年来,滨江学院一直坚持探索和实践符合本院特色的人才培养模式,办学规模不断扩大,教育教学质量进一步提高。本文将以滨江学院为例,探讨独立学院"高水平""高素质""高技能"人才培养模式的构建。

### 二、独立学院人才培养模式的探索与创新

（一）人才培养模式的内涵与要素

人才培养是大学的根本任务和使命。"培养什么样的人","怎么培养人"这是每一所高等院校必须面对的至关重要的课题。因此,人才培养模式的构建是关

---

* 本文作者:孟克、耿焕同

系到独立学院生存和发展的核心问题。探索独立学院的人才培养模式必须从理论上认识人才培养的内涵，才能做出科学合理的构建。1998 年，教育部召开第一次全国普通高校教学工作会议，并下发了《关于深化教育改革，培养适应 21 世纪需要的高质量人才的意见》文件，文件中将"人才培养模式"描述为"学校为学生构建的知识、素质结构，以及实现这种结构的方式，它从根本上规定了人才培养特征并集中地体现了教育思想和教育观念"。前教育部副部长周远清在此次会议讲话中进一步对"人才培养模式"的概念作了更加简明扼要的阐述："所谓人才培养模式，实际上就是人才的培养目标、培养规格和基本培养方式。"

（二）滨江学院人才培养模式的定位

独立学院构建人才培养模式，应当基于相应的教育理论和本院的实际情况，准确合理地进行定位。独立学院人才培养模式就是依据高等教育规律和人才培养的规律，以培养具有创新精神和实践能力的应用型本科人才为目标，系统地规定独立学院人才培养以实际需要为核心的知识、能力、综合素质结构，以及实现这种结构的运行方式。滨江学院以"夯实基础、强化实践、培养创业意识、提高应用能力"为办学理念，专业设置以市场为中心，管理以育人为中心，教学以应用为中心、以创新为动力、以特色求发展，培养德智体美全面发展、基础扎实、勤于实践、富有创新精神的"高水平""高素质""高技能"应用型、创业型人才。围绕培养"应用型人才、精英型人才、国际化人才"三个导向，按照"分层分类培养"的原则，注重个性培养，提倡因材施教。

### 三、科学、合理地对独立学院人才培养目标进行准确定位

知识、能力、素质结构反映了人才的培养规格，是人才特征和培养目标的具体体现。独立学院应培养具有一定知识、能力和综合素质，面向生产、建设、管理、服务等一线或岗位群，具有可持续发展潜力的应用型人才。可见，知识、能力、素质是独立学院人才培养的三大目标。滨江学院的人才培养目标是培养适应经济建设和社会发展需要的"应用型、创业型"人才。滨江学院培养的人才应该比高职高专培养的"技能型、应用型"人才有更强的学习能力和适应能力；比普通本科高校培养的重理论的人才有更强的实践技能、动手能力和创新能力，能较快适应工作岗位要求，解决实际问题。因此滨江学院人才培养目标具体地说就是应当具备较高的知识、能力和素质，知识目标上达到"高水平"、素质目标上达到"高素质"、能力目标上达到"高技能"。古语有云："取法其上，得乎其中；取法其中，得乎其下。"意思是说，治学时要有远大理想，要将目标定得高些，即使确立了较高的目标，最终获得的结果，可能也只是预期中的中等水平；那么如果确立了一般性的目

标,最终获得的结果,可能就是预期中的末等水平了。所以,一所大学要创办成优质的大学,培养高质量的人才,必须要制定较高标准,最大程度地提高办学质量。

从滨江学院的实际情况分析来看,"高水平""高素质""高技能"人才培养目标的定位是十分合理的。滨江学院的学生状况大体可分为这样几类:一是热爱学习且成绩非常优秀。这类学生坚持学习为本,有良好的学习习惯和学习自律性,成绩名列前茅。这些学生基本上能考取研究生或出国留学。二是兴趣广泛,综合素质比较全面的学生,这类学生大都从小受到过特长教育,在文体、艺术、口才、电脑、英语等方面有一定的特长,他们专注自己的特长并有很强的沟通能力和社会交往能力,综合素质全面,喜欢在学校的各项活动中表现自己。三是个性张扬、思维活跃,有较强社会活动能力的学生。这些学生思维活跃、富有个性,自我意识强烈,喜欢参加社团和社会活动,富有创新精神和实践精神。学院根据"分类分层次"培养原则,对于每一类的学生都提供施展才华的舞台,充分发掘他们的潜能,使他们向更高的层次和平台发展。

### 四、滨江学院人才培养模式的创新策略

(一)"高水平"人才培养的创新与实践

1. 创办文理科实验班,加强实验班建设

为了进一步提高教学质量,培养具有"高水平"理论知识的人才,学院从 2006 年开始创建理科实验班,2008 年,又在总结实验班管理经验的基础上,进一步完善实验班制度,创建文科实验班。实验班以"培养德、智、体全面发展、具有较强专业基础理论知识、素质全面、富有创新意识和创造能力、有继续攻读硕士学位直至博士学位目标以及参加各类学科竞赛的优秀人才"为目标。在师资配备上,实验班挑选教学经验足、教学水平高、学生评价好的老师担任实验班课程的讲授。学院专门制定实验班教学计划,实验班教学以加强"基本概念、基础知识、基本训练"为主,主要强化基础课,使学生打好坚实的基础。

2. 成立考研领导小组及考研指导小组,组织考研强化

滨江学院十分重视人才培养质量,结合"技能、出国、考研"三个导向,"分层分类培养"的原则因势利导、因材施教,引导优秀学子,积极报考硕士研究生,近年来毕业班研究生报考上线率一直保持佳绩并逐年稳健提高,2010 年上线率为 10.45%,2011 年为 11.88%,2012 年达到 13.84%。学院一方面创办文理科实验班,有目标有计划地引导优秀学生向考研方向发展;另一方面,学院专门成立考研领导小组及考研指导小组,无论从教务方面还是从学生工作方面都做好扎实细致的工作,组织考研强化。为此,我们每年免费为考研学生开设考研选讲课、请考研

优秀的学生介绍成功经验,定期组织辅导员召开考研工作交流会等。

3. 组织各类学科知识竞赛,拓宽学生知识面,提高理论知识水平

围绕"高水平"人才培养这一中心,学院通过组织学生参加各类学科知识竞赛,不断引导学生提高学习兴趣,加强理论学习,优化知识结构。如组织学生参加文科大学生自然科学知识竞赛、全国"挑战杯"创业计划大赛、全国大学生数学建模竞赛、美国大学生数学建模竞赛、电子设计大赛、全国大学生英语风采大赛、全国大学生英语竞赛等。学院十分重视各类学科竞赛的组织,积极鼓励学生参加。为确保竞赛质量,赛出学院水平,学院先是在全院范围内举办了相关的竞赛,鼓励学生积极报名,在发动学生广泛参与的基础上,层层选拔参赛选手,对选拔出的优秀选手进行强化培训,参加更高一级的竞赛。这种层层选拔的方式,一方面提高了参赛选手竞争力,确保了竞赛质量;另一方面也让更多的同学参与到知识竞赛活动中,通过参加竞赛提高知识水平。

4. 坚持国际化办学理念,培养具有国际化视野和国际交流能力的"高水平"复合型人才

滨江学院围绕"技能型、精英型、国际化"的人才培养导向,广泛开展国际合作办学,加强国际交流与合作。滨江学院多方拓展渠道,为学生提供出国学习交流机会。学院充分利用南京信息工程大学的国际合作办学资源,挑选优秀学生参加"1+2+1中美人才培养计划""中韩国际留学班"等国际合作交流项目。此外,学院与日本九州外国语学校签有合作协议,为学生提供去日本知名大学留学深造的机会。

(二)"高素质"人才培养的创新与实践

1. 开展第二课堂,丰富校园文化

第二课堂是与第一课堂相对应的,如果说第一课堂的教育教学是旨在提高学生的科学文化知识水平的话,那么第二课堂就是通过校园文化、课外活动和学术讲座等形式全面提升学生的综合素质,增强学生的社会适应能力、创新思维能力和人际交往能力等。滨江学院有着较为浓厚的校园文化底蕴,学院校园文化活动丰富,学生社团活跃,建有院红十字协会、青年志愿者协会、书画篆刻协会、兼职联盟、街舞社、动漫社、韩语社、日语协会、旅游协会等涉及方方面面的近60个学生社团。为丰富学生的第二课堂,滨江学院积极打造"真知讲堂""西苑论坛""滨江之夜"等系列化、精品化、品牌化校园文化活动,营造昂扬向上的校园氛围,促使学生成人成才。①"真知讲堂"是具有滨江特色的精品学术系列讲座。"真知讲堂"定期邀请各行各业专家学者、企业界精英、政府部门主管来院为学生们举办各类讲座,使学生及时了解各行各业信息,拓宽学生视野,提高学生们分析问题、解决

问题的能力。②"西苑论坛"是继"真知讲堂"之后滨江学院强力打造的特色讲座。"西苑论坛"邀请与学生们学习、生活各方面密切相关的师长、优秀学子参与，让同学们接触和了解学术前沿信息、分享成功者的成长历程，以面对面的沟通形式实现思维的碰撞，从而全面提升学生的综合素质。③"滨江之夜"迎新晚会是滨江学院传统的品牌文艺活动，是迎接新同学、新老师的专场文艺晚会。迎新晚会通过师生欢聚一堂的形式，展现出我院师生朝气蓬勃、奋发向上的精神面貌，为新生的大学生活翻开崭新的一页。

### 2. 重视人文素养，加强道德教育

"高素质"人才不应当仅体现在知识层面和能力层面，更应当体现在人文素养和道德层面。世界上许多一流大学都把人格精神、道德品质作为人才培养的重要目标。例如哈佛大学把"培养对道德问题的判断能力，形成对待客观世界和人类的科学态度"作为该校人才培养的重要目标之一。可见，道德和人文精神是"高素质"人才必备要素。对大学生人格的培养不能仅停留在课堂上，更需要创造良好的校园环境、情景环境，对学生进行潜移默化的启迪，从而使学生真正从心理上得到教育。滨江学院为提高学生的身心素质和道德品质，通过推行班会体验式教育、"一封家书"互动式教育、"感恩诚信"德育教育、"四年之约"大学生职业生涯规划教育、"母亲节感恩系列活动"等，加强对大学生道德情操的培养，帮助学生树立健康积极、乐观向上的科学人生观。

### (三)"高技能"人才培养的创新与实践

### 1. 注重学生技能培养，实行校企合作

为加强学生实用技能的培养，滨江学院尝试与企业及培训机构合作，对学生开展项目实训和专业培训。学院在 2008 年与江苏微软技术中心合作，对软件工程、计算机等相关专业应届毕业生进行了为期 2 个月的实训，选拔电子信息工程专业的学生赴实习基地进行实习。2009 年与江苏微软技术中心、江苏中江培训学校建立了合作培训关系。2012 年建立校外实习实训基地，学院首批引进了五家 IT 类校外实训机构：联迪恒星、南大苏富特、南京嘉环、南京网博、江苏中江。通过创办校企合作，为学生提供实践基地，培养学生的实用技能和职业技能，使企业参与到学生培养的过程中来，更有针对性地培养适应社会需求的"高技能"人才。

### 2. 创建"未来菁英人才培训学校"和大学生创业园，培养具有创新精神和创业能力的"高技能"人才

滨江学院围绕"技能型、精英型、国际化"的人才培养导向，着眼于学生长远发展，结合市场特点和企业需求，创办"未来菁英人才培训学校"，每期面向大二、大三学生，进行素质拓展训练、人才综合素质测评、国家职业资格证书培训和实训项

目的培训等,以培养具有创新精神和创业能力的人才。此外,创建大学生创业园,鼓励我院的在校生自己创办企业,入驻滨江学院大学生创业园。通过一系列的措施,着力培养学生的实践能力和开拓创新能力。

3. 注重专业技能,鼓励学生积极报考职业资格证书

滨江学院在对学生进行教学的同时,十分重视与国家职业资格证书考试的衔接。学院与多家考证培训机构建立合作关系,鼓励学生积极报考职业资格考试,使学生在接受学历教育的同时,受到必要的岗位技能培训,使学历证书与技能培训并举,提高学生的就业能力和就业质量,更好地走向社会。

### 五、总结

独立学院要健康、持续的发展必须在实践中不断地探索和完善,必须立足于本校实情,对人才培养目标进行准确的定位,并不断地对人才培养内容与培养方式进行相应的创新,形成自身特色,推进教育教学改革,提高人才培养的质量,形成"高水平""高素质""高技术"人才培养的模式。

**参考文献:**

[1]王碗:《独立学院人才培养模式的反思与创新》,载《继续教育研究》,2010年第7期。

[2]张昌波:《应用型本科院校的战略定位》。

[3]陆登庭:《一流大学的特征及成功的领导与管理要素:哈佛的经验,中外大学校长论坛文集》,高等教育出版社2002年版。

# 基于应用型人才培养的独立学院实践教学发展研究*

独立学院作为我国教育改革中迅速崛起的一股力量,已经成为我国高等教育的重要组成部分。截至 2014 年,全国共有 292 所独立学院,在校生达到 276 万人,占我国高等教育在校生人数(2548 万)的 10.83% ,体量巨大,故独立学院的人才培养问题越发值得研究和关注。

实践教学是应用型人才培养的重要环节,是为了实现教育培养目标,在理论教学的基础上,加强各专业教学的实践性和开放性,注重培养学生综合素质和职业能力的课程,包含了课程实验、课程设计、专业实习、专业实训、毕业设计、社会实践、顶岗实习、生产实习等环节。教育部《普通高等学校独立学院教育工作合格评估指标体系》中,明确指出:独立学院应确立"培养具有创新精神和实践能力的应用型人才"的培养目标。要培养应用型人才,实践教学环节就尤为重要。

## 一、独立学院实践教学目前存在的问题及根源

独立学院最早是从高等学校的二级学院转型而来,历经十余年发展,在专业设置、人才培养方案、教学大纲、师资队伍等方面还存在不少问题,实践教学作为理论教学的辅助环节也常常被忽略。

### (一)专业设置和教学内容不合理

独立学院因发展时间短,大部分专业设置还是依托母体高校设置,甚至照搬,有的独立学院最初还有物理学等基础学科专业,这就违背了独立学院的办学宗旨,失去了独立学院应有的专业特色,也为实践教学工作的开展增加了难度。基础学科的实践教学只能依靠实验室,很难找到对口的生产实习、专业实训的基地或是对口企业。大部分独立学院的培养方案或是教学大纲基本也都沿袭了母体高校的方案大纲,没有针对学院特色和生源特点以及区域经济社会需求重新制定,这就导致目前教学中理论学习多而实践教学内容较少的现状。目前有实践教

---

* 本文作者:邱章强

学课程的学分比例也相当低。

（二）重视程度不够，实践教学资源匮乏

实践教学课程的实施与发展，必须纳入学院总体规划，很多独立学院口号喊得响，实际工作做得少；文件和会议上重视，而实际投入少；设置实践教学科室，人员配备少。这种情况下，实践教学要有突破、有创新是非常困难的。

高职院校基本都有行业背景做支撑，实践教学工作有着长期的合作企业；而独立学院因其特殊的生存环境，建院时间短，多数没有行业背景，合作企业和优秀校友资源匮乏，直接导致实践教学资源的短缺。独立学院教师也多数为年轻教师，缺乏专业实践经验，难以向学生传递"实战经验"。

独立学院的实践教学工作薄弱，受制于独立学院产生的特殊性和相关政策研究的薄弱。经过对部分独立学院的调查，我们发现实践教学在独立学院的开展确实存在诸多问题，其主要根源有以下几个方面：

第一，受母体高校牵制，创新力低下。独立学院的主办单位基本上都是母体高校，创业初期的教学管理人员和教师，多数都是由母体高校选派，他们的管理方式和教学方法受母体高校影响很大。而母体高校本着对独立学院负责的态度，对独立学院的教育管理干涉较多。目前多数独立学院的院长、书记以及部门、科室负责人为母体高校任命或者指派，编制都在母体高校，在一定程度上必须要遵守母体高校的规定，基本还是沿袭了二级学院的管理模式。同时，独立学院的管理人员相当紧缺，多数独立学院都是"小马拉大车"，整个学院的管理团队不足百人，却负责着一个"万人大学"；任课教师一个人上多门课，课程排得很紧，没有时间研究实践教学工作。这些都制约了独立学院教育改革的发展和创新。

第二，定位不准，培养目标不明确。虽然教育部对独立学院人才培养做出了明确要求，各独立学院也制定了相应的人才培养方案，但是往往片面追求一些数据上的亮点而忽略了人才培养目标，形成了公办院校"拼科研"，民办院校"拼数据"的局面。例如有的独立学院大力推进考研工作，考研率甚至赶超公办院校，但忽略了大部分学生的职业能力提升工作；有的学院过于追求学生的理论知识成绩，甚至想把学生培养得超过一本的学生；更有甚者，把学生参加竞赛获奖当作硬性指标强加给各个科室，舍本逐末。

第三，师资力量薄弱，"双师型"人才稀缺。目前大部分独立学院任课教师为新聘任的年轻教师、母体高校部分教师和返聘的老教师，主体是年轻教师。这些教师在理论教学上有一定的经验，但是在实践教学方面缺乏经验，自身也缺乏职业经历，有的教师毕业就进学校当老师，根本没有实战经验可谈。多数独立学院本身也没有完整的实践教学教师的引进计划和方案，"双师型"教师的缺乏在很大程度上影响了实践教学课程的开展。

### 二、独立学院实践教学体系的构建

独立学院要实现"具有创新精神和实践能力的应用型人才"培养目标,必然要加大对实践教学的投入。实践教学不是某个科室、或者某一门课程能完成的工作,它需要一个完整的工作体系来共同实现。

（一）制定学院层面的实践教学发展规划

实践教学是一项"系统工程",需要教务、学工、教师、校企合作单位等的相互协调和配合才能充分发挥作用。2014年国务院《关于加快发展现代职业教育的决定》和教育部等六部委《现代职业教育体系建设规划（2014－2020年）》的颁布,引导和推动了地方本科院校向应用技术类型高校转型发展。独立学院应该根据我国高等教育的发展方向,制定学院层面的实践教学发展规划,明确各部门责任,让各方面因素有机结合起来,才能实现独立学院实践教学的创新发展,才能紧跟我国高等教育的改革步伐。

（二）重新规划招生专业

国务院《关于加快发展现代职业教育的决定》中明确提出了独立学院在转向独立设置高等院校时应该以应用技术型高等学校为定位,这就要求独立学院要把握好国家高等教育改革的机遇,以就业为目标,以市场为导向,重新规划专业设置,加强对实践教学的投入,探索具有独立学院特色的实践教学模式。目前,独立学院所开设专业大多与母体高校重合,没有形成特色,基本上是母体学校专业的"缩减版"。作为我国高等教育改革创新的"试验田",独立学院本身的专业设置要比公办院校灵活,也应该针对地区特色和当地经济发展需求以及就业岗位的特点,调整学院招生专业,实现与实践教学的有机结合。

（三）制定完善、合理的培养方案

实践教学改革首先是培养方案的改革,《教育部关于进一步深化本科教学改革全面提高教学质量的若干意见》中要求高度重视实践环节,提高学生实践能力;大力加强实验、实习、实践和毕业设计（论文）等实践教学环节,特别要加强专业实习和毕业实习等重要环节;列入教学计划的各实践教学环节累计学分（学时）,人文社会科学类专业一般不应少于总学分（学时）的15%,理、工、农、医类专业一般不应少于总学分（学时）的25%。独立学院的理论教学方案有母体高校的借鉴和支撑,已经相对完善,而实践教学方面多数没有具体的教学计划,而且每届学生的实践教学内容往往由于校企合作单位的变化而在实习实践时间和强度上存在较大的差异。独立学院应该协同相关行业共同制定合理的实践教学培养方案,真正让学生的实践教学内容合理合规,并且符合行业需求。

(四)产学研相结合,加快实践教学基地建设

实践教学的开展,需要以校内科研实验室、模拟实践实验室、校外实习实践基地、校企合作单位的硬件支持。独立学院校内应该建立健全相关专业科研实验室,建立实践模拟场地。另外,校外实训基地每年可以吸收大量的学生赴企业进行岗位生产实习或者观摩实习,可以为学生提供一个真实的社会环境,是学生就业前的演练场所,也是大学生将所学理论与实践进行有机结合、提升职业素养、培养综合能力的最佳场所。加快校内、校外实践教学基地的建设,是实践教学开展的先决条件。

(五)建立"双师型"教师人才培养机制

技术技能型人才培养必然要求师资队伍不仅要培养学生的职业素养,还要激发学生的创新创业意识;不仅能够教授专业知识,还要熟练掌握职业技能。这就要求独立学院要加强"双师型"师资队伍建设,邀请企业专家走进高校,担任兼职教师,将企业文化带入大学课堂;鼓励专业教师深入企业培训,掌握职业培训技巧;注重教师再培训环节,引入最新的创业课程,鼓励年轻教师学习并指导学生创业实践,有条件的情况下还可以为教师创业提供平台,成为创业教育中真实的教学案例。

### 三、构建完善的独立学院实践教学评价体系

实践教学是否能够顺利、有效地实施,是否能够促进独立学院实现人才培养目标,形成一套行之有效的实践教学评价标准是关键。公办院校经历几十年的发展,各种评价体系比较完善,也有成功的实践教学评价体系可供借鉴,但是独立学院的办学方式与公办院校不同,因此独立学院需要根据自身特点建立自己的评价体系。

实践教学质量评价是一个比较复杂的课题,一般来讲,可分为过程评价和结果评价两个方面。独立学院实践教学质量评价应以过程评价为主,通过分析调研,结合本院实际状况,根据独立学院的实践教学内容及人才培养方向来设定评价指标,并同时建立健全反馈机制,使实践教学质量评价标准化、规范化、流程化,形成一个系统的评价体系。

(一)评价体系的基本内容

独立学院实践教学的评价体系应该包含:实践教学的软、硬件基础条件、实践教学的实际开展状况、实践教学的效果和实践教学的社会评价四个一级指标。具体的二级指标为"双师型"师资队伍、实践教学场所、规章制度、教学计划、基地建

设、专业覆盖率、学生获得职业资格证书比例、校企合作单位、学生创业比例、学生就业层次、学生自我评价、社会评价以及奖惩制度等内容。有了严格的、量化的、标准化的评价体系，独立学院就有了自评和互评的依据，必然能够促进独立学院实践教学的创新发展。

（二）评价体系的执行

独立学院实践教学评价体系是独立学院自评和互评的工具，要充分发挥其作用，需要有有力的执行机构，否则有制度不执行，形同虚设。实践教学评价的执行必须是教育管理的资深实践者和各行业的职业技能精英双方协作，"双管齐下"。教育管理者监督实践教学过程中的教学质量、管理规范等方面工作，职业技能精英团队监督教学计划的实施、教学内容的调整、学生获得职业资格证书等方面工作，将发现的问题共同反馈给学院并监督学院落实整改。

独立学院的实践教学工作刚刚起步，国内对该课题的研究甚少。随着独立学院在我国高等教育体系中的影响不断扩大，必然对独立学院实践教学工作提出更高的要求，探索独立学院实践教学工作的创新与发展不可或缺。独立学院的实践教学工作也需要更多的研究成果支持，随着研究的不断深入，独立学院实践教学工作必然向着更规范、更全面的方向发展。

**参考文献：**

[1]申文青：《独立学院应用型人才培养模式中存在的问题及解决措施研究》，2015 年。

[2]沈伟峰、郑晓坤：《独立学院技术技能型人才培养探索》，载《江苏高教》，2015 年第 1 期。

[3]楼建伟：《独立学院实践教学改革探讨》，载《高等工程教育研究》，2010 年第 1 期。

[4]沈健：《江苏应用型本科院校人才培养的若干思考》，载《江苏高教》，2014 年第 4 期。

[5]梁振军、李冰：《独立学院实践教学评价体系研究》，载《科技视界》，2015 年第 1 期。

# 独立学院实训基地建设模式初探*

独立学院是指公办普通高校独立举办或与社会力量合作举办的进行本科层次教育的高等教育机构。独立学院办学的目标在于培养高层次"应用型、创业型"人才。教育部最新统计显示,截止至 2012 年 1 月,全国独立学院数量已达 323 所,在校生达 260.3 万人,占全国民办普通高校在校生总数的 54.61%。独立学院已成为整个高等教育基地中不可或缺的一部分。

高校实训基地建设指利用企业的生产制造和人力技术资源,建立校外实践教学基地,走产、学、研结合的道路。校企合作共建实训基地,不但有助于培养专业技术人才,而且可以解决企业技能型人才短缺的问题。2011 年胡锦涛总书记在清华大学百年校庆上明确提出要积极推动协同创新,鼓励高校同科研机构、企业开展深度合作,促进资源共享。教育部、财政部因此决定启动实施"2011 计划",以对高等院校产学研结合走校企合作的道路做进一步推进,在这样的背景下,独立学院产学研结合道路的实训基地建设显得尤为重要。

## 一、产学研结合建设实训基地的重要性

(一)产学研结合建设实训基地是大学生适应社会实践的必然要求

当今社会的竞争归根到底是人才的竞争。高校作为人才培养的重要基地,如果想培养适应社会、具备发展条件的人才,必须解决大学生与社会实践的脱节问题,而实训基地作为实践教学的一个重要载体,只有得到充分利用才能培养出"应用型、创业型"人才。因此,建立实习实训基地是大学生提升素质和能力的重要途径。

(二)产学研结合建设实训基地是独立学院实现"创业型、应用型"人才培养定位的保证

独立学院办学旨在培养"应用型、创业型"人才。实现独立学院的教学目标,

---

* 本文作者:李艳艳、王中杰

必须实行教学改革。实训基地建设是高校开展实践教学、提高大学生实践能力和动手能力的重要保证。只有推行产学研结合的建设实训基地，才能推动教学改革，从而实现独立学院人才培养的目标。

（三）产学研结合建设实训基地才能实现社会资源充分利用

"十一五"期间，国家科技奖三大奖项获奖者中1/2出自高校。以高等学校创新能力提升为主的"2011计划"突出强调加强产、学、研的合作协同创新，充分利用资源，做出卓有成效的科技成果。产学研结合能够加速科技成果的转化，促进企业调整产业结构，加快我国经济的转型，从而扩大市场空间。

**二、国内外高校实训基地的实践**

自第二次世界大战以来，国外就一直关注高等教育实训基地的建立，重视实训模式的科学发展。在多元化的思潮之下，产生发展了多种实训模式。

（一）美国的"合作型"实训模式

这种实训模式，由社会参与，联合高校办学。高校从社会企业获得资金等支持，详细了解企业现状，针对现状开展实习实践教育，进一步调整高校学生课程体系，实现高校培养社会人才的最终目标。

（二）澳大利亚的"技术与继续教育"实训模式

"技术与继续教育"模式即TAFE（Technical And Further Education）体系。这是一个国际公认比较成功的职业教育模式，政府、产业、行业三者联动，结合专业技能培训，直接针对高校学生从业，强调终身教育培训，充分体现职业技能能力本位特点。

（三）德国高等职业的"双元制"模式

双元即一元企业、二元高校。双元制强调企业主导、联动高校合作办学。双方各安排、执行范围内的课程体系，突出各方特长，取得了不错的效果，既有利于学生掌握技能，同时服务于社会和企业，值得思考学习。

（四）我国独立院校的实训基地的建设模式

我国独立学院实训基地主要由校校结合、校企结合、高校自办三种模式构成。以实训基地或者实验室为基础，组织相关专业学生集体实训。目前主要存在课程体系不科学、师资缺乏、效果不明显的缺陷。

针对国内外实训基地建设的实践，依据实训基地建设的最终目的以及独立学院办学宗旨，笔者认为独立学院应实现产学研实训基地品牌化的目标。建设品牌化的实训基地必须遵守以下的几项原则：

1. 制度建设是品牌化实训基地的保证。

制度是实训项目实施的基础,打造品牌化的实训基地必须制定完善的制度,以保证实训活动的有序实施,提高基地以及高校的社会名誉地位。

2. "双师型"队伍是品牌化实训基地的基础。

教师作为整个活动的指导者,师资队伍的水平直接影响实训取得效果的程度。打造品牌化实训基地,推进"双师型"队伍发展是基础。

3. 确立核心竞争力是品牌化实训基地建设的核心。

核心竞争力是其他实训不能模仿的,确立核心力量,才能推动实训基地向品牌化发展。

### 三、独立学院实训基地的建设举措

针对我国独立院校的特点,以及建设品牌化实训基地的要求,笔者建议从以下几个方面来发展独立学院实训基地教育,实现培养"应用型、创业型"人才培养的目标。

(一)加强制度管理为实训基地品牌化实现保证

完善、科学的制度是所有工作获得优秀成果的基础。目前,由于国内的实训基地缺乏科学的制度,造成学生的合法权益得不到保证、实训项目没有杰出效果,缺乏成果创新。制度管理要求首先要建立实训计划制度,严格审查、论证实训项目的可实施性,邀请相关专家对项目进行反复考察。其次,规范实训管理制度,建立《实训基地师资力量管理制度》《实训基地学生考核制度》《实训基地场地、设备管理制度》等制度,规范实训活动的各方行为,维护参与者利益。再次,建立专职的实训管理团队。团队聘请有实训经验的职工加入,形成学历比例恰当、经验充足的格局。从而有利于统筹实训发展,制定实践教学计划,保证实训的顺利进行。

(二)转变投入模式,四方投入支撑发展

资金是实训基地运行的前提。当前国内高校实训基地主要依靠国家教育经费以及部分企业注资,要充分开发利用实训基地,必须转变投入模式,形成有机可持续发展。政府、高校、企业、社会四方投入的格局是未来应该形成的投入形式。政府投入支持教育发展,高校投入为自身发展打基础,企业、社会投入实现经济反哺,共同形成多元化支撑点。另外,实现实训基地的品牌化必须坚持反哺社会的原则,充分利用基地,采取切实可行的措施,完善实训活动的运行,引入社会等实体参与。

(三)提高队伍建设水平,突破实训教育核心点

在实训项目中,教师是学生实践、创新的引导者,是基地孵化成果的直接推动

者,师资力量是实训项目取得成效的关键点所在。严格师资准入制度,以"高起点"、"高要求"来要求教师,把实训教师队伍的建设当作学院的师资来建设,切实提高"双师型"队伍的教育水平。笔者在这里提出通过多种渠道引进师资,坚持企业调入、教师选调、社会聘任三者相结合的有机制度。由于高校的职称评定规则,导致相关从业人员拥有丰富的经验但不能担任高校实训项目的教师。笔者认为为了提高队伍建设水平,必须坚持上述三者结合的制度,才能推进"双师型"教师的发展,突破实训教育的核心点。

（四）量化产出、服务社会是实训基地品牌化的必要要求

通过明确实训的目的、内容、步骤、要求,以及强调信息反馈,提交实训总结,建立指标考核体系,尽可能细致地区分相关指标,从而量化实训产出。通过产学研相结合的制度,结合研究所、社会机构、高校学者、企业单位,尽可能地把成果转化为社会效益,把实训基地建设成为大学生实践以及创业的孵化平台。与此同时,实训基地也可以承担社会活动、人员培训等等,为解决社会人员就业做出贡献。

（五）突出发展核心竞争点,打造品牌化实训基地

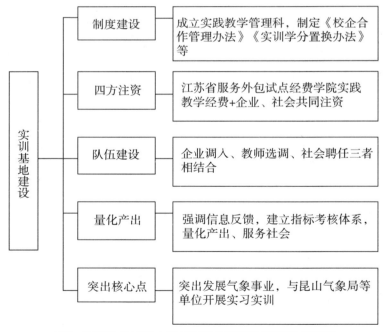

图1 南京信息工程大学滨江学院实习实训基地建设图

核心能力在管理学中解释为使一个组织与其竞争者相区别的一整套知识、技能、组织的惯行与业务过程。核心竞争点是不可替代的,不可模仿的。突出发展核心竞争力需要识别核心点,在关键点下功夫才行。笔者以自己所在南京信息工程大学滨江学院为例,其母体学校南京信息工程大学是以气象专业为特长的综合性大学,气象相关专业自然也成为滨江学院的核心竞争力,滨江学院以气象为依托,相继与昆山市气象局、镇江市气象局等多家单位签订实习实训协议,并辅以实验室拓展网络云平台,逐步将实现南京信息工程大学滨江学院实训基地的品牌化。

### 四、结论与展望

独立学院因其特殊的办学性质,更应把实训基地的建设作为常抓不懈的工作。建设完善的实训基地,需要多层次、多维度地去开展,不仅要重视直观、可见的“硬件”建设,还要同时抓师资、制度、成果等“软件”建设。通过实训基地的建设,可以加强理论学习与实践的结合,促进独立学院在教学计划、课程设置、教学方法等方面的改革,推动教育教学体系的不断完善和相关产业产品的研究开发,提高教育质量,从而实现独立院校培养“应用型、创业型”人才的定位。

**参考文献:**

[1]教育部网站公布的数据 http://www. moe. edu. cn/publicfiles/business/htmlfiles/moe/s6200/list. html.(访问日期:2012 年 1 月 18 日)。

[2]贾创雄、孟克、齐运锋:《独立学院应用型创业型人才培养模式探析》,2009年 11 月。

[3]曹强:《从高校视角看产学研合作机制建设》,2012 年 1 月。

[4]黄日强、邓志军:《国外企业如何参与职业教育》,载《中国职业教育技术》,2008 年第 2 期。

[5]冯晋祥:《中外高等职业技术比较》,高等教育出版社 2002 年版。

[6]杨文士:《管理学》,中国人民大学出版社(第三版)。

# 全面与个性化协同发展观下的大学生评价体系探析*

《国家中长期教育改革和发展规划纲(2010－2020年)》中提出"尊重教育规律和学生身心发展规律,为每个学生提供适合的教育",特别要求"关注学生不同特点和个性差异,发展每一个学生的优势潜能"。它强调了实现大学生的个性化发展是高等教育的重要价值取向。在大学生成长成才过程中,学生综合评价体系发挥着重要的引导作用,建立促进大学生全面与个性化协同发展的大学生评价体系是当前高校思想政治教育工作的重要任务。

**一、大学生发展过程中全面发展与个性化发展的关系**

(一)大学生全面与个性化协同发展的理论基础

马克思主义关于人的全面发展理论认为:人的全面发展是"人的物质和精神的属性"的全面发展,是智力和体力的和谐发展,是个体和社会的协调统一的发展。我国正处在全面建设小康社会的新的历史阶段,其核心目标是实现"人的全面发展与和谐发展"。而个性,是指"个体在一定的社会历史条件下,在其一定的生理和心理素质基础上,通过社会实践活动并经主体内化后形成和发展起来的基本品质,是个体关于世界、社会、人生等的基本价值取向和行为特征的集中表现"。个性发展从内容上讲,是指"个体在理想、兴趣、性格、能力、特长等方面的独特组合与发展";从特征上来看,是指"个体的主体性、独特性和创新性的发展"。个性发展的目标就是要塑造人健康的个性,使其成为身心健康、社会责任感强、知识广博、专业基础深厚、富有开拓进取和创新精神的人。

(二)大学生全面发展与个性化发展的内涵

当代大学生的全面发展,就是紧密结合时代特征和大学生自身特点,实现综合素质的全面协调可持续发展,是"大学生价值观念、知识体系、综合能力、个性发展的全面发展"。它既是一个终极性目标,也是一个过程性目标。大学生的个性

---

*　本文作者:陈涛

化发展则是指大学生在理想、兴趣、性格、能力等方面独特的组合与发展,是指大学生个体的主体性、独特性和创新性的发展。

(三)大学生全面发展与个性化发展的关系

大学生全面发展和个性发展是相辅相成的。大学生的全面发展是个性化发展的基础,个性化发展是全面发展的条件。在大学生个人的发展过程中,两者的关系是共性与个性的辩证统一关系。即当代大学生应在德才兼备、全面发展的基本要求下,在正确处理个人、集体、社会关系的基础上保持个性、彰显本色,发展个人兴趣专长和开发优势潜能,实现思想成长、学业进步、身心健康的有机结合。

**二、我国大学生发展状况评价体系现状**

(一)大学生综合评价的目的与作用

大学生综合评价是以学生的发展变化为对象,围绕高校培养目标,结合社会对大学生综合素质的需求,在系统、科学、全面搜集和分析学生信息的基础上,对学生发展和变化的价值做出判断,再将评价结果反馈到学生的培养体系中。其目的在于推动高等教育教学改革,为大学生的教育管理工作提供参考,促进大学生全面发展。科学合理的评价体系是一种有效的评价和激励手段,对大学生教育将起到良好的导向和激励作用,它是学校生存发展的基石,是学生教育管理的重要手段,是构筑良好学习风气的平台,是促进学生成长成才的有力保障。

(二)我国高校大学生综合评价体系的分类与内容

我国高校现行的学生综合评价体系多是以国家颁发的《大学生行为准则》《普通高等学校学生管理规定》等作为测评指标的设计依据,把对学生的综合评价划分为德、智、体三个一级指标。很多学校在制订综合评价指标时,本着"综合考虑素质教育多方面的要求"这一思路,增加相应的一级指标,主要包括思想道德素质、科学文化素质、身心健康素质、发明创造素质、劳动素质、发展性素质、审美意识评价以及创新和实践能力评价、个性发展评价等。高校根据这些一级指标分别设置二、三级指标并赋予不同的权重进行综合评价。在分析方法上,主要运用一些数学分析模型将多个评价指标值"合成"为一个整体性的综合评价值,形成综合评级结果。

(三)我国高校大学生综合评价体系的特点与不足

我国高校普遍都建立了大学生评价体系,在引导大学生自我管理和自我教育方面发挥了积极的作用,是促进学生德、智、体、美全面发展的重要手段。从评价体系设计情况来看,能够比较合理地体现评价目标,对学生的评价比较全面,在我国高等教育人才培养中发挥了重要作用。具体呈现出以下几个特点:一是重视学生的共性发展及发展价值;二是以教师为评价主体,注重教师对学生发展的引导;三是定量评价为主,基本上以量化形式区分学生差异;四是评价方法以综合素质测评为主,较少运用其他评价方法。就现有的评价体系来看,也存在一定的不足:一是对学生个性化发展关注不够;二是评价结果反馈时限以学年为单位,一学年进行一次,不能实时对学生进行评价与提示;三是部分指标权重设计的科学性、合理性需要在实践中进行检验,对各项指标评价的具体内容以及具体的评价方法也有待进一步完善;四是质性区分度不高,评价结果以量化打分为依据,缺乏定性分析,质性评价说服力不强。

### 三、适应大学生全面与个性化协同发展的评价体系构建

重视、发展人的个性,把每个人的优势挖掘出来,是人的全面发展的必然要求。社会对人才的评价标准正在发生变化。在这样的时代背景下,大学生的知识结构、价值观念、素质发展要求呈现出多样化特征,只有充分重视大学生的个性化发展,才能实现真正意义上的全面发展。

（一）确立基于大学生全面与个性化协同发展的评价理念

传统的大学生综合评价体系过多关注满足社会的需要,而对学生突出个性的多样化发展需求重视不足,很难保证学生全面和谐发展的实现。构建全面与个性化协同发展的大学生综合评价体系,应突出教育对人的全面发展功能,帮助学生自觉能动地根据社会发展的需要,结合自身优势,明确自身发展方向,实现个性发展与社会发展的有机协调。新的评价体系要能够贯穿学生发展的全过程,依托学生的过去,重视学生的现在,关注学生的未来。要针对每位学生及其所具有的不同特质,设计确定个体化的发展性目标,让每位学生都能认清自己在某一方面所具有的优势,激发他们学会发挥自身优势,培养突出素质和技能的积极性和主动性。

（二）科学设计大学生全面与个性化协同发展的评价

内容和指标权重。设计评价内容和指标权重时,要把"促进学生的全面与个性化协同发展"作为评价的终极目标。要注意在肯定所有学生共同存在的普遍规律性能力的基础上,充分考虑到学生的个性发展需要,为学生多样性发展留下足够的空间。评价内容要能够从不同的视角、不同的层面去设计,可以立体、全面地观察学生的各种表现与能力。要善于发现每个学生的优势领域,运用评价机制引导学生最大潜能地发挥其自身优势,在评价指标权重的设计上,既要体现对每个人所应有的基本素质的测度,又要关注被评价者之间存在的差异性和发展的不同需求,能够对学生在原有水平上的提高和发展的独特性给出评价,并在综合评价

中有所反映。

（三）综合运用多样化的评价方法

一是最终性评价与阶段性评价有机结合。也就是说既要评价学生个性发展的结果,也要重视对其发展进程中的每个阶段进行评价,通过阶段性评价,能及时地发现学生成长中存在的问题,并进行反馈和纠正偏差。二是定性评价与定量评价有机结合。定量评定是以分数赋值的形式对学生个性发展情况进行考核评价的方法,根据分值多少对学生的发展情况进行判断。但有些观察内容是无法进行量化打分的,需要教师在不同时期运用不同方式给予学生定性评价,以补充在定量评价时无法测量的内容。这样全方位的综合评价才能真正发挥评价的导向和激励作用。三是动态评价与静态评价有机结合。评价过程不应是静态的,应是动态与静态的有机结合。考核评价时,在进行静态的横向比较同时,要对每一个学生的自身成长发展过程进行纵向的动态比较评价。

（四）形成多元的评价主体

要尊重学生的个体差异,确立能够反映个性化的评价标准和评价权重。引导学生参照个人的发展目标进行自身比较,关注自己的努力和进步情况,以减轻其心理压力,促进其在"最近发展区"发展。同时引入师生共同评价、社会用人单位评价等,从多方面、多角度对大学生进行更全面、更客观的评价。

**参考文献:**

[1]韦巧燕、李瑞贵:《个性与大学生个性发展》,载《广西大学学报(哲学社会科学版)》,2001年第6期。

[2]李满林:《高教管理视野中的大学生个性发展教育》,载《湖南师范大学》,2005年。

[3]张颖颖、周先进:《试析新形势下大学生全面发展的内涵》,载《文教资料》,2011年第4期。

[4]李海林:《大学生综合素质评价体系与评价方法研究》,载《中国石油大学(华东)》,2008年。

# 独立学院大学生思想状况调查研究*

　　大学生思想状况分析研究在高校思想教育实践中具有重要地位,但是国内对大学生思想状况的研究主要是以普通高校的学生为主,与普通高校的学生相比,高等独立学院的学生具有不同的特点,一般来说,他们缺乏主动性和恒心,缺乏自制力和责任感,学习自觉性不强,比较浮躁,基础不牢。因此,一些针对普通高校学生的调研论文难以适应高等独立学院的教育工作。于是,我们立足当前独立学院学生工作的热点和难点问题,从独立学院的学生工作的角度,结合思想教育的基础理论,对独立学院学生的思想政治状况进行研究。本次调查采取随机抽样的方式对南京信息工程大学滨江学院在校学生进行问卷调查,共发放问卷1000份,回收966份,回收率96.6%。调查对象包括不同专业类型的学生,其中人数比例为:文法类10%、语言类23.1%、工学类31%、理学类25.4%、经管类10.5%。问卷的主要内容涉及思想政治觉悟、学习观念、心理素质和择业心态等方面,共50个问题。调查结果表明,当代独立学院的大学生的思想能适应时代变革的步伐,思想活跃,主流呈现健康、积极的态势,同时由于自身成长的特点,思想上也出现了一些矛盾和问题。

## 一、独立学院大学生思想状况调研的结果与特征分析

### (一)思想基本健康向上,普遍积极要求进步

　　在思想政治方面,学生的政治态度趋于理智,具有较强的爱国热情。有65.8%的学生认为入党有利于个人的成长,对入党表现出极大的热情。有52.2%的学生已递交或正准备递交入党申请书。在这52.2%的学生中,有99%的学生表现出迫切加入中国共产党的愿望。除了思想政治方面表现出健康向上的心态外,在日常行为方面,学生也体现出了良好的集体观念。89.2%的学生认为自己能够遵守学校的规章制度,自觉维护学院荣誉;76.5%的学生"愿意通过不同的途

---

　　* 本文作者:高婷婷、孟克

径向学院提出建议和意见"。

这些调研表明,高等独立学院学生的道德主流是健康向上的,大多数学生自尊、自重、有进取心以及社会责任感强等品质;在大是大非的问题上看得很清楚,能客观地进行是非判断。

(二)具有一定的认知能力和危机意识

在"感觉压力最大的事情"的测试中,"未来就业"占32%;"英语过级考试"占35%;"人际关系"占4%;"专业学习"占5%;"竞争"占23%。这些调研表明,高等独立学院学生并不是像社会上所认为的毫无抱负,他们有理想,对社会有一定的认知能力和相应的危机意识。

(三)学习态度明确,讲究诚信

在"考试是否作弊"的调查中,有92.5%的学生表示自己不作弊、不支持作弊、不能容忍作弊现象。如对于"大学生考试作弊问题",24.5%的学生认为"能理解,学校与家长应以教育为主要手段";74.3%的学生认为"不能理解,经学校教育无效后,支持学校从重处罚"。这些调研表明,高等独立学院学生学习的态度明确,有正确的学习价值观。

从以上的调查研究可以看出,当代独立学院学生的思想适应时代变革的步伐,主流呈现健康、积极的态势,学生普遍自发地要求进步。

但是,由于其自身成长的特点和社会急剧变化,当代独立学院的学生思想上也出现了诸多问题和矛盾。问题与矛盾主要表现在以下两个方面:

1. 虽然对职业生涯规划认识比较明确,但具有片面性。在"是否对自己的未来进行职业生涯规划"的调查中,选择"已经开始考虑未来出路"的学生中,大一学生占6%,大二学生占43%,大三学生占92.6%。这说明独立学院的学生对就业有了一定思想准备,对自己未来的发展有一定的认识。但是同时我们也看到,学生的思想具有片面性,他们更注重功利性和实用性,不具备奉献精神。对于"择业时主要考虑的因素"这一试题,30.4%的学生选择"兼顾个人兴趣与国家需要",55.1%的学生选择"有利于个人发展","服从国家需要"的仅占到3.4%。另外,更让我们感到不安的是,对于"求职材料造假的看法",43.5%的学生认为"就业压力太大,不得已而为之"。这表明,大学生本身能力与社会对天之骄子的期望之间的差距,给学生的心灵带来了负面的影响,需要我们警惕。

2. 对虚拟网络存在依赖性,使用网络存在一定的不合理性。在学生中,"认为自己有上网瘾的"占4%,"休闲时首先想到靠上网打发时间的"占24%"认为上网只是与外界沟通的工具,仅用它来了解新闻或只用来学习的"仅占10%。由此统计出,"网络成瘾与有网络瘾倾向的"学生总数已经占到总体学生比例的28%,

表明网络利用的合理性已经成为大学生生活中不得不面临的现实问题,应当引起普遍关注与重视。另外,从性别方面来看,男生健康良好使用网络的程度明显要远远低于同龄的女生。

**二、解决独立学院大学生思想问题的建议与对策**

(一)创建具有浓郁的学术氛围的新校园,加强具有独立学院特色的校园文化建设

独立学院要鼓励学生积极上进、认真学习,为学生营造浓郁的学术氛围。另外,学院可每学期安排计划、邀请各行各业成功人士及专家来校莅临指导,为学生指点迷津,培养大学生的文化素养,提高学生的综合素质和能力,在一定程度上缓解他们的就业畏惧感。除了学习方面,学院还要加强校园文化的建设,用健康向上、积极上进、丰富多彩的校园文化陶冶大学生的性情,抵制社会上不良思潮在校园内的传播;运用各种活动方式作为教育载体,比如文艺晚会、辩论演讲、讲座评论等,寓教于乐,使学生在活动中不知不觉受到熏陶,培育其优良品质。这些措施都能为他们将来步入社会奠定良好的基础。总之,争取在校园文化建设过程中,实现形式与内容上的创新。

(二)正确引导学生对网络的利用

网络是一把"双刃剑",它在引领学生进入一个更高层次文明的同时,如果利用不得当,会极大地影响学生的心理健康。因此,我们要高度重视,开辟、利用、净化和占领网络阵地。学校应当积极开展合理使用网络的宣传和教育,加强网络文化管理,抵制不良网络使用习惯和不健康思想,强调上网目的,提醒学生远离不良网络。同时,注意劳逸结合,合理处理上网与正常生活之间的关系,不要顾此失彼。另外,进行大学生心理健康教育,加强学生之间的交流和沟通。适当宣泄不良情绪,建立良好的人格品质。教师应树立干预和纠偏意识,对学生要以正面引导为主,时刻关注学生的心理健康,对于大学生可能出现的"上网瘾"以及其他不健康的思想和倾向,必须进行及时的引导和教育。

**三、总结**

本文针对目前高等独立学院学生思想教育工作的现状及存在的问题,采取问卷调查等形式,探索民办独立学院学生思想上的特点,提出了加强和改进高等独立学院学生思想工作的若干策略,旨在推进我国民办独立学院学生思想政治工作的开展,促进独立学院教学质量的提高以及就业状况的改善,推动独立学院向着更高的层次发展。

# 浅论网络时代下的高校思想政治教育工作<sup>*</sup>

中共中央、国务院《关于进一步加强和改进大学生思想政治教育的意见》中明确提出"要拓展网络思想政治教育和心理健康教育等新的途径""要加强对大学生网络虚拟群体等新型大学生组织的思想政治教育工作""全面加强校园网的建设,使网络成为弘扬主旋律、开展思想政治教育的重要手段"。本文从当前普通高校现状出发,谈谈利用网络开展思想政治教育工作的几点认识。

**一、明确认识到网络是一种新型的思想政治教育课程**

从大学生思想政治教育的视角来看,网络不只是为大学生提供虚拟的生活空间和私下进行信息交流的平台,也不只是为大学生提供方便快捷的新的学习方式和生活方式,它应该被看作是一门课程。从课程的分类中可以看出,网络对大学生思想政治教育既可以是隐性课程,网络信息本身就隐含着各种各样的意识形态,它影响着大学生的价值观、人生观和世界观,就具有思想政治教育的作用;也可以是显性课程,我们可以将思想政治教育的内容从传统的课堂和书本搬到网络上,通过网络教学来对大学生进行有目的的思想政治教育。同样,网络既可被看作是非正式课程,又可以被看作是正式课程,我们既可以利用网络的开放性、交互性、不受时空限制性等特征随时对大学生进行思想政治教育,也可以有计划地占领网络思想政治教育阵地,开展有计划的思想政治教育工作。因此,把网络看作是对大学生进行思想政治教育工作的一种课程,有助于提高我们对网络在大学生思想政治教育工作中重要性的认识,增强教育的目的性、计划性和科学性。

**二、认清网络对大学生思想政治教育工作的挑战与机遇**

网络的发展改变着人们的学习、生活、工作与思维方式,冲击着当前高校学生的行为模式、价值取向、心理发展和道德观念等。它给高校思想政治工作带来前

---

\* 本文作者:刘惠芳、吴立保

所未有的严峻挑战,同时也为我们利用网络开展思想政治教育工作提供了新的机遇。

(一)网络对大学生思想政治教育工作的挑战

1. 网络文化的多元性冲击着高校思想政治教育工作的主导价值

网络文化是以网络信息为载体进行广泛传播的。网络信息的内容具有多元性的特征,同时,互联网能在完全非控制的情况下,同时向全球的众多受众发布信息,实现信息的即时准确传输。一方面,信息网络是发达资本主义在文化上进行殖民主义扩张和精神污染的主要渠道,西方国家利用网络向不同意识形态的国家推销资产阶级的政治观、价值观、道德观。这种价值观念无处不在地动摇着青年学生既有的生活方式、行为准则,打破了原有的高校思想政治工作的主导价值秩序,从而造成部分学生的价值标准的混乱和精神困惑。另一方面,网络自身传播体现的技术理性和工具理性,也严重地动摇着青年学生的人文理性和人文精神,导致高校校园出现人文精神的荒漠。

2. 网络文化传播方式影响高校思想政治教育工作的方式

网络文化传播具有开放性、广泛性、虚拟性、自主性、隐蔽性、交互性等特征,使网络文化打破了原有国家地域之间社会制度与意识形态的约束。使人们在网上交流信息的过程中,不同国家之间的文化传统、思想观念、宗教信仰和生活方式等方面的冲突达到前所未有的程度,同时也冲击着高校思想政治传统的工作方式。网络技术相对于其他传统的传媒而言,其最大的特征在于它是建立在一个双方资格平等的交互式平台上的一个开放系统。它严重地打破了传统高校德育工作中单向灌输式的教育方法。同时,大量有害信息的存在,诱使缺乏辨别能力的网络主体在具有隐蔽性的网络社会为所欲为,忘记了实际生活的道德准则,强烈地影响着青年学生的思想观念、精神风貌、礼仪道德和价值追求,也给思想政治工作者带来了影响,这使高校思想政治工作的任务更加艰巨。

(二)网络给大学生思想政治教育工作带来新的机遇

1. 网络的应用,增加了思想政治教育的内容

网络可以提供更加丰富而"鲜活"的思想政治教育资源。网络信息的最大特点和优势是信息的共有共享,且具有内在的增值性和不因共享而减少的特点。网络不仅大大缩短了信息传播的时空距离,使得大学生可以及时得到最新最权威的教育资源,而且可以提供或虚拟社会生活的情境,从而增加思想政治教育的信息量并提高其质量。

2. 网络可以创新思想政治工作的途径

现实生活中的个体交际由于受社会环境、伦理观念以及利害关系等因素的制

约,往往带着一定的面具。网络虚拟环境中,大学生可以和教育者在网上"毫无顾忌"地进行真实心态的交流,缩小了人际交往的心理距离,这就为思想政治工作者摸清大学生的思想并进行深层次的思考引导提供了捷径。

3. 网络提高了大学生在思想政治工作中的主体性意识和自我教育能力

思想政治工作成效的巩固和提高根本在于学生自我教育能力的提高。完全意义上的网络从根本上结束了传统的以教师、课堂为中心的模式,树立了学生在教育过程中的主体地位,对于大学生提高自我教育能力很有帮助。

### 三、积极主动地利用网络对大学生进行思想政治教育工作

(一)转变教育观念

传统意义上的思想政治教育是由教育主体(在高校主要是指辅导员、教职工)对教育受体——大学生进行思想政治教育的过程,是一种单向的,并在相对封闭的特定环境下进行的教育,这种教育模式以及教育观念已越来越不适应网络时代大学生思想政治教育工作的需要,因此,必须要转变观念,即由传统的相对封闭的学校教育向现代化远距离、开放式教育转变。广大思想政治教育工作者要结合网络教育的现实,深入学习邓小平同志关于"教育要面向现代化,面向世界,面向未来"的教育思想,树立现代化开放式教育观,眼光不限于课堂或校内,要放眼世界,联系社会现象和现代教育条件,对开放式教育、互动式教育、个体化教育要适应,要有充分的认识。对大学生的思想政治教育工作要贴近实际、贴近学生、贴近生活,通过网络为大学生提供他们所需要的服务,这是做好网络思想政治工作必须具备的教育观点。

(二)加强网络文化建设

网络文化对大学生思想政治教育工作的挑战和负面影响,要求我们必须用先进网络文化占领思想政治工作阵地。加强网络文化建设,丰富网络思想政治工作资源,应以邓小平理论和"三个代表"重要思想为指导,建立高水平的大学生思想政治工作网络信息资源库。积极倡导网络文明,规范大学生网络道德,增强大学生对网络文化的识别能力,既要能鉴别网络信息的真伪,同时在对待网络信息上要讲政治,坚持正确的政治方向、政治立场、保持政治敏锐性,提高政治鉴别力和政治纪律性。通过网络文化建设,潜移默化地培养大学生自觉抵制网络文化中不良因素影响的能力和过硬的思想政治素质。

(三)系统规划思想政治教育进网络工作

网络社会对新时期大学生思想政治教育工作产生重要影响,网络具有思想政治教育的功能,因此,思想政治教育工作必须进网络,我们要将其作为一种新型课

程来对待,通过系统规划,统筹安排,将虚拟的网络空间变成有目的、有计划的思想政治教育课堂,才能实现我们的教育目标。在具体的操作上,厦门集美大学通过调查研究得出的"五个一"经验具有很大的借鉴意义。具体内容是:

1. 构建一个阵地

建立高校思想政治工作网络平台,目的是要丰富网上正面教育的资源,开展网上宣传教育工作,服务于学生成长成才的需要,主动占领网络阵地。

2. 建设一支队伍

学校要统筹组织各方面的力量,建设一支包括政工干部、"两课"教师、管理技术人员等组成的网上思想政治工作队伍。

3. 健全一批制度

高校思想政治工作网络的生命力在于建立网络运行规章制度。要建立、健全一系列与高校德育思政研究管理体制及后勤社会化改革相适应、与青年学生日常教育教学管理工作相配套的制度,以保障学校各项工作的正常秩序。

4. 营造一种氛围

对学生的思想教育,仅仅依靠网上沟通是远远不够的。这就要求我们既要加强网上引导和教育力度,又要加大网下引导与教育力度,注意网上网下思想政治工作的对接,把二者结合起来,共同营造健康向上的育人氛围。

5. 形成一套机制

高校思想政治工作进网络是一项系统工程。要保证高校思想政治工作网络平台的正常、持续和有效运行,需要建立以下机制:一是责任机制,二是反馈机制,三是考评机制。

**四、建立强有力的支持系统,确保利用网络对大学生进行思想政治教育工作的实效**

(一)理论支持系统

通过网络对大学生进行思想政治教育是时代发展过程中出现的新问题,要做好这项工作,就要建立一支政治理论功底深厚、网络技术精湛、具有扎实教育理论知识的新型思想政治工作队伍。网络化条件对思想政治工作者提出了更高的要求:一是要有较高的政治理论水平,始终坚持用马克思主义的理论做指导,占领校园网络阵地;二是要具备娴熟的信息网络技术,能深入了解网络的特征,熟练地使用网络,及时发现和解决网络传播中的问题;三是要掌握扎实教育理论知识,要了解对大学生思想道德教育的规律以及网络时代思想政治教育新特征等方面的教育理论。四是要有独立思考和正确判断的能力,对学生关心的热点、难点问题,以及当代世界政治经济形势能做出正确客观的分析评价,引导学生正确思考、科学认识和分析解决问题,辨别是非,提高思想理论水平。因此,高校要通过多专业协同培训的方式,为辅导员提供理论支持,使辅导员不仅仅专职化,而且使他们具有专业化的水准,才能适应网络时代对大学生思想政治教育的要求。

(二)技术支持系统

技术支持系统包括两个方面:一方面是指对从事思想政治教育工作的辅导员进行网络技术培训和提供必要的技术器材;另一方面是指建立监控系统加强对信息网络的监控和管理,防堵有害信息,保证网络化条件下思想政治工作健康发展。以此来规范网络运行,引导学生树立正确的网络观念,增强学生上网的法制意识、责任意识和安全意识;以减轻辅导员对网络信息监控和管理的责任,使他们能结合学校实际,把利用网络对大学生进行思想政治教育工作与加强对学生日常生活中的思想政治教育结合起来,引导学生合理使用网络。

(三)生活支持系统

无论通过何种途径对大学生进行思想政治教育工作,有一点是不会改变的,即它必须通过人与人心灵的沟通与互动来完成的。在高校,承担这一责任的主要是年轻的辅导员,他们的思想状况直接影响着大学生思想政治教育工作的效果。而人的思想又是与实际生活密切相关的,他们的生活状况必然通过多种途径影响着大学生思想政治教育工作。因此,要提高大学生思想政治教育工作的效果,就要关注辅导员的生活、学习、工作等,要关注他们在这方面的弱势地位,切实采取措施在福利待遇、职称评定、住房等方面为他们提供生活方面的支持,使其安居乐业,全身心地投入到对大学生思想政治教育工作中去。

(四)组织支持系统

利用网络对大学生进行思想政治教育工作是一项复杂的系统工程,它需要多部门的合作,各部门之间的组织关系就构成了思想政治教育的组织成本,如果没有一套行之有效的组织管理系统,这种成本就会削弱教育效果。因此,要针对网络时代大学生思想政治教育的新要求,建立健全相应的组织机构来协调、组织和管理相关工作,保证各负其责、各司其职、信息畅通、资源共享。

**参考文献**

[1]马和民、吴瑞君:《网络社会与学校教育》,上海教育出版社2002年版。

[2]黄爱斌、虞金仁:《高校思想政治工作进网络的调查与思考》,载《高教论坛》,2002年第6期。

[3]朱力心:《试论高校思想政治工作者的网络意识》,载《教育科学》,2001年

第 2 期。

[4]孙金瑞:《浅谈网络对高校思想道德教育的挑战和对策》,载《教育探索》,2003 年第 2 期。

[5]刘成新:《关于加强网络时代高校思想政治工作的思考》,载《教育探索》,2003 年第 6 期。

[6]安少华:《谈网络时代高校思想政治工作》,载《中国高等教育》,2004 年第 12 期。

# 和谐校园视野下发挥高校学生党员先进性作用初探*

大学校园是和谐社会的一个组成部分,是直接向和谐社会培养和输送高素质人才的基地,是促进和谐社会建设的一支重要力量。高校学生党员是大学生队伍中的先进分子,在广大学生中具有较大的影响力和号召力,是和谐校园建设的骨干力量。发挥学生党员在和谐校园建设中的积极作用,既是学生党员自身成长和发展的内在要求,也是高校构建和谐校园的重要组成部分,更是贯彻落实科学发展观的重要体现。深入研究和探讨学生党员先进性在和谐校园建设中的作用,对于促进社会主义和谐校园建设、构建和谐社会具有十分重要的意义。

## 一、学生党员在构建和谐校园中的重要作用

所谓构建和谐校园,就是坚持和谐社会建设的总体方向,以科学发展观为指导,坚持以人为本的总体思路,为培养社会主义合格建设者和可靠接班人营造良好的育人环境,使校园成为建设和谐社会的重要基地。和谐校园建设是一项复杂的系统工程,作为大学生中的优秀分子,学生党员在构建和谐校园的过程中,特别是在促进学生群体和谐等发面发挥着重要作用。

(一)模范带头和示范激励作用

管理心理学中有一种概念称为群体规范,群体规范可以通过成员之间的模仿、暗示、服从和信任等影响来形成。学生党员作为大学生中的先进分子和优秀代表,同时也是校园各项活动的组织者和参与者,他们政治思想好,为人正派,责任心强;求知欲强,学习刻苦,成绩突出;工作热情、主动,充满活力等,在构建和谐校园的过程中,无疑可以起到模范带头和示范激励作用,充分利用学生党员的影响,有利于创建优良校风和学风,带动并形成积极进取、勤奋学习、奋发向上的和谐氛围。

---

\* 本文作者:葛昕明

（二）渗透教育和桥梁纽带作用

学生党员是学生中的骨干和带头人，是学生队伍的核心力量，他们能及时了解和准确把握同学的思想、学习、生活情况，具有相似的心理基础，作为学校学生工作的得力助手，是学生实现自我教育、自我管理、自我服务、自我约束的实践者和带头人，在同学中起到渗透教育的作用。同时，和谐的师生关系和同学关系的构建，离不开学生党员有意识的参与，和谐校园文化的建设离不开学生党员的精心策划、周密组织和有力执行。和谐校园的重要标志之一是学生的利益诉求渠道通畅，学生党员作为学校民主政治建设的一支重要力量，能代表和维护广大同学的正当利益，在构建和谐校园中，学生党员可以在推进学校民主决策、民主管理、民主监督的过程中起到桥梁和纽带作用。

## 二、目前高校学生党员队伍中存在的突出问题

随着高等教育的迅速发展，高校的学生党建工作得到了长足发展，学生中党员的数量和质量均有了很大的提高，学生党员队伍的结构也有了较大的改善。从总体上讲，学生党员队伍主流是好的，但由于受主客观条件的制约和影响，部分学生党员与党员先进性的要求以及他们肩负的历史重任还存在一定的差距。

（一）党员意识不强

相对单纯的大学校园生活，使得大学生党员缺乏大风大浪的洗礼，缺少关键时候挺身而出的体验，他们在大学生这个精英群体里并没有显现出太多的特别之处，因而不少高校学生党员经常会忘记自己的党员身份，党员意识淡化，往往认为自己已经进了组织的大门，已经功成名就，从而放松了对自己的要求，出现了"入党前加把劲、入党后松口气"，入党前"跑步走"、入党后"踏步走"甚至"退步走"等现象，放松了政治理论的学习，对国内外大事变得漠不关心，不注意纠正自己的缺点与不足，学习积极性与上进心减退，社会工作热情降低，不注意团结同学，听不进批评意见，自以为是，个别学生党员甚至发生违法违纪现象，在同学中造成不良影响。

（二）功利思想严重

部分学生党员在入党动机上存在狭隘的功利主义倾向，不能正确处理好个人、集体、国家三者关系。由于社会现实和思想认识等因素，个别大学生党员把入党看成是一件有利可图的事情，狭隘地把入党与就业以及个人前途紧密相连，认为只要争取成为一名共产党员，将来就可以营造自己的锦绣前程，把入党看成是一种荣耀与资本，这样，虽然在组织上入了党，但思想上仍然没有入党。部分学生党员在人生观、价值观上崇尚自我，以个人为中心，强调自我价值的实现，过多思

考个人的发展和利益,责任意识、集体意识、荣誉意识淡薄。相反,他们的经济意识、个人意识、利益意识、闲散意识不断强化,功利化倾向比较明显。

(三)服务意识淡薄

高校学生党员大部分是在学校入党的,在实际学习、生活和工作中比较缺少党性锻炼,服务意识不强。部分学生入党以后,缺乏全心全意为人民服务的思想,怕吃苦,怕挑重担,部分学生党员入党前"拼命干",入党后"松一半",缺乏奉献精神,不愿为同学服务,不愿为集体的荣誉和学校的发展建设贡献力量,而有"好处"或评优时则抢着上的现象屡见不鲜。

### 三、充分发挥学生党员在构建和谐校园中的先进性作用

和谐校园是以校园为载体,是学校教育各个子系统或要素全面、协调、科学运转和发展;是学校教育与社会教育、家庭教育和谐发展的状态,是以学生发展、教师发展、学校发展为宗旨的整体效应。构建和谐校园是一个目标,一个过程,也是一种状态。学生党员作为高校党员中的一支重要力量,应该在构建和谐校园的过程中通过多种途径充分发挥自身的先进性。

(一)高校要建立和完善学生党员先进性教育长效机制

高校学生党员先进性教育长效机制建设是一个系统工程,要牢牢抓住教育、管理、监督等基本环节,使学生党员的先进性得到充分的发挥。首先,要建立健全学生党员的学习教育机制,确保党员在理论、思想上的先进性。将理论学习和用先进性思想武装头脑的工作作为一项长期工程,贯穿学生党员先进性教育的全过程,建立和完善校、院二级党校教育培训机制,强化对学生党员的系统性教育;规范学生党支部的组织生活,强化对学生党员的经常性教育;以校园文化活动为载体,强化对学生党员的实践性教育。其次,要建立健全高校学生党员队伍管理机制。通过建立党员管理考核制度和学生党员动态管理制度等,推进学生党员队伍管理的科学化和规范化进程。再次,要建立健全考核评估机制,确保学生党员在行动上的先进性。考核评估对于每一个党员来说,既是压力也是动力,对于确保党员在行动上的先进性发挥着独特而又重要的作用。

(二)学生党员要在和谐校园建设中积极发挥先进性作用

1. 在营造和谐校风学风方面发挥先进性

和谐的校风学风是和谐校园的显著标志之一。校风学风是一种氛围,是学校校园精神、学习风气的体现,对于世界观正在形成过程中的青年学生有着潜移默化的影响力。优良的校风学风不仅是一种积极的氛围,而且也是一种动力,使学生能积极进取、努力向上,制约不良风气的滋生和蔓延。同时,它还是一种凝聚

力,有利于培养学生集体主义精神。学生党员具有崇高的理想、远大的学习目标,正确积极的学习态度,是诚实守信、遵纪守法的典范,能为广大同学做出表率,是优良校风学风的主要营造者,应该在和谐校风学风建设中发挥先进性作用。首先,要提高对校风学风建设重要性的认识,以创建优良校风学风为己任,从自我做起、从小事做起,加强自律意识,严格遵守校纪校规;弘扬刻苦钻研、求真务实、勤奋学习的风气,以实际行动为校风学风建设贡献力量。其次,要增强党员意识,时刻以党员的标准严格要求自己,严于律己,身体力行,率先垂范,在自身取得发展进步的同时,带动其他同学共同进步和发展,努力形成共同进步、共同发展、共同成才的良好氛围。

2. 在建设和谐校园文化方面发挥先进性

校园文化是高校实施素质教育各项活动的重要载体,是学校实现教育目的、优化育人环境的重要途径,也是和谐校园建设的一个重要组成部分。积极推进校园文化建设是学校学生工作的一个重要组成部分,也是学生党员的责任和义务。作为学生中的先进分子与骨干,学生党员必须在建设和谐校园文化方面发挥先进性作用。首先,要通过开展党员形象工程、党员一助一活动、党员奉献日活动、党员挂牌佩戴党徽等活动,不断鞭策、激励自己发挥好榜样作用,同时影响带动一批人上进,营造一种比、学、赶、超的良好学习氛围。其次,要积极组织和参加各种校园文化活动,带头营造"求真务实、学以致用、从严治学、学无止境"的良好学风,积极创建文明宿舍与文明课堂,以饱满的热情积极参加各种社会实践活动、科技活动和青年志愿者活动等。通过积极投身社会工作,一方面使自己的能力得到锻炼与提高,另一方面也使自己的劳动与工作能为同学们的自我教育、自我管理、自我服务提供服务,从而使自己在实践中真正"受教育、长才干、做贡献",最终促进自身的全面发展,塑造自己的先进性形象,从而真正体现"一个党员一面旗"。

3. 在促进和谐人际关系方面发挥先进性

和谐校园首先是人际关系的和谐,既包括个人与个人之间、群体与群体之间的关系和谐,也包括个人与群体之间的关系和谐。学生党员应该充分发挥桥梁纽带作用,为促进同学之间和师生之间的和谐贡献力量。首先,要促进同学与同学之间的和谐。大学生党员平时接触最多的群体是同学,同学与同学之间关系的和谐是校园和谐和稳定的重要保证。全心全意为广大同学服务是学生党员的宗旨。广大学生党员要从理解同学、尊重同学、关心同学入手,倾听同学呼声,反映同学诉求,关注同学困难,从同学中来,到同学中去,真心实意地去帮助同学,在学习、工作、生活上为同学提供各种便利条件,想同学之所想,急同学之所急,为同学办实事。善于与同学沟通,及时发现在学习上、生活上、心理上有困难和问题的同学,及时进行反映和疏导,帮助每一名同学顺利完成学业。他们的言行又能感染和带动其他同学,形成互相帮助、无私奉献的良好精神风尚。其次,要促进师生之间的和谐。学生党员是联系教师群体与学生群体的桥梁和纽带。师生之间的主要矛盾是教师对学生的教育和影响与学生能否接受这种教育和影响的矛盾。这一矛盾也是影响和谐校园建设的重要因素。解决这一矛盾的办法除了教师努力提高师德及教育教学水平外,通过学生党员在师生之间搭建的沟通平台,教师与同学之间得以及时联系,可以促进心理相融的新型师生关系的形成,让校园增添更多和谐的音符。

**参考文献**

[1]王春明:《充分发挥学生党员在大学和谐校园建设中的先进性作用》,载《高教论坛》,2007 年第 6 期。

[2]史富强:《新时期高校学生党员先进性建设探析》,载《教育与职业》,2009 年第 5 期。

[3]谢莉莉:《高校学生党员队伍先进性教育的长效机制研究》,载《佳木斯大学社会科学学报》,2009 年第 1 期。

# 独立学院大学生社团建设调查报告*

## 一、调查目的和概况

大学生社团是高校校园文化的重要载体,社团文化是高校文化的重要组成部分,在校园精神文明建设中起着举足轻重的作用。本次调查主要目的在于对当前江苏省独立学院大学生社团发展建设现状和存在的主要问题进行较为系统的调查、梳理和分析,为南京乃至江苏省高校独立学院大学生社团的发展建设提供有效的建议及实践经验。本次调查共发放问卷300份,对南京信息工程大学滨江学院、东南大学成贤学院等独立学院的社团成员进行了调查。调查共回收问卷226份,有效回收率75.3%。

根据各独立学院反映的情况看,各学院平均有30余个涵盖了体育、科技、文艺、公益等类型的社团,社团活动丰富多彩、各具特色。

## 二、问卷统计分析

### (一)独立学院学生兴趣特点

独立学院自创办至今仅有10余年的时间,其招纳的学生思维活跃,动手能力强,社交广泛,具有相当高的活跃度,因此,独立学院的大学生社团,存在着自己的特点及发展优势。

根据调查问卷统计结果显示,在独立学院学生喜欢参加的社团活动类型当中,选择文艺类和体育类的学生占到了约60%,而科技类、学术类的社团参与比例仅为11.5%。从这个数据不难看出,学生喜欢参与文体活动,更乐于接受时尚、健康、快乐的社团活动,也更善于交际,容易融入社会,而相对比较乏味的学术、科技类的社团活动则少有学生愿意参加,这也反映了现代学生的时代特征。

---

＊ 本文作者:邱章强、李艳、曹晶晶

（二）社团活动的影响和参与程度

社团活动的参与程度和影响，我们可以根据会员参加活动的频率和动机来分析。在参与社团活动频率的调查当中，选择参加自己喜欢的社团活动和只要有活动就参加的学生比例占到了75.7%，而对现阶段社团活动是否能够满足同学们需要的调查显示，超过半数的人认为现在的社团活动不能满足同学们的需要，这说明独立学院学生对于社团活动的需求还是相当旺盛的，且乐于参与其中。而且参与社团活动的同学动机也十分明确，一是通过参与组织策划活动来锻炼自己，二是为了自己的兴趣爱好。参与调查的同学中通过参与社团活动锻炼自己的占到71.68%，单纯为了兴趣爱好的占到20.35%。大学生社团作为大学生提高自己综合素质和专业技能的一个重要场所，其本身的质量与开展活动的效果直接关系着大学生的成长。

（三）社团的管理

社团的管理是社团稳步发展的关键，拥有一个良好的管理团队，社团才能保持持久的活力。社团的管理分为内部管理和外部管理，内部管理即社团内部干部的任命、部门的设置、职责和义务的明确、经费使用监督、决策的有效实施等等；外部管理即学院通过成立社团联合会等组织，制定相应的管理规章制度等对社团进行统一的管理。而根据了解，各个独立学院正在逐步完善社团的管理体制，以滨江学院为例，学院成立了社团理事中心，制订了相关的规章制度，并且有自己的传统活动如社团巡礼，在几年的摸索当中也总结了不少经验。但由于成立时间短，队伍比较年轻等原因，在工作中也发现了一些不足。在调查中，有54.42%的受调查者认为部门结构不合理和分工不明确是社团现阶段的最大问题，认为学校应该对社团活动加大政策支持和配备经验丰富的老师的占到了89.7%。

### 三、小结与讨论——营造社团发展的综合保障体系

综合以上分析各独立学院社团发展的现状，我们不难看出，独立学院社团的发展正处在一个方兴未艾的阶段，各个学院社团发展都各有特色，很多优秀社团成为学院校园生活的亮点，引领着校园文化向高水平、高层次迈进。同时各个社团的运作也不同程度地存在一些问题。

（一）社团活动的质量需要逐步提高

64.6%的被调查者认为社团活动的质量一般，1.77%的人认为活动质量很差。社团活动质量不高的主要原因在于三个方面：一是学校的社团管理方面的原因。虽然现阶段各个学院都成立了自己的社团联合会或者社团中心等社团管理组织，由学院团委对其进行指导和管理，并制定了相应的管理制度和方案，但是在

制度的执行和实施方面还存在问题,不能高效的对社团进行管理;二是社团活动组织者方面的原因。也就是社团的主要干部,由于学生干部的年轻化,基本上各个社团的社长或者会长都是二年级的学生,在活动策划和落实方面还存在不足,对一些政策和规章不明确,导致开展活动过程中出现漏洞、分工不明确、活动形式单一;三是参与者即会员方面的原因。很多学生会同时参加几个社团,参与活动不主动,对社团活动的意义认识不清,目的也不明确。

(二)学生干部本身能力有待提高

调查中有18.14%的人认为,社团干部自身素质不高,缺乏威信,有30.53%的人认为社团活动决策过于专断、管理不够人性化。独立学院的学生个性比较突出,思维活跃,但是容易冲动和一意孤行,这样在决策上就会出现偏差。学生干部素质和能力的提高,也是社团发展的关键。现在个别的学生干部参与社团的目的不明确,部分人是出于虚荣而参与社团活动,这样就影响了社团干部的整体素质,导致领导力不够,活动决策的落实也得不到有效的保障。

(三)社团活动影响范围小,且并不是每一位成员都会在社团中得到有效的锻炼

现阶段社团活动很多是讲座、交流、晚会等形式,参与的会员并不多,甚至活动结束了,很多同学还不知道。一、二年级的学生是社团活动的主力军,积极性高,投入精力大,但是得到锻炼的往往只是社团干部等组织者,而普通会员得到锻炼的机会相对较少。有些社团活动缺乏竞技性,社团成员的个人兴趣或特长就得不到很好的发展。有的社团活动缺乏知识性,仅仅以集体游艺或观赏为出发点,对社员的成长帮助不大。还有的活动互动性不强,不能制造更多的机会给社员沟通和交流,不能有效扩大社员交往面。

为使独立学院社团能够健康稳定的发展,建立一个良性发展的综合保障体系势在必行,针对目前存在的问题我们总结了以下几点建议。

(一)根据独立学院学生特点建立社团

根据前面的调查分析,独立学院的学生有着思维活跃、动手能力强、社交广泛、具有相当高的活跃度等特点,而独立学院培养人才的定位也在于培养应用型人才,因此我们在号召同学们自发成立社团和审批的过程中,应该注意扶持那些能够培养学生的动手能力的、实践性强的社团,才能满足同学们的需要。现阶段,文体方面的社团最为活跃,参与程度也最高,我们对这些社团要加强管理,避免千篇一律。同时,我们也要有意识地培养科技和学术性的社团,因为这是众多独立学院社团建设比较薄弱的一面。

（二）狠抓社团活动质量，扩大影响力，促进校园文化建设

学生活动是校园文化建设的重要载体，是学生工作开展的有效途径。要提高活动质量，首先要促进社团活动的精品化和系列化建设。像精品课堂一样，社团活动也要有自己的精品活动，作为全院社团活动的榜样，牵引我们的社团活动质量不断提升。比如滨江学院的社团巡礼、篮球协会的篮球赛等都已经成为滨江学院的精品活动，这些活动带动了整个学院的社团活动，起到了非常好的效果。但是，现在的精品活动还不能满足广大同学的需要，我们仍然需要不断地摸索和实践，挖掘有特色、有潜力的精品社团活动。其次，我们要促进社团活动的"系列化"，即活动主题明确，活动延伸次序明确，循序渐进，活动周期长，能够长期在学生当中产生影响。据我们了解，多数学院的社团活动没有形成系列，只是盲目响应国家或上级号召，根据某一主题大搞活动，活动乱而杂，没有章法，而且没有持续性，活动一时间搞得轰轰烈烈，但是很快销声匿迹。这样在学生中不能产生长期的影响，不利于学生工作的实施和落实。社团活动是学生在校的第二课堂，活动要开展，更要扩大影响，在学生中间形成良好而长期的效应。

（三）注重学生干部的培养，全面提高社团管理质量

学生干部的培养是一项任重而道远的任务，好的学生干部是优秀学生的代表，更是学院开展学生活动的好帮手，好的学生干部能够使社团充满活力，持续健康地发展下去。但是现阶段，由于发展时间短，可总结的经验和成功实例不多，学生干部的培养虽然各有特色，但是一时间也难以形成比较完善的培养机制。要提高学生干部的素质和能力，我们应该做到以下几点：制定严格的学生干部选拔机制；建立合理的学生干部梯队；配备经验丰富的指导老师；进行专业的管理培训、素质拓展；进行榜样教育，树立学生干部标兵；给每一个会员锻炼的机会。

（四）注重活动的宣传，扩大社团活动的影响力

目前独立学院社团的宣传方式单一，达不到宣传的效果，往往活动都搞完了，很多同学还不知道。调查中有53.5%的同学仅仅通过海报了解社团的活动，而有33.6%的同学只是在社团招新成员的时候才初步了解社团。从这个调查可以看出现阶段，社团活动的影响不够广泛，与宣传有着相当大的关系。我们可以开发各种宣传的手段，比如学校的广播台、建立短信平台等等，让同学们更加深入的了解社团活动，积极主动的参与到社团活动中来。

总之，独立学院的社团发展还需要一个长期的过程，我们应该通过完善相应的政策，培养高素质的社团干部，建立良好的活动氛围，使会员得到锻炼，进一步提高社团活动的参与程度，从而建立一个良好的社团发展新局面。

**参考文献**

[1]徐峰:《高校学生社团建设的分析与研究》,载《高职论丛》,2006 年第 4 期。

[2]邵栀兰:《高校学生社团运作情况调查报告》,载《广西青年干部学院学报》,2006 年第 2 期。

[3]李文阁:《对高校学生社团建设的几点思考》,载《呼伦贝尔学院学报》,2006 年第 3 期。

# 02

第二篇

## 特色经验篇

　　南京信息工程大学滨江学院紧紧围绕立德树人根本任务，以"双创"育人理念为引领，以培育和践行社会主义核心价值观为主线，充分挖掘和彰显气象文化育人特色，大力实施"三有"工程，打造"筑梦"文化，不断探索思想教育与人才培养的联动机制。本篇重点介绍了学院在党建创新、思想政治教育、教学改革、资助育人、社会实践与共青团工作等方面的特色做法及所取得的显著成效。

# 构建行业特色育人文化下的多维党员教育体系

## 一、工作创新提出的背景

党的十八大以来,以习近平同志为核心的党中央针对高校党建工作做出了一系列重大决策部署。加强高校党建工作是实现立德树人根本任务的关键。高校党建工作要不断加强科学化水平,要坚持不懈地培育和弘扬社会主义核心价值观,要用中国梦为学生点亮理想的灯,要以文化人、以文育人,要广泛开展各类社会实践活动,增强党建工作的时代感和吸引力。

南京信息工程大学滨江学院党委以社会主义核心价值观为引领,充分挖掘和彰显气象文化育人特色,在广大党员和积极分子中开展了"万千气象看人生"主题系列教育活动。通过聚焦"老气象人"和"一院八所"新时期创新创业中青年典型人物,将社会主义核心价值观具象为学生党员自身的"使命感、责任感、荣誉感",以扎实的理论学习、鲜活的人物访谈、深刻的总结提炼、广泛的教育宣传以及亲身参与的社会实践活动,激发学生党员和积极分子树立服务行业、扎根基层、爱岗敬业的价值取向。用身边的人、熟悉的事、亲身的体验与实践有效引导党员及积极分子争做时代先锋。

## 二、工作创新点及具体做法

（一）创新点

1. 突出行业特色,以文化育人。"万千气象看人生"主题系列教育活动充分利用行业资源,结合行业特点,通过走访"老气象人"教育党员以及积极分子敬业爱岗、扎根基层、吃苦奉献;走访"一院八所"中青年科研骨干,体会拼搏进取的新时代创新精神。活动的开展及成果展示发挥了显微镜和望远镜的功能,引领万千学子筑梦、逐梦,积极投身于中国气象事业的现代化建设中。

2. 突出实践参与性,以真情化人。主题系列教育活动始终突出理想信念教育这根主线,注重实践性和参与性,让学生党员和积极分子深入艰苦地区基层台站一线,体验老气象人的艰辛奋斗历程,深入科研院所了解气象学科研究前沿的挑战,感受科研工作者如何赢得世界话语权。在体验与实践中感受、感动、感悟,入脑、如心、如魂。将党建工作和思想政治教育落细、落小、落实,收到春风化雨润物无声的效果,让党员教育有温度。

(二)具体做法

1."万千"之基:做好顶层设计,构建党员系列教育活动

"九层之台,起于垒土。"学院党委多次召开专题会议,认真做好顶层设计。"万千气象看人生"主题党日活动围绕培育和践行社会主义核心价值观开展,通过理论学习、人物访谈、成果宣传、社会实践等方式,变单一的理论灌输为知行合一的实践性教育,创新党员教育的活动形式,发挥党员和积极分子的主体性作用。

2."万千"之路:依托行业特色资源,师生联袂学习与践行

"读万卷书,行万里路"。2015年6月下旬"万千气象看人生"主题教育系列活动正式启动。通过遴选最终确定了29名党员和积极分子由10名带队指导教师组成了十支实践团队,远赴贵州、新疆、西藏等10个省(自治区)的艰苦地区和气象台站开展活动。师生们奔走了20000多公里,共采访了24位老气象人,写下了百篇采访札记和人物故事,拍摄了万余张珍贵的照片,撰写了3万余字的调研报告。2016年7月,9名老师和27名学生分赴中国气象科学研究院、北京城市气象研究所、上海台风研究所、乌鲁木齐沙漠研究所等中国气象局"一院八所",聚焦气象行业中青年业务骨干,解读新时期创新创业气象精神。先后采访了24位中青年业务骨干,写下了50多篇人物传记和采访札记。

每年暑期实践活动结束后,结合采访故事编辑出版人物访谈录,开展优秀事迹报告会,在广大青年学生中开展"我为核心价值观代言"活动和"实施'三有'工程,践行核心价值观"活动,将核心价值观融入日常学习、生活和社会实践中,在落细、落小、落实上下功夫,积极引导党员及积极分子创先争优,点燃"星星之火",形成"燎原之势"。

3."万千"之声:充分放大活动效应,营造立体的教育氛围

教育,不仅是课堂授课,还应呈现多元化、立体式、全方位的育人格局。为扩大"万千气象看人生"主题系列教育活动效果,学院立足自身媒体平台,从校园各类公众号、学校网站到社会媒体,中国青年报、中国气象局、教育部中国大学生在线、江苏教育厅官网、江苏卫视以及各地气象局官网等媒体给予关注和报道。全院师生阅读气象行业典型人物事迹,品评着参与师生的感悟,重塑正确的人生观和价值观。

### 三、主要成效及经验启示

（一）主要成效

2015 年,学院党委开展的"万千气象看人生"主题党日活动获江苏省教育工委表彰最佳党日活动,社会实践团队荣获"全国最佳实践团队"称号,与清华大学、北京大学等高校的社会实践团队共同跻身全国十强。2016 年全国暑期社会实践百强单位和优秀团队提名。获得江苏省高校培育和践行社会主义核心价值观创新案例。2016 年,党委申报的培育和践行社会主义核心价值观探索与实践——"实施'三有'工程,践行核心价值观",荣获第四届全国民办高校党的建设和思想政治工作优秀成果特等奖。

（二）经验启示

1. 党员教育活动与人才培养紧密结合。围绕学校的发展历史以及人才培养定位,将党建、思想教育与提升人才培养质量紧密结合,依托行业资源在大学生中培育与塑造社会主义核心价值观,用身边的鲜活事例来教育和引导大学生,党员教育活动更具有传播力、引导力和影响力。

2. 党员教育活动多维立体贯穿育人全过程。由"万千气象看人生"串起的主题系列教育活动,形式多样,内容丰富,教育面广。参加活动的同学,将采访资料及体验感悟文章进行整理,学院出版成册,举办报告会、讨论会,学生讲述老气象人的精神,学生讲述的过程就是自己被打动和被教育的过程,同学亦感到亲切、有说服力。多层次多侧面的实践活动的推进,将社会主义核心价值观的教育贯穿学生培养过程始终。

3. 党员教育活动遵循教育规律,富有时代特色。主题系列教育活动是高校进行党员教育的有效手段,也是重要载体和教育方法。在教育内容、手段、模式上不断创新,以时代精神为引领,更好地满足党员及积极分子的成长需要;以学生为本,强调学生的主体地位,做到贴近实际、贴近生活、贴近学生,让学生感同身受,提升教育效果;以丰富多彩、喜闻乐见的形式吸引人,增强活动的参与度,亲身体验气象行业的艰苦,在体验与实践中感受、感悟、感动、感恩,将党建工作和思想政治教育落细、落小、落实,收到春风化雨润物无声的效果。

# 实施"三有"工程 践行社会主义核心价值观

## ——南京信息工程大学滨江学院培育和
## 践行社会主义核心价值观探索与实践

习近平总书记指出,青年要勤学、修德、明辨、笃实,使社会主义核心价值观成为自己的基本遵循。"爱国、敬业、诚信、友善",是公民基本道德规范,是从个人行为层面对社会主义核心价值观基本理念的凝练。如何引导大学生自觉接受社会主义核心价值观,将核心价值观内化为精神追求、外化为自觉行动是高校思想政治教育的着力点。南京信息工程大学滨江学院在学生中实施有梦想、有责任、有担当——"三有"工程,强化典型示范、情感认同、平台建设,让社会主义核心价值观教育有温度、有深度、接地气、可触摸,增强了核心价值观教育的传播力、影响力、吸引力和感染力,有效推动了社会主义核心价值观体系建设。

### 一、有梦想,正能量荷载核心价值观

梦想是种子,它能生根发芽;梦想是光亮,它能照亮我们前行;梦想是灯塔,更是动力。为帮助学生树立正确的人生观、世界观和价值观,激发职业理想,燃起创业梦想,滨江学院引导学生从爱专业、爱行业开始,练就报国本领,让校园充满满满的正能量。

### (一)典型示范燃起梦想

宣传学生典型的自强精神,唱响核心价值观好声音,为学生践行核心价值观提供榜样引导和精神动力。学院常年开展"寻找榜样力量,分享奋斗青春"活动。一是请在校优秀学子、国家奖学金获得者、考上名牌大学研究生者、高层次竞赛获奖者以及高端技能证书获得者做报告,让他们和学生座谈,讲述他们的奋斗故事,讲述他们的心路历程。二是邀请优秀毕业生来母校做报告。每年10多期的真知讲堂、西苑论坛,成为滨江优秀毕业生对学弟学妹开设的第二课堂。学长徐义平的事迹感动了滨江学子坚定梦想,践行"三感",常励奋进之志,常思使命之责。校友徐义平,学院首届测绘工程专业毕业生,江苏省五一劳动奖章获得者,工作期间

参与和主持多项国家和省市测绘项目,曾多次荣获所在单位"先进个人""先进科技工作者""先进工作者"等荣誉称号。报告激励滨江学子学习先进,奋发有为,科学规划自己的大学生活和职业生涯。三是利用校友资源,回赠母校。校友王静捐赠就业示范班,学姐创业故事燃情滨江学子,被学弟学妹们亲切地称为"最美学姐"。

(二)方向引领助力梦想

"互联网+""大众创业、万众创新""DT 时代"是当今社会的热门词,也为学院人才培养指明了方向。在这崇尚创新、充满机遇、人人都有可能出彩的时代,滨江学院引领学生积极追梦筑梦,大胆拥有梦想。学院围绕"技术技能型"人才培养定位,高度重视学生创新创业能力的培养,以"挑战杯"课外学术科技作品竞赛和创业计划竞赛等各类竞赛为抓手,大力营造创新创业氛围,引导学生积极投身创新创业实践,全面提升综合素质。在 2015 年江苏省大学生科技创新成果展中我院作品"太阳能汽车辅助空调"从全省 95 所高校的 1622 个队伍中脱颖而出,荣获2015 年江苏省大学生科技创新成果展金奖。该作品还荣获第十四届"挑战杯"江苏省大学生课外学术科技作品竞赛暨全国竞赛江苏省选拔赛三等奖,名列全省独立学院前茅,学院在该赛事上实现历史性突破。在团省委、省学联举办的 2015 年江苏省大学生科技创新成果展上,曹卫星副省长现场体验了滨江学院学生的作品,认为该作品具有很好的实用和推广价值,鼓励同学们进一步完善,争取早日投放市场。《光明日报》等主流媒体对滨江学院的作品进行了大篇幅报道。

梦想承载着满满的正能量,激发了滨江学子成人成才的激情。近年来,我院超过 10000 人次学生参加各类竞赛,获得省级以上奖励近 1000 人次。在省教育厅、省委宣传部等 6 部门联合举办的首届江苏省"互联网+"创新创业大赛决赛上,以 2011 级软件工程专业周利发同学为负责人的《滨江台风号》创业团队表现优异,荣获大赛二等奖,全省独立学院唯一获此殊荣单位。2015 年全国电子设计大赛上,祖旭明、沈慧想、汤杰拿到了滨江历史最好成绩——全国电子设计大赛二等奖。

**二、有责任,日常生活融入核心价值观**

培育社会主义核心价值观,必须使之融入日常生活,从提升学生的责任意识入手。学院多渠道多载体开展社会主义核心价值观教育,让同学们在日常的学习生活中认知社会主义核心价值观、践行社会主义核心价值观,宣讲诠释社会主义核心价值观。

（一）习惯养成明确责任

细节决定成败，学院从习惯养成入手，培养学生对自己对他人负责对社会负责，将责任意识培养的触角延伸到课堂阵地，狠抓无手机课堂。推行教室手机袋试点、上课座位相对固定化试点，组建学习小组、成立"学风自律委员会"。系列活动的开展，同学们课堂上玩手机、睡觉、讲话、迟到早退等一些陋习得以明显改观，"勤奋苦学乐求知，莫让手机扰心志"已成为同学们的共识，使得课堂教学效果得到有效保障。

为探索培育和践行社会主义核心价值观的长效机制，学院以科学规划大学生涯为切入点，抓住寒暑假培养学生良好习惯的时间窗口，培养学生责任意识。寒暑假期间，要求学生完成特殊的"寒暑假作业"：包括结合实际制定大学计划；品读经典撰写心得，感受中华优秀传统文化魅力；开展志愿服务、社会观察、生产劳动、孝老爱亲等社会实践或体验活动。通过规划确立目标，激发责任；通过研读优秀作品，饱满精神世界，内化责任；通过实践服务，体验责任。作业亦是辅导员了解学生的一个通道，辅导员认真批阅，提出指导意见，并在后续学生学习过程中予以督促和引导。在规划、阅读以及体验中，潜移默化影响学生思维、行为及习惯，责任意识得到强化。

（二）感恩教育树立责任

以感恩教育为切入点，以"一封家书""母亲节"为抓手，加强学生的责任教育。通过开展"一封家书"教育活动，推进"家校互动"，形成家庭学校教育的合力，更好地深入学生心灵，树立学生的感恩意识、责任意识；每年母亲节当天9点20分（谐音为"就爱您"）向母亲发送祝福短信、征集儿时及现在与母亲的合影、在母亲节当天献上萱草（萱草的花语是"永远爱你母亲"）等母亲节系列活动，激发学生对母亲的感恩之情；通过组织观看《走基层——皮里村日记》，了解大山孩子的艰难求学之路，培养学生的珍惜、感恩之情；通过开展"感恩的心，感谢有你"活动，以感恩晚会的形式，精心设计"感恩墙"，将学生对老师、对父母、对同学等的感恩之情表达出来，教育学生永怀一颗感恩的心。

（三）网络媒体渗透责任

网络时代人人都是自媒体，面对社会的浮躁，学生要"Hold"住底线。学院紧密契合当代青年学生"无人不网""无处不网""无时不网"的生活状态，把社会主义核心价值观落细为线上线下活动，落小为数以百计千计的应用功能、讨论议题和网络作品，最终通过落实的满满网络正能量和昂扬的青春中国梦渗透责任。

学院充分发挥新媒体的作用，以"服务学生、宣传滨江、营造文化"为宗旨，以开拓思维为理念，每天精心组织、编辑各类资讯，以微信的方式推送给师生。先后推出滨江心语、特别策划等栏目深受学生喜欢。滨江心语,每周推出美文、散文和唯美的表达,让生活中的道理、人生的哲理,通过具体人和事的讲述,通过一个个典型的励志故事,将社会主义核心价值观教育具象化、日常化,或如长者语重心长,或如朋辈苦口婆心。特别策划,紧抓教育时间节点,主动出击,策划教育主题,组织学生撰写稿件,让同学们在记录、反思以及阅读中引发思考。通过一条条微信的策划、传播、编写,一个个身边人的感悟、一个个身边故事潜移默化地传递正能量,同时,也让社会主义核心价值观教育有温度、有深度、接地气、可触摸,增强了典型示范,情感认同,增强了核心价值观教育的吸引力和感染力。特别策划同时找准结合点,围绕学院中心工作,做好宣传、引导,打造见"微"知著大平台。围绕学生考研、学风建设以及学生资助教育先后推出"学风建设月,我们在行动""且听童鞋谈学风""感动感恩感谢""在滨江,唯愿你不负时光"等报道,使社会主义核心价值观教育从大学课堂转向生活,从理论说教转向与学生生活密切结合的专题教育。

借助互联网的传播力,全院范围内开展"践行核心价值观,传递青春正能量"主题教育系列活动。抓住同学们喜欢在网络上发言的特点,通过互相讨论,做好思想引领。从公民基本道德规范出发,在同学中广泛开展我为"社会核心价值观"代言活动。活动中,同学们从与公民道德息息相关的"爱国,敬业、诚信、友善"四个方面,选择一个方面,谈谈自己的理解。通过新浪微博、腾讯微博,让大家畅谈自己对"社会主义核心价值观"的理解。同学们纷纷在微博刷屏,谈论自己对"社会主义核心价值观"的理解。对一些学生对现实生活中的人和事表现出"冷漠"的情况进行针对性讨论。核心价值观教育通过网络渗透做到无时无处不在。

### 三、有担当,新空间拓展核心价值观

培育和践行社会主义核心价值观,要在"践行"上下功夫,切实做到人人参与、个个主体,让社会主义核心价值观喜闻乐见、入脑入心。社会实践、志愿服务是大学生践行社会主义核心价值观的重要阵地和平台,学院充分发挥大学生在校园文化建设中的实践主体作用,引导学生敢于实践、勇于奉献。社会实践、志愿服务延展了核心价值观教育的新空间,培养了学生担当意识,让核心价值观的教育更加丰富。

(一)社会实践内化担当

学院党委充分利用学校气象行业优势,通过学生实地采访、对话"老气象人",挖掘"老气象人"的精神价值,在聆听、讨论、交流、事迹整理以及报告会中,心灵得到洗礼,精神得到升华,实实在在践行了社会主义核心价值观。暑假期间,10 名教

工带着 40 名学生组成 10 个小分队,分赴新疆、西藏等气象部门,做气象志愿者,采访老气象人,听老气象人讲述他们平凡而又不寻常的故事,分享他们的人生感悟。青海的"最美气象人"、西藏的"高原伉俪"、贵州的"新中国气象人"以及内蒙古气象人奉献的一生等无一不深入心灵,留下了深深的记忆。10 个团队写下了 40 多篇采访札记和人物故事,带回了数千张珍贵的合影和老照片,为弘扬新时期气象精神、践行社会主义核心价值观留下了珍贵的资料和教育素材。师生们在采访札记中这样写道,这是一段从未经历过的旅程,遇见如明灯般的气象老人,邂逅绝美如画的草原风景,不负青春,慢享人生。能力越大,责任越大;坚持越久,收获越丰。我们看到了老气象人的付出与收获,看到了那样一群人的坚守。"感恩·铭记"活动在社会上引起了强烈反响,《中国气象报》、江苏教育网、大苏网、《扬子晚报》先后大篇幅报道,陕西、甘肃、西藏、青海等当地媒体也给予高度评价。

与此同时,学院定期开展"大学生名企行"实践活动,组织学生到省内知名企业观摩实训、见习实习,在企业一线培育和践行社会主义核心价值观。在 2015 年大学生志愿者暑期"三下乡"社会实践活动中,学院 3000 余学生参与社会实践活动,涌现 236 支实践团队,足迹遍布 20 个省 27 个市,共形成实践报告 400 余篇。社会实践活动不再是"走过场""凑学分",大学生在亲身经历中,实实在在地用脚丈量、用脑思考、用心体悟。社会实践真正"实"起来,培养了学生使命感、责任感、荣誉感,大大拓展了社会主义核心价值观教育的新空间。

(二)志愿服务练就担当

学院充分发挥地缘优势,与南京静海寺纪念馆、南京市民俗博物馆等单位长期合作,以亚青会、青奥会为契机,组织学生积极参与相关志愿服务活动,多名学生被授予"南京市红十字会系统优秀志愿者""江苏省优秀青年志愿者""优秀青奥会志愿者"等。同时充分发挥人缘优势,融合滨江学院红十字会和青年志愿者协会两大志愿服务组织,学生主动组建支教团,赴湖南省娄底市新化县大坪小学进行支教活动,开展"关爱留守儿童,撑起一片蓝天"志愿服务项目,活动产生了广泛的社会影响,获得了良好的社会声誉。滨江学院红十字会荣获"南京市红十字会系统先进集体"、"南京市红十字宣传工作先进集体"、"江苏省优秀青年志愿服务项目"、江苏高校红十字会"博爱青春"暑期志愿服务活动"优秀项目奖"。同时,在敬老院、智障儿童服务单位建立学雷锋志愿服务点,推动志愿服务定点化、常态化、规范化建设,推出一系列公益活动,引起社会关注。学院连续 15 年开展大学生志愿服务西部计划志愿者输送工作,累计输送西部计划志愿者 100 多人,涌现出一批优秀青年志愿者代表。

"憨豆音乐助疗教室"项目由滨江学院青年志愿者协会联合南京乐活公益发

展中心共同发起,旨在用科学的康复理念,借助音乐疗法,帮助患有心智障碍的唐氏综合症患者的公益项目,目的是让更多"憨豆"能够融入社会,被社会接纳,尽可能地减轻"唐宝"家庭的压力以及社会负担。一年来,学院陆续举办了"助力憨豆·为爱起舞""助力憨豆·艺启未来""助力憨豆·融爱融乐""助力憨豆·义卖义演"等系列活动,将创客精神与公益活动相结合,大力弘扬"奉献、友爱、互助、进步"的志愿服务精神。滨江学院的"憨豆音乐助疗教室"以评审分第二名的成绩在第四届中国公益慈善项目决赛中荣获大学生公益创客项目金奖。学生在实践和服务中亲身体验,获得真知,自觉接受社会主义核心价值观的引导,将核心价值观内化为精神追求,外化为自觉行动。

# 构筑贫困生公益创业新模式

授人以鱼,不如授人以渔。近年来,滨江学院另辟蹊径,高度重视、积极引导、重点关注贫困生的公益创业项目,探索为贫困生开辟一条锻炼能力、反哺社会的新途径。学院贫困生陈治宇同学负责的《憨豆音乐助疗教室项目》获得第四届中国公益慈善项目大赛大学生公益创客项目金奖,贫困生毕硕硕同学负责的《邳县农民画公益创业项目》获 2016"创青春"速度中国杯江苏省大学生创业大赛银奖。

## 一、推动贫困生公益创业的背景

党的十八大以来,具有"公益性""创新性"和"市场导向性"特点的大学生公益创业正成为一种潮流。习近平总书记强调,青年学生是创新创业的有生力量,希望广大青年学生把自己的人生追求同国家发展进步、人民伟大实践紧密结合起来,刻苦学习,脚踏实地,锐意进取,在创新创业中展示才华、服务社会。

贫困生公益创业在当下既面临着非常难得的历史机遇,同时也遇到许多现实的困难,这种困难不仅体现在他们在公益创业意识、知识、经验和能力的欠缺,更体现在资金、人脉及平台的不足。在此背景下,滨江学院通过实现四个转变,对贫困生公益创业进行了有效的探索和实践,引导贫困生克服困难、勇于担当、奉献自己、反哺社会,从而全面提升我院资助育人工作成效。

## 二、构筑贫困生公益创业新模式的主要做法

(一)培养贫困生公益创业意识,变不敢想为敢想

贫困生作为高校的特殊群体,经济条件较差,往往存在自卑和封闭心理,公益创业意识较淡。因此,学院通过与贫困生一对一谈心谈话,组织团体心理辅导,邀请公益创业典型,营造浓厚的公益创业氛围,不断消除贫困生思想疑虑,增强其公益创业意识,变不敢想为敢想。

(二)形成贫困生公益创业保障,变不能做为能做

学院专门设立"南京信息工程大学滨江学院大学生创新创业基金",成立专门

的大学生公益创业管理机构。基金管理委员会负责审批创新创业基金的年度计划、项目立项,确定立项项目资助额度,负责资金使用的监督管理等重大事项决策和重大事项处理。在具体操作上,同等条件下向贫困生组建的团队倾斜。学院还针对部分学生因为学业和创业发生矛盾冲突、时间上无法调和的问题,出台了相关学分置换方案,解决其后顾之忧。学院从顶层设计入手,制订了相应的管理办法,对本院公益创业团队进行规范管理,加强对各公益创业项目统筹规划和指导,从而提高风险管控水平,使大学生公益创业特别是贫困生公益创业有了制度性保障,变不能做为能做。

(三)提升贫困生公益创业能力,变不知道为知道

学院通过完善教育教学环节,强化贫困生课程理论学习和项目模拟实践,不断提升贫困生公益创业能力。主要形式有四个:一是以公共课的形式开设公益创业社会实践课,将公益创业纳入教学体系中,构建多元化的公益创业教育模式。二是学院举办各类公益创业比赛,提高贫困生的公益创业实践能力,培养服务社会、服务大众的公益价值取向和社会责任感。三是加强公益创业教育师资队伍建设。积极建设有经验、有能力的公益创业指导教师团队,一线指导大学生公益创业,同时由学院骨干教师、外请专家等组成"南京信息工程大学滨江学院贫困生公益创业基金评审专家组",审核申报项目的创新性和可行性,参与创业基金项目的评审、审查、验收等。四是探索改善贫困生公益创业团队的管理方法。引导贫困生结合自身专业背景、专业知识与兴趣特长,积极为贫困生公益创业团队穿针引线社会相关机构,鼓励其尝试公司化运营,变不知道为知道。

(四)搭建贫困生公益创业平台,变做不成为做成

在资金上,"南京信息工程大学滨江学院大学生创新创业基金"对有资质、有发展前景的贫困生公益创业团队进行重点扶持,优先同意其进入学院的创业园。在服务内容上,我院参照社会上的公益组织孵化园功能设置,提供具体的办公场地、水电网络等必要办公条件,同时尽可能的为其提供民政注册等公共服务。在人脉上,我院积极联系江北高新技术开发区的有资质的社会企业和慈善组织,与相关公益创业团队进行对接,进行包括资金和技术支持"信息服务"人员培训等;搭建校外实践教育基地、创客空间等多元教育实践实训平台,按市场化运作,培养公益创业团队创新精神,养成敏锐的市场商机观察力;加快建立大学生企业孵化基地,鼓励相关公益创业团队进入科技园进行孵化,推进大学生特别是贫困生公益创业成果的市场化转化,变做不成为做成。

### 三、取得的主要成效

（一）贫困生公益和创业意识显著增强

国家及高校对贫困生的经济资助是手段,育人才是目的,滨江学院通过对贫困生公益创业的培育,对贫困生起到了润物无声的实际效果,100%的贫困生通过学院官网、公众微信号等媒介和各种宣讲会的宣传知晓公益创业,15%的贫困生以不同方式参与到公益创业中来,公益意识、责任担当意识和服务意识都得到了显著增强,职业素养得以提高,个性也因此变得自信、开朗,融入集体能力增加。

（二）贫困生"自身造血"能力提升,公益创业团队达到经济与社会价值共赢

滨江学院通过对贫困生重点公益创业团队的全方位的支持,指导其市场化运作,相关公益创业团队的经济价值得以实现和可持续发展,提高了贫困生的"造血"功能,给了贫困生更有意义的帮助。同时,经济价值的实现也给了贫困生公益创业团队反哺社会提供了现实基础,例如,《憨豆音乐助疗教室项目》让更多的"憨豆"能够融入社会,被社会接纳,尽可能地减轻了"唐宝"家庭的压力以及社会负担;《邳县农民画公益创业项目》帮助农民扩大产品销路市场,带动当地经济,帮助扶贫及福利事业,传承文化遗产,增加农民收入。贫困生将创客精神与公益活动相结合,其反哺社会意识得以增强,学院资助育人成效也得以实质提升。

# "万千气象看人生"实践育人活动纪实

为了积极构建"培育和践行社会主义核心价值观"的长效机制,探索行业特色高校"立德树人"的有效途径,南京信息工程大学滨江学院组织开展了"万千气象看人生"实践育人活动。活动包括理论学习、社会实践、总结宣传、汇聚成果四个部分。实践活动结束后,学院通过图片展、报告会等形式将"老气象人"扎根基层、敬业爱岗、乐于奉献的优良传统和新时期气象精神在 12000 名滨江学子中广泛宣传,激发广大学生服务行业、扎根基层、勇于奉献的使命感、荣誉感和责任感,在中国梦的伟大实践中更好地实现人生价值。

《中国青年报》《中国气象报》教育部中国大学生在线、江苏教育厅官网等多家媒体予以报道。在团中央学校部、全国学联秘书处、中国青年报共同主办的"2015 寻找全国百强暑期实践团队"活动中,共有 2824 名滨江师生参与网络投票,我院与清华大学、北京大学等其他 9 支队伍被评为全国"最佳实践团队"。"老气象人"的优良传统和气象精神在 12000 名滨江学子中得到广泛宣传,激发了广大学生服务行业、扎根基层、乐于奉献的使命感、荣誉感和责任感。由团中央学校部、全国学联秘书处、中国青年报共同主办的"2015 寻找全国百强暑期实践团队"活动中,我院与清华大学、北京大学等其他九支队伍被评为全国"最佳实践团队"。

## 一、工作思路

用社会主义核心价值体系引领大学生思想政治教育工作,既是时代发展的迫切要求,更是当前高校加强和改进大学生思想政治教育工作的重要任务。行业特色高校在育人中要借助和依托行业发展过程中所积累的宝贵精神财富。滨江学院借助"中国气象人才摇篮"这一办学特色和行业优势,聚焦"老气象人"这一群体,开展理论学习、社会实践、总结宣传、成果汇聚等活动,引导广大学生在继承和发扬"老气象人"优良传统和气象精神的生动实践中自觉培育和践行社会主义核心价值观。通过专题开展"培育核心价值观,传递青春正能量"主题教育活动,利用暑期组织学生志愿者走访在艰苦地区和艰苦台站工作的"老气象人",倾听他们的人生故事,了解他们的气象情缘,感受他们的奋斗历程,并通过采访札记、人物故事、图片展、报告会等形式将"老气象人"扎根基层、敬业爱岗、乐于奉献的优良传统和气象精神传递给更多的人,激发广大学生服务行业和报效国家的使命感、荣誉感和责任感,在中国梦的伟大实践中实现自己的人生价值。

**二、实施过程**

（一）理论学习阶段

3月至6月,专题开展"培育核心价值观,传递青春正能量"主题教育活动。学院以主题班会、辩论赛、班级风采大赛、主题党日活动等形式进行为期一学期的社会主义核心价值观的主题教育活动。

（二）社会实践阶段

6月下旬活动正式启动,通过笔试和面试选拔出29名具有新闻写作和摄影专长的优秀学生担任活动志愿者,同时遴选10名优秀学工人员担任带队指导老师,组成10支小分队奔赴贵州、新疆、西藏等10个省（自治区）的艰苦地区和气象台站。制作《实践活动手册》,并邀请相关专家对实践团队成员进行人物采访专题培训和安全教育;7月10日,学院举行了"万千气象看人生"实践活动启动仪式;7月13日,实践团队正式启程开始为期一周的实践活动,10支小分队分别奔赴黑龙江、福建、贵州、青海、内蒙古、甘肃、新疆、西藏、山西、陕西等气象部门,开展走访"老气象人"实践活动。

（三）总结宣传阶段

7月底至11月中旬,编印"万千气象看人生"访谈录;举办"万千气象看人生"实践成果图片展;举行走访"老气象人"报告会。走访活动结束后,学院及时总结"万千气象看人生"实践活动成果,通过图片展、报告会等形式将"老气象人"扎根基层、敬业爱岗、乐于奉献的优良传统和新时期气象精神传递给更多的滨江学子,激励广大学生自觉培育和践行社会主义核心价值观,增强使命感、荣誉感和责任感,在中国梦的伟大实践中更好地实现人生价值。

（四）成果汇聚阶段

11月下旬至12月,继续整理编印调研报告、采访札记、人物故事和图片资料,出版人物访谈录,制作纪录片。

**三、活动成效**

此次活动中,学院共有29名学生志愿者和10名指导教师组成10支小分队,远赴贵州、新疆、西藏等艰苦地区和气象台站,走访了青海的"最美气象人"、西藏的"高原伉俪"、贵州的"新中国气象人"等 24 位老气象人,写下了 49 篇采访札记和人物故事,拍摄了近万张珍贵的照片,撰写了 3 万余字的调研报告和心得体会,以实际行动践行社会主义核心价值观。在寻访中,学生们深刻感受到了气象工作者的辛苦:青海瓦里关气象台的观象员忍受着高原反应与恶劣天气;新疆的沙志远在边疆工作 38 年;黑龙江的气象工作者们用"大兴安岭"精神抵御着严寒与霜冻……每一位气象人都经历着艰苦的工作环境,但却用自己几十年的青春坚持着为气象事业做贡献。

"万千气象看人生"实践育人活动在全校师生中引起热烈反响,纷纷在活动微信平台上点赞。中国气象局和新疆、西藏、贵州等气象局对该活动给予了大力支持和高度评价。《中国青年报》《中国气象报》教育部中国大学生在线、江苏教育厅官网等多家媒体予以关注和报道。在团中央学校部、全国学联秘书处、中国青年报共同主办的"2015 寻找全国百强暑期实践团队"活动中,经各学校初筛、风采展示、网络投票、评审打分等环节,滨江学院"万千气象看人生"社会实践团队与清华大学、北京大学等高校的社会实践团队共同跻身全国十强,荣获全国"最佳实践团队"荣誉称号。后续将整理编印调研报告、采访札记、人物故事和图片资料,出版人物访谈录,制作纪录片。

# 党日活动紧抓主线 四个维度深化主题

党日活动是支部建设、党员教育的重要载体,如何提升党日活动的传播力、引导力和影响力,避免活动单一,只是停留于简单地做好事或一般性的参观活动上,摒弃普遍存在的思想性、教育性不足,主题特色不鲜明以及重形式轻内容等问题?近年来,滨江学院通过加强策划、精心组织、系列推进、总结凝练等改进活动方式,充实活动内容,创造活动经验,努力树立品牌,打造精品,为党日活动注入新的活力。

滨江学院开展党日活动始终突出学生培养和思想政治教育这根主线,围绕学校的发展历史以及人才培养定位,将党建、思想教育与提升人才培养质量紧密结合,依托行业、地区资源在大学生中培育与塑造社会主义核心价值观,用身边的鲜活事例来教育和引导大学生,使党日活动更具有传播力、引导力和影响力,努力形成滨江学院党建工作的特色,增强了党组织的创造力、凝聚力和战斗力,党日活动成为提高党员综合素质、增强党性实践锻炼的有效载体。2014 年,学院党委开展的"铭历史之殇担强国之勇公祭日党日活动"获江苏省教育工委表彰最佳党日活动;2015 年,"万千气象看人生"主题党日活动社会实践团队荣获"全国最佳实践团队"称号,与清华大学、北京大学等高校的社会实践团队共同跻身全国十强。

**一、加强策划,突出党日活动高度**

凡事预则立,不预则废。党日活动开始前,做好策划,可以避免活动的盲目性,减少简单活动,突出活动高度,增强教育效果。

一是党委做好顶层设计。党委牵头抓总做好党日活动策划。党委把党日活动作为支部建设和党员教育的重要载体来抓,在做好顶层设计的同时,要求各系总支、各支部做好活动策划。党委在抓总的基础上,梳理各系的策划,拿出重点项目,进行重点做,扩大影响,突出参与面,形成精品,创造品牌。

二是贴合主题教育进行策划。党日活动牢牢抓住党和国家的最强音,通过具象的实际活动解析党的路线、方针政策,落细落小落实党的声音。习近平总书记鼓励广大青年要践行社会主义核心价值观,用社会主义核心价值体系引领当代大学生思想政治教育工作,既是时代发展的迫切要求,更是当前高校加强和改进大学生思想政治教育工作的重要任务。社会实践是高等教育"版图"中的重要组成部分,也是立德树人的重要载体。"万千气象看人生"主题党日活动,与暑假社会实践相结合,紧密依托"气象"这一办学特色和行业优势,聚焦"老气象人"这一群体,用身边的人、熟悉的事来有效引导学生继承和发扬"老气象人"的优良传统和气象精神,在"接地气"的生动实践中培育和践行社会主义核心价值观。

三是抓住时间节点进行策划。一年四季有许多节日,这些节日涉及人们关心的话题,看似老套,但结合国家针对新形势下所指定的大政方针、重要讲话精神,精心组织策划教育活动,一样能演绎出新的内容,起到好的教育效果。2014 年 12 月 13 日,在首个国家公祭日到来之际,正值滨江学院 300 多名学生刚刚批准为中共预备党员,为进一步加强对新党员的爱国主义教育,增强其民族责任感,学院党委抓住契机,与南京电视台"紫金草公祭活动"合作,开展"紫金草行动"公祭日纪念活动,激发同学们铭记历史之殇,担当强国之责。

## 二、精心组织,突出党日活动宽度

精心组织是活动顺利开展的重要保障,滨江学院从活动的人员组织到活动前期的宣传,从活动深入开展到活动后的教育延展,步步为营,组织有力,突出党日活动宽度,提升了活动的参与性、实践性、教育性。

第一,组织有力,增强活动保障性。"万千气象看人生"主题党日活动由学院党委牵头组织,获得中国气象局以及黑龙江、福建、贵州、青海、内蒙古、甘肃、新疆、西藏、山西、陕西等气象局的大力支持。学生党总支以及学生办党支部全员参与,骨干党员重点参加。十支小分队由 1 名党委委员、8 名党总支书记、1 名支部书记和 29 名学生党员组成。

第二,宣传有力,提升活动参与性。"铭历史之殇,担强国之勇"主题党日活动,滨江学院党委通过官方微信公共平台、人人南信司令、人人理学系主页、QQ 主页等多种新媒体,做好活动的网络宣传。号召全院学生登陆南京电视台网页,参加"紫色的哀思"活动;呼吁理学系所有同学将微信、QQ 头像于 12 月 1 日统一改为"紫金草",所有状态内容均统一格式"#紫金草行动# + 内容";通过滨江团委官方微信平台发布"紫金草行动"主页链接及二维码,让全院学生动动手指,扫一扫,就能参与讨论。在全院范围内发放"铭历史之殇,担强国之勇"主题倡议书,呼吁全院师生了解历史,以史为鉴,在公祭日期间拒绝举行和参加各类娱乐活动,以一颗纯净的心共同缅怀死难者,祈祷世界和平,并勇敢的肩负起兴邦之责,勤奋学习文化知识,全面提升综合素质,为中华之崛起、为实现中国腾飞之梦而读书。

第三,深入有力,强调活动实践性。万千气象看人生党日活动小分队远赴黑龙江、福建、贵州、青海、内蒙古、甘肃、新疆、西藏、山西、陕西等艰苦地区的气象台站,通过寻访、零距离学习,实地感受"老气象人"不畏艰苦、扎根基层、敬业爱岗、乐于奉献的优良传统和新时期气象精神。

第四,延展有力,强化活动教育性。滨江学院党委以理学系为代表,深挖公祭日的活动延伸力。理学系党员们走进对口支教小学——永丰实验小学,向小学生们介绍了公祭日的历史背景和由来,播放影片让小学生们了解中国和南京曾经经历的苦难和屈辱,了解到今天的幸福生活多么来之不易,感受到每一个中国学生身上担负着祖国兴亡的重担。

### 三、系列推进,突出党日活动厚度

党日活动系列推进,不是简单的"1+1=2",滨江学院从"层次递进、围绕主线、多重环节"三个方面系列推进,突出党日活动厚度,起到了层层叠加的效果,活动在学生中引起共鸣。

其一,层次递进,系列推进。"社会主义核心价值观进头脑见行动拼言值"系列党日活动,从学习、践行和宣传三个层面上做好培育和践行核心价值观工作,通过社会主义核心价值观"进头脑""见行动""拼言值",层层递进,逐步深入,教育学生党员要深刻领会其内涵并自觉践行,将其作为日常行为准则,抓好"以典型引领、以行动感召"两大环节,挖掘学生党员在青年学生群体中的榜样示范作用,实现党员主体在核心价值观教育中的"知行合一",达到内化于心、外化于行的教育效果。该活动在南信大党日活动评比中获优胜奖。

其二,围绕主线,系列推进。由"万千气象看人生"串起的系列党日活动,形式多样,内容丰富,教育面广。参加党日活动及采访的同学,将采访资料及体验感悟文章进行整理,学院出版成册,举办报告会、讨论会,学生讲述老气象人的精神,学生讲述的过程就是自己被打动和被教育的过程,同学亦感到亲切、有说服力。多层次多侧面的党日活动推进,将社会主义核心价值观的教育贯穿学生培养始终。

其三,多重环节,系列推进。"铭历史之殇,担强国之勇"主题党日活动共分为6个环节:了解历史,网络公祭;振兴中华,党员宣誓大会;勿忘国耻,横幅签名仪式;"紫金草"走进小学;愫衣行动;灯光布控、烛光祭祀。6个环节,系列活动,让同学们了解自己所在的这个城市曾经的历史和苦难,了解77年前这座城市究竟发生了什么,了解战争给南京乃至中国带来了怎样的战争之殇。纪念活动不是单纯的宣泄情绪,不是倡导民族复仇,而是激发了广大优秀青年学子树报国之志,担爱国兴邦职责,担当强国之责。

### 四、总结提升,突出党日活动广度

总结提升是扩大、增强教育效果的最有效的手段之一。滨江学院从活动资料的原始积累到活动后的凝练提升以及活动的对外宣传等方面,层层严格把关,突出党日活动广度,进一步增强党日活动的教育性。

第一,注重活动的原始积累。10 支小分队用文字和镜头记录下走访和考察的点点滴滴。走访了 25 位老气象人,写下了 49 篇采访札记和人物故事,拍摄了近万张珍贵的照片,撰写了 3 万余字的调研报告,通过录制现场人物访谈视频、撰写采访札记、拍摄实践活动照片、撰写实践心得体会等形式,将"老气象人""老党员"的故事真实完整地带回来。

第二,注重活动的凝练提升。学院及时总结"万千气象看人生"主题党日活动成果,组织编印"万千气象看人生"人物访谈录,举办党日活动校园图片展,面向全体党员和普通学生举行报告会。通过图片展、报告会等形式将"老气象人""老党员"扎根基层、敬业爱岗、乐于奉献的优良传统和新时期气象精神传递,12000 名滨江学子从中受益,激发广大学生服务行业、扎根基层、勇于奉献的使命感、荣誉感和责任感,在中国梦的伟大实践中更好地实现人生价值。活动荣获了 2015 年全国"最佳实践团队"称号。

第三,注重活动的影响成效。"铭历史之殇,担强国之勇"主题党日活动联动南京电视台"紫金草行动"栏目组以及南京晨报、南京日报等多家媒体的力量,在校园内外掀起了师生的广泛关注,并被南京电视台、《南京晨报》、中国新闻网、凤凰网、新华日报网等多家媒体报道。活动通过各种网络平台传播给校外更多的亲朋好友,通过理学系党员定期的支教活动,将活动精神带入对口小学,有 300 余名小学生参加了纪念活动,党日活动的影响力得到了进一步的扩大。

# 立梦·追梦·圆梦,打造滨江"逐梦"文化

共青团应该紧密围绕高校"立德树人"的根本任务,始终把"育人"作为各项工作之根本,坚持"站在时代前列,引领青年成长"的工作理念。滨江学院团委发挥共青团组织密切联系青年学生的优势,深入开展思想育人、实践育人、组织育人、网络育人四个方面的工作实践探索,有效提升了共青团在高校改革发展中的积极影响。

## 一、思想育人

思想育人是共青团的根本任务,是引领青年跟党走、不断扩大党执政的青年群众基础的重要途径。学院通过主题教育、骨干培养、榜样选树、文化熏陶等"四抓",不断深化大学生思想引领。

(一)立主题

坚持贯彻社会主义核心价值观教育、中国梦主题教育,学习宣传习近平总书记系列讲话精神、落实"四进四信"主题活动,一年来开展"四进四信"主题团日活动12场、社团活动43场、创作网络文化产品100余件。滨江学院团委坚持以时代精神为引领,引导学生"立梦、追梦、圆梦",积极打造具有滨江特色的"逐梦"文化,培养和造就胸怀远大理想、执着追求梦想的高素质人才。2015年,我院文体活动打破原有纯娱乐为主的模式,重在"逐梦"主题的展示,如今年迎新晚会以"我自豪我是滨江人"为主题,邀请滨江各届优秀学子上台展示,引导新生合理规划四年目标。辩论赛以"学风建设"为主题,美食文化节以"校园食品安全"为主题,话剧大赛以"红色教育"为主题,月底也会启动助力青春·圆梦滨江"校园梦计划"活动。

(二)抓骨干

建立院、系二级大学生骨干培养体系,深入实施大学生"青年马克思主义者培养工程",举办大学生骨干培训班,邀请院党委副书记、副院长葛昕明就"打造先锋示范团学干部队伍",与全院100多名团学骨干代表进行深入交流,并陆续就"如

何做到'四进四信'""如何践行'八字真经'""如何更好地开展基层班团组织建设"等学生干部专题进行培训,旨在培养一支"思想进步、品学兼优、素质过硬、以身作则"的高素质学生干部队伍,更好地服务青年学生成长成才。

（三）树榜样

树立各类大学生榜样,强化榜样带动和示范引领,通过朋辈教育的方式,弘扬青春正能量。今年举办"真知讲堂"20余场,以生动、时尚、富有感染力的形式宣传大学生身边的青春故事;持续开展"大学生自强之星寻访"活动并进行表彰;并注重其他各类大学生典型的选树宣传,如邀请我院2009届校友省"五一劳动奖章"、省"优秀共青团干部"获得者徐义平回院做报告。

（四）创文化

高度重视文化育人的作用,举办"高雅艺术进校园"、"汉字文化节"等活动,全面活跃滨江校园文化生活,提升广大滨江学子的综合素质,引领广大学生积极投身中华民族伟大复兴的中国梦的建设事业中。


## 二、实践育人

实践育人是共青团的生命线。一年来,学院通过组织学生积极参与创新创业、社会实践、志愿服务等活动,不断提升实践育人成效。

（一）创新创业

以"挑战杯""创青春"竞赛为龙头,在校园里广泛开展大学生创业创新活动。2015年"挑战杯"竞赛取得最好成绩,我院首次获得江苏省大学生课外学术技术作品竞赛暨全国竞赛选拔赛三等奖,实现了"挑战杯"赛事零的突破。

（二）社会实践

引导大学生积极投身实践锻炼,在实践中"受教育、长才干、做贡献",在实践中了解社会、服务人民、锻炼自我。在2015年大学生志愿者暑期"三下乡"社会实践活动中,滨江学院共计有3000余学生参与社会实践活动,涌现236支实践团队,足迹遍布20个省47个市,共形成实践报告四百余篇。其中"万千气象看人生"走访老气象人实践活动荣获全国"最佳实践团队"项目、并荣获江苏省"暑期社会实践优秀团队"、江苏省"2015年最受关注暑期社会实践团队"、校社会实践特等奖等多项省市表彰,被《中国青年报》、中国气象网、中国江苏网、江苏教育厅、《扬子晚报》、甘肃气象、青海气象、陕西气象、西藏气象等多家媒体的竞相报道,取得了我院乃至我校暑期社会实践史上最好成绩。

（三）志愿服务

倡导并弘扬"奉献、友爱、互助、进步"志愿者精神,组织大学生志愿者积极服务公益事业、关爱留守儿童、孤寡老人、参与无偿献血等活动,其中,我院红十字会自2009年起,连续6年走进中西部贫困地区开展暑期支教活动,为支援农村基础教育建设贡献力量,每年都被江苏省评为高校红十字会"博爱青春"暑期志愿服务活动"优秀项目奖";我院青年志愿者协会的"憨豆音乐理疗室"项目在第四届中国公益慈善项目大赛中以评审分第二名的成绩荣获大学生公益创客项目金奖。我院青年志愿者协会在沿江小学、永丰小学支教活动中多次得到南京龙虎网的报道。

### 三、组织育人

组织育人是高校共青团凝聚青年力量,不断夯实共青团战斗堡垒的重要保障。我院团委通过创新组织设置、创造支部活力、创树团员形象等"三创",不断提升组织育人成效。

(一)创新组织设置

不断创新基层组织设置方式,实现基层团建从"形式覆盖"到"有效覆盖",引导各系在传统班级建立团支部的基础上,探索推进社团建团等多重覆盖的建团形式。

(二)创造支部活力

根据团支部的成长规律,根据青年学生在每个阶段的成长需求,大力加强基层团支部活力工程。每年以重大事件节点为契机举办"主题团日活动",开展"百佳团支书、示范团支部"评选活动等。

(三)创树团员形象

重视塑造团员形象。通过"五四评优"活动发挥优秀团员的模范带头作用,通过"青年马克思主义者培养工程"帮助团员青年全面发展,通过"推优入党"的制度化、规范化建设体现团组织的先进性。

### 四、网络育人

网络育人是共青团推进实施"互联网+"、紧跟时代的组织新战略,是联系服务青年学生的新途径。我院团委通过建阵地、强队伍、塑品牌,不断提升网络育人成效。

我院团委通过整合网站、微信、微博、PU等网络平台,形成共青团"四位一体"的联动工作格局。目前我院团委官方微信平台"南信大滨江学院团委"关注人数达1万余人,成为团学活动信息发布及成果展示的主阵地。学院团委积极运用新媒体集群的网络平台,整合各学生组织新媒体资源,成立"滨江学院青年媒体中心",用学生喜闻乐见的方式做好网络育人工作。构建以网络文明志愿者为外围、网络宣传员为主体、团干部为核心的覆盖广、动员快、战斗力强的网络工作队伍,定期参与微话题讨论,参与时事话题互动,充分发挥网络生力军作用。

# 党建紧抓人才培养主线　功能教育法释放正能量

功能教育工作法是南京信息工程大学滨江学院多年来在大学生党建工作实践中探索的一种工作方法,它将大学生党建工作与大学教书、育人和服务社会的三项功能有机结合起来,将大学生党建工作从"以育人为本、以技能强身、以服务先导"三个方面剖题,提升大学生党组织的凝聚力、竞争力、战斗力。功能教育工作法在 2012 年度江苏省党建工作现场会上,作为样板展出,并编印成册,在全省作为经验推广介绍。

**一、以育人为本,努力提升党组织凝聚力**

育人工作是高校最根本的任务,是高校党建工作的必然要求。滨江学院党委将育人为本贯穿党建工作始终,以民族精神教育、理想信念教育、社会责任教育为抓手,创新育人方法,丰富育人内容,拓展育人形式,形成育人合力,不断增强学生党性修养,努力提升党组织凝聚力。

(一)理论研究是基础,主题教育是主线,扎实开展民族精神教育

学院党委根据大学生中普遍存在的民族精神教育现状呈现主流健康向上但有弱化倾向的特点,以理论研究为基础,以主题教育为主线,扎实开展民族精神教育。

理论研究是基础。由学生办支部开展了关于铁军精神研究的课题。学生办支部前往茅山新四军纪念馆开展党日活动,利用暑期大学生社会实践活动,让学生参与到活动中,体会新四军精神,感受传统爱国主义精神。通过实地考察、调查访谈、归纳总结,形成了成果《当代大学生对新四军精神的继承与发扬》。2012 年学院拨出专项经费用于设立党建和思政课题。经评选共立项 37 项,其中,重点项目 5 项,一般项目 14 项,18 项立项不资助项目。各支部结合本职工作,积极参与申报。

主题教育是主线。2012 至 2013 年学院党委紧抓学习十八大、解读十八大契机,在各学生党总支、党支部中开展"新学期、新希望——我的中国梦"主题教育活

动,以此为主线,广泛开展了"我心中的'十八大'"主题征文比赛、"微公益,我们在行动"学习雷锋志愿者集中行动、"中国梦·学子梦·我身边的资助"主题微电影大赛、"红色经典,领航梦想"读书沙龙等丰富多彩的活动,引领学生深刻认识民族精神的内涵,增强学生民族自尊心、自信心和自豪感。

(二)党日活动是载体,党建网站是平台,持续开展理想信念教育

理想信念教育是大学生思想政治教育的核心内容,学院党委通过对全体学生特别是党员和入党积极分子持续开展理想信念教育,引导其树立共产主义的远大理想,坚定马克思主义信念。

党日活动是载体。近年来,学院党委始终把"最佳党日活动"作为支部建设、党员教育的重要载体,在吸收以往党日活动经验的基础上,充实新内容,创造新形式,努力打造了"新媒体传承雷锋精神,微公益凝聚正能量""身边党员可亲可敬更可爱,激励学生帮人带人更树人"等一批精品党日活动,在活动中强化理想信念教育。同时,积极改进党日活动方式方法,在"七一"前后开展"七个一"活动。即开展师生共读一本书、开展一次主题教育、党员奉献一周、一次党史教育、树立一批先进典型等活动。

在长期党日活动的实践中,学院党委逐步形成了"323 工作推进法""党团共建法"。"323 工作推进法"即党建工作依托辅导员、学生党员以及学生组织三大队伍,借助平面、网络两大平台,突出向校内活动、课堂教育以及校外社会实践三大延伸。"党团共建法"即团的发展和党的发展同研究,团的活动和党的活动同规划,团的组织和党的组织同建设,团的干部和党的干部同培养,团的工作和党的工作同考核。确保了党日活动参与面广、覆盖面大,使得党日活动成为提高党员综合素质、增强党性实践锻炼的有效载体。

党建网站是平台。党建网站既是党建工作展示平台,设有组织设置、党建制度、公告公示、文件下载等,又是党建工作交流平台,有党建研究、党校培训等,更是面向广大党员和入党积极分子的理想信念教育平台。通过这一平台,党员和入党积极分子可以深入了解最新的党建精神和党建理论、准确把握最新的理论学习要求、全面掌握最新的党建动态,把原来单一的由党组织"走下来"、进行党性教育的"公转"模式,变为党员和入党积极分子主动"迎上去"、进行自主学习的"自转"模式,实现党员和入党积极分子的自我教育、自我成长。

(三)一封家书是抓手,学风建设是根基,合力开展社会责任教育

学院党委根据学生中普遍存在的兼顾社会与个人利益的统一,但偏重个人利益;价值取向多元,但功利倾向突出;社会情感增强,但关心冷漠并存;竞争意识强烈,但意志淡薄的实际,以一封家书为抓手,积极构建家庭、学校、社会、学生本人

四位一体的协作机制,狠抓广大学生特别是党员和入党积极分子社会责任教育。

一封家书是抓手。以感恩教育为切入点,以一封家书、母亲节为抓手,加强对党员和入党积极分子的社会责任教育。通过开展"一封家书"品牌活动,更好地深入学生心灵,树立学生的感恩意识、责任意识;每年母亲节当天9点20分(谐音为"就爱您")向母亲发送祝福短信,征集儿时及现在与母亲的合影,在母亲节当天献上萱草(萱草的花语是"永远爱你母亲")等母亲节系列活动,激发学生对母亲的感恩之情;组织观看《走基层——皮里村日记》,了解大山孩子的艰难求学之路,培养学生的珍惜、感恩之情;开展"感恩的心,感谢有你"活动,以感恩晚会的形式,精心设计"感恩墙",将学生对老师、对父母、对同学等的感恩之情表达出来,教育学生永怀一颗感恩的心,强化社会责任教育。

学风建设是根基。通过狠抓学风建设,不断加强党员和入党积极分子的诚信教育、责任教育。开展"树立诚信学风,争做诚信学子,共创诚信校园"活动,教育广大学生特别是党员和入党积极分子诚言、诚身、诚信;开创小班导师制度,由优秀学生党员担任新生班级的"小班导师",组织"假如我是辅导员"的交流,提升党员和入党积极分子换位思考、参与班级管理的责任意识;创新设计实施班级签到制度,架起师生沟通桥梁,激发学生的主人翁意识、责任意识;以学术报告的形式,组织党员和入党积极分子认真学习《中国震撼》《精神的力量》《创业的国度》等书籍,培养党员的历史使命感和社会责任感。

### 二、以技能强身,着力提升党员核心竞争力

技多不压身。学院党委将党建工作融入学院应用性创业型人才培养中,从学科竞赛、职业技能培养、创新创业素质提升等多个方面,着力提升党员的核心竞争力。

(一)以学科竞赛为切入点,从点上促进技能提升

组织学生参加各类学科竞赛,以及以系为单位积极开展丰富多彩的专业学科竞赛是学生技能培养的两翼。党委要求,各学生党总支引导学生党员和广大入党积极分子主动参与到学科竞赛中来,以提升专业实践能力,促进学风建设,收到了以点带线、以线带面的成效。学生党员获国家级、省市级奖项丰硕,学院也多次获得学科竞赛类的优秀组织奖。国家奖学金、省级先进个人的评比汇总党员覆盖率达到100%。2012年理学系学生党员卜南南同学喜获2012年美国大学生数学建模竞赛二等奖,同时推荐获得当年度国家奖学金。在学科竞赛获奖中,学生党员及积极分子达80%以上。

长期专业建设和竞赛的开展,各系均形成了自己的品牌专业竞赛,80%以上

的党员和入党积极分子都参与到其中来了。大气与遥感系举办气象与遥感知识竞赛;电子工程系举办电子设计大赛;计算机系举办创新设计大赛,比赛分为网络安全大赛、程序设计大赛和平面设计大赛三项;会计系举办会计技能大赛,经济与贸易系举办"滨江人"模拟营销大赛;公管系举办"金牌调解员"大赛;外语系每年承办学院"外研杯"英语演讲比赛、全国口译大赛等,还举办外文话剧大赛、海外人文知识竞赛等专业竞赛。

(二)以一技多长为着力点,从面上促进技能提升

与一本、二本人才错位培养,学院十分注重学生的技能提升与兴趣激发,努力培养学生一技多长。学院党委要求,各个学生党总支引导学生党员、入党积极分子树立一面旗帜,带动普通同学积极考取各类技能证书及职业资格证书,积极参与各类竞技比赛。100%的学生党员积极参与各种技能证书及职业资格证书考试。

陈晓天,中共党员,09计科1班班长,在校表现良好,曾连续三年获得校"奖学金"、"优秀学生干部"等荣誉称号,并被评为"优秀毕业生"。通过在南京建策科技有限公司为期半年的培训,2012年在香港参加了全球CCIE考试。拥有CCIE认证被认为是具有专业网络技术知识和丰富工作经验的最好证明。目前,CCIE证书的持有者还不足认证总人数3%,全球网络从业者中,持有该证书的人更是不足1%(思科官方数据)。陈晓天成功地将CCIE证书收入囊中。身边党员的影响巨大,继陈晓天之后,又有8位同学成功获得CCIE证书。

学院党委十分注重党员在技能竞赛中的引领作用,党委规定,在省级以上各类竞赛中获奖,成绩达到基本要求的基础上,学生党员发展可以优先考虑。例如,参加全国大学生第一届阳光体育运动会的比赛获奖的会计系09级会计学专业的姜宁同学,因此优先发展为一名中共党员。近年来,学院有数十人在全国、江苏省各类技能竞赛中获奖,均为党员或入党积极分子。

(三)以创新创业为突破点,从质上促进技能提升

学院党委将党建工作的"创先争优"与人才培养工程创新创业相结合,大力推进大学生创新创业教育。鼓励各学生党总支、各支部学生结合所学专业,开展创业实践。出现了学生党员主动组建自己的创业团队,成立自己公司的;亦有学生党员、骨干分子积极参加创新创业比赛,获得优异成绩的。

南京菁凯农业科技发展有限公司成立于2009年2月,是由我校08届计算机与软件学院耿羲等九名大学生组成创业团队,在南京市浦口区石桥镇投资建立的一块高效生态畜禽养殖基地,已被列为"南京市山猪扩繁与杂交利用示范点"。学院党委将南京菁凯农业科技发展有限公司作为我院大学生党日活动基地。创业

点燃激情,实践铸就梦想。为激励更多的在校生投入到创业梦想中,2012年,电子工程系及计算机系支部前往浦口区菁凯农业科技发展有限公司参观学习。

2012年,大学生创业园正式开园,创业园为学生进行创新和创业实践提供了一个平台,目前,创业园营业额已超过50万元,不仅为校内学生的创业与梦想提供了舞台,更可贵的是与校外人士交流与合作构建了平台,为以后工作积累了更多的经验。学院每年还认真组织江苏省大学生创新创业实践项目的申报和评审活动,鼓励有创业梦想的同学和成绩优异的同学积极参与,并配备项目指导教师,在创业园项目及大学生创新创业实践项目的参与中,90%以上为党员和入党积极分子。

### 三、以服务先导,大力提高党员战斗力

在服务中提升自己,在服务中践行党性修养,在服务中发挥党员的先锋模范作用,学院党委建立党员服务同学、服务学校、服务社会平台和机制,大力提升党员的战斗力。

(一)服务同学,发挥党员模范带头作用

在滨江学院党委的领导下,9个系学生党总支37个学生党支部在学生党员的教育管理过程中广泛开展"五个一工程"活动。即,一名学生党员帮助一名学习困难同学、联系一批入党积极分子、管理一间宿舍、带动一个团支部、树立一面旗帜。例如,为充分发挥学生党员的先锋模范带头作用,滨江学院设立课堂监督岗,使党员成为学习示范员;设立网络监督岗,使党员成为舆情领航员;设立支部监督岗,使党员成为理论的践行者;设立班级监督岗,使党员成为工作助理员;设立寝室文明岗,使党员成为生活服务员;设立校园文明监督岗,增强学生爱护校园环境,维护校园形象的意识。

"五个一"工程作为滨江学院创新党员教育途径,提供了党员、预备党员、入党积极分子自主交流沟通的平台。通过扎实推进"五个一工程",树立起一批先进的党员典型,促使学生党员在政治上成为表率,在学习上成为楷模,在生活中成为服务员,充分发挥了学生党员的先锋模范作用。

(二)服务学校,促进党员成长成才

结合教育部"为民服务创先争优"活动,学院党委深入开展"两联系三服务"活动,形成了志愿服务制度,在学校的大型活动中,形成了党员服务小分队。让学生党员在服务学校中心工作、在服务学风建设中成长。

各学生党支部开展了在服务学校中融入生动有效的思想政治教育,设立了"党员廉洁服务岗",学生党员协助辅导员挂牌检查早操出勤、上课考勤、宿舍卫生

状况等,促进学风建设;设立了"党员服务小站",为同学日常生活中的困惑提供及时帮助,将学生的想法、意见、实情反映给学院、老师,使师生之间关系协调,情感通融;实行"党员联系宿舍制",定期组织宿舍同学进行学习讨论会、及时了解同学的思想动态和生活信息、确保学生宿舍的安全与稳定,经常宣传、疏导学院的要求并将之内化成身边同学的自觉行动。

(三)服务社会,传递党员的正能量

学院党委充分发挥天缘、地缘、人缘优势,积极搭建广大党员服务社会的平台,扩大党员的影响力,传递先进党员的正能量。

首先,充分发挥天缘优势,利用学校气象行业优势特征,在学生党员中广泛发起气象行业运动会志愿者服务、气象知识科普、气象服务月等活动;其次,充分发挥地缘优势,与学院周边的单位紧密联系,如与南京静海寺纪念馆、南京市民俗博物馆等单位长期合作,组织学生党员积极参与相关志愿服务活动;还抓住亚青会、青奥会等盛会为契机,开展志愿服务。例如,自与静海寺签订爱国主义教育共建单位协议以来,滨江学院学生主动参与,认真工作,开展了丰富多彩的活动(如"民俗文化进校园""零距离接触昆曲"等),多名学生被评为优秀志愿者,获得南京市红十字会表彰。再次,充分发挥人缘优势,融合滨江学院红十字会和青年志愿者协会两大志愿服务组织,学生党员主动组建支教团,赴湖南省娄底市新化县大坪学校进行支教活动,积极开展"关爱留守儿童、撑起一片蓝天"志愿服务项目,以实际行动服务社会、奉献社会。这些活动产生了广泛的社会影响,获得了良好的社会声誉。滨江学院红十字会荣获"2011－2012年度南京市红十字会系统先进集体",暑期支教活动被评为"江苏省优秀青年志愿服务项目""关爱留守儿童撑起一片蓝天"志愿服务项目被评为2012年省级优秀项目。

# 基于"技术技能型"人才培养定位的实践教学探索

教育部于 2003 年印发的《关于规范并加强普通高校以新的机制和模式试办独立学院管理的若干意见》(教发[2003]8 号文件)将其规范为独立学院,它是指由普通高校按照新的机制和模式试办的相对独立的二级学院,简称"独立学院"。2008 年 4 月份,教育部专门出台了《独立学院设置与管理办法》,对独立学院的概念及内涵进行了进一步阐释,并从法律上明确独立学院的性质。它指出独立学院是指实施本科以上学历教育的普通高等学校与国家机构以外的社会组织或者个人合作,利用非国家财政性经费举办的实施本科学历教育的高等学校,进一步确立了独立学院在法律和制度上的独立地位,规范了独立学院的办学行为,充分体现了独立学院的"优""独""民"原则,是国家鼓励和支持独立学院健康发展的重要举措。独立学院是按照新机制、新模式运行的有别于传统普通高校的高等教育的新成员,它的出现有效地促进了优质教育资源和社会资金的组合、有效促进了我国高等教育多元化与多样性的发展。

纵观独立学院的办学历程,其发展主要经历了以下三个阶段:一是借助母体高校办学的"萌芽初创"期(1999—2003),二是增强办学自主性的"规模扩张"期(2003—2008),三是向民办普通高校"内涵发展"的过渡期(2008—)。在国家一系列政策的鼓励、支持和推动下,在短短十年左右时间里,独立学院以其旺盛的生命力得到了迅速发展。实践证明,独立学院的产生与发展打破了单一的由国家投资办教育的办学模式,是我国高等教育办学体制、办学思想、办学模式和办学机制的创新,已经成为我国整个高等教育体系中的一个不可或缺的重要组成部分。纵观我国独立学院的发展历程,不难得出如下基本结论:独立学院是我国高等教育大众化的贡献者,是财政困难的分忧者,是高等教育体制改革的推动者,是高校资源优化配置的统筹者。

## 一、"技术技能型"人才培养的实践教学理念与运行机制

南京信息工程大学滨江学院自 2002 年建院以来,借鉴欧洲应用科技大学的

办学方略,定位"技术技能型"应用人才培养,结合学科发展趋势和社会变化需求,大力加强实习实训基地建设,积极推进校企合作力度,增强实践教学工作,全面快速提升学生的实践和就业能力。同时,学院不断更新实践教学内容,推动教学改革,强化教学质量监控,规范教学管理,提高实践教学质量,在校内实验、技能培训、毕业设计、校外实习、实训、创业教育等方面做了大量富有成效的工作。

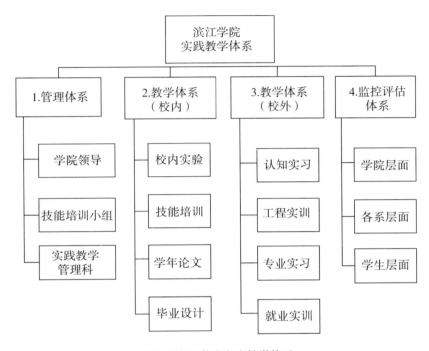

**图 1　滨江学院实践教学体系**

　　科学、合理的实践教学体系是实践教学得以有效开展的基础前提,也是滨江学院最终实现"技术技能型"人才培养目标的重要保障。学院经过不断摸索将实践教学环节通过合理配置,以"顶层设计(学院搭台)、重心下移(各系承接)、拓展模式(多渠道合作)、务求实效(培养能力)"为原则,以校内实践为基础,以校企合作为抓手,逐步构筑"校内校外双轮驱动,校企协同合力推进"的综合实践教学体系。

　　滨江学院实践教学工作主要涵盖校内实验、技能培训(考证)、学年论文、毕业设计、校外实习、实训、创业教育等内容,学院遵循实践教学体系构筑理念,结合学院办学实践,构筑"三位一体"的管理、监控、评估机制,从学生的技能需求出发、由各系部具体谋划、最终学院统筹决策,形成了"学生 – 系部 – 学院"三个层面融为一体的管理机制,采用定性与定量相结合的方法,实时加强了对实践教学的管理、监控与评估;创新式打造"一体两翼"的教学新模式,以"技术技能型"人才培养为一体,以校内实验、校外实训为两翼,不断优化与完善滨江学院实践教学新模式,通过课程内、外实践教学安排相契合的手段与措施,把技能培训与专业实习作为两个得力抓手,切实提高校内实践教学水平,提升校外实践教学内涵,促进考证率稳步增长,助推学生成长成才。

### 二、滨江学院"技术技能型"人才培养的路径选择及成效

(一)"两点一面"彰显合力,校企合作初见成效

一是专门设立实践教学管理科,成立以滨江学院院长为组长的学生技能培训领导小组、就业培训领导小组及以辅导员为核心、专业教师广泛参与的技能培训保障小组;二是做好技能证书学分置换工作;三是建立产学合作联盟,启动校企合作遴选机制。通过技能培训领导小组、就业培训领导小组"两点"和技能培训保障小组"一面"结合,形成院领导、专职教师、辅导员、广大专业教师、相关职能部门及社会知名教育培训机构齐心协力开创技能考证的良好局面,学院学生技能证书的报考率和通过率得以大幅攀升。

(二)技能证书专业全覆盖,高端证书凸显亮点

在学院领导的高度重视下,在各部门、各层面的全力配合下,滨江学院专业技能证书培训项目基本做到专业全面覆盖,内容涉及会计行业、物流行业、金融行业、人力资源行业、系统集成行业、计算机行业、气象行业等方向,2013—2014 学年全院共计 1895 人报名参加各种校企合作技能培训班。以此为推动,学生考证率稳步提高,2011 届毕业生考证通过率为 25.9%,2012 届毕业生通过率增至 41%,2013 届毕业生通过率跃为 56.62%。2014 届毕业生目前通过率已达 71.64%,截至 2015 年 5 月,2015 届毕业生考证率已达 72.96%,值得一提的是高端证书的获得情况也有显著增长,CCIE(美国思科网络专家认证)证书、法律职业资格考试等高层系的职业资格证书,都表明滨江学院实践教学情况不仅仅在数量上不断提升,同时,在质量内涵上也在逐渐攀升。

(三)实习领域不断拓展,创业能力显著提升

近年来,学院高度重视学生专业技能和职业素养的培养,积极开展创业能力及创业意识的训练,大力推进专业实习、就业实训及创业培训工作,切实提高了学生的就业质量和就业层次。

专业实习层面:学院原有的专业实习基地主要集中在气象相关专业,远远满足不了独立学院"技术技能型"人才培养的需求。近两年学院高度重视专业实习

活动,2013 年首次全面启动大规模专业实习,5 个系,17 个专业,参与学生数共计1477 人,占学院 2010 级在校人数 48.57%,2014 年学生专业实习增至 7 个系,21个专业,参与专业实习学生数达到 1850 人,占学院 2010 级在校人数 60.44%,2015 年学生专业实习覆盖学院全部 9 个教学系,27 个专业,参与专业实习学生数达到 2303 人,占 2012 级在校人数 75.21%,在数量上取得了长足的进步。

就业实训层面:学院十分重视就业实训基地的建设工作,加强学生就业实习基地建设,既有利于提高毕业生的就业成功率,也有利于用人单位选拔优秀人才。学院通过就业实训基地的建设,可以使毕业生与用人单位在正式签订就业合同前有一个较长时间互相了解,毕业生对用人单位的生产经营等状况也有更深刻的认识,能够促进毕业生理性就业,有效提高毕业生就业的成功率。另外,学院积极引进就业实训单位,推荐毕业生实训就业,充分地保障了就业工作,推动学生就业工作向高一层次发展。

创业教育层面:学院近年来也十分重视学生创业方面的教育工作,2013 年与南京市人力资源与社会保障局合作承办国际劳工组织项目 SIYB 培训一次,学院31 名学生获南京市大学生创业证及劳动与社会保障部 SIYB 优秀证书,2014 年再次合作 SIYB 培训项目两次,有 60 名学生获得大学生创业证书,其中重点扶持创业项目,帮助引导同学完成公司税务、工商注册手续等。

近年来,学院始终坚持教学质量作为学校工作生命线,采用错位竞争、特色发展的思路;以能力建构为导向,以学生发展为中心理念,探索和创新了校企联合培养模式,逐步实现了从单一主体培养向校外优质资源参与培养的格局。实践表明,强化"实践应用能力"是实现独立学院走内涵发展道路、向"技术技能型"应用本科高校切实转型的关键举措。

# 着力推进"1234"系统工程　创新大学生涯规划教育

中共中央、国务院《关于进一步加强和改进大学生思想政治教育的意见》指出,思想政治教育要"以理想信念教育为核心,以爱国主义教育为重点,以思想道德建设为基础,以大学生全面发展为目标……培养德智体美全面发展的社会主义合格建设者和可靠接班人"。大学生接受生涯规划指导和思想政治教育的过程也是他们学会学习、学会做人、学会做事、学会与人相处(摘自联合国教科文组织报告《财富蕴藏其中》),思考掌握学习自修之道、基础知识、实践贯通、兴趣培养、积极主动、掌握时间(李开复给中国大学生的七封信),全面提高自身素质的过程。

坚持人的全面发展,将大学生涯规划与思想政治教育有机结合,实现二者的良性互补和互动,增强思想政治教育的亲和力、实效性,已成为高校教育改革的重要课题。南京信息工程大学滨江学院秉承马克思的"人的全面发展理论",认真学习借鉴相关职业生涯理论,坚持将大学生涯规划与高校思想政治教育有机结合,将理论研究与实践创新相结合,积极探索大学生思想政治教育新模式,经过十年的发展,成绩显著。

## 一、工作目标

通过大学生涯规划与思想政治教育的有机结合,实现大学生思想政治素质、科学文化素质、身体素质和心理素质全面发展;通过大学生涯规划与思想政治教育的有机结合,引导大学生学会自我生涯选择,学会独立地、理性地、科学地进行大学生涯决策,提高自己的选择能力;通过大学生涯规划与思想政治教育的有机结合,教育学生学会感恩父母、感恩他人、感恩母校、感恩国家。

## 二、实施方法和过程

学院将大学生涯规划与大学生思想政治教育工作有机结合,以"大学生涯规划"为主线,以"学生的全面发展"为本,持续开展"一封家书""两个文明""三个导向""四年之约"等特色活动,创新大学生思想政治教育模式,成效显著,具体情况如下：

(一)以"一封家书"为切入点，引导学生树立职业的使命感

学院以"一封家书"为切入点，让家庭、社会参与学生的大学生涯规划，引导学生树立大学生涯规划的家庭责任感和社会使命感。从 2004 年 10 月起，至今已经连续开展 8 年，向每届新生家长发出开展"一封家书"活动的公开信，学院每年从数千份家书中遴选出部分编印成册，并将读家书作为新生入学教育的一项重要内容。2009 年至 2010 年，开展"读一本书、写一封信"活动。学院将李开复写给大学生的七封信整理成册，以班级为单位，利用晚上或周末时间组织指导学生阅读学习，通过读书活动，引发学生对学习、生活、做人、做事的思考，适时调整心态，适应大学生活，做好生涯规划。2011 年在建党九十周年之际，学院党委在全院范围内组织开展"七个一"主题教育活动，通过老师与学生、学生与学生以及学生与家长之间互通书信，记录成长足迹，明确成人要求，引导成才方法，做好生涯规划。2012 年学院新编的《一封家书》已经不是传统意义上的家书，是以学校为红线，串起的家长、学生、老师之间书信，分"父母恩""师生情""学校冀""同窗谊"四个板块。学院还积极拓展网络新媒体，开展"一封家书"升级版，创新大学生涯规划教育新阵地，全院 50 多名辅导员均利用博客、飞信、QQ、BBS、微博等网络时代信息渠道，全方位、多层次、及时有效地指导学生调整自己的四年规划，将学院大学生大学生涯规划的品牌活动"一封家书"拓展到网络平台，突破传统书信一对一的形式，在信息化时代融入新的形式，使之更加迅速和灵活。

(二)以"两个文明"为着力点，培养学生树立职业责任感

学院把大学生涯规划与以开展"文明宿舍"和"文明食堂"评比活动的"两个文明"建设相结合，使大学生涯规划教育走进宿舍、走进食堂。通过"文明宿舍"的创建和评比，美化宿舍环境，营造宿舍学习氛围，并配合宿舍夜不归宿检查、宿舍卫生和安全排查、党员联系宿舍制度、创建党员服务小站等党日活动的开展，教育学生杜绝网络成瘾，明确大学四年目标，身体力行，养成良好的学习和生活习惯，为学生走上工作岗位培养了良好的职业素养；在创建"文明食堂"的过程中，通过实施"面对面、手拉手、心贴心"三个工程，基本形成"熏陶、养成、体验"ENE 育人平台，创造性地开展工作，成立了有学生参与的学生伙食工作管理委员会、学生伙食监督岗、学生维权中心等学生组织，大大地激发了学生自我教育、自我管理、自我服务的意识。

(三)以"三个导向"为落脚点，指导学生树立职业目标感

学院在开展大学生涯规划过程中，始终围绕"技能、出国、考研"三个导向，充分考虑到学生构成特点，采用人才错位培养思路，将技能型、应用型人才作为培养

目标。学院与几十个培训机构和企业单位建立应用型人才培养合作,突出学生职业技能培养;组织并推荐学生参加全国大学生"挑战杯"大赛、数学建模竞赛、电子设计大赛等各类技能竞赛,提升学生的专业知识基础和实践动手能力;积极拓展国际合作办学,并充分利用南京信息工程大学国际合作项目,通过"1＋2＋1""1＋1"等多种人才培养模式,打造国际化人才教育;本着"分层分类培养"的原则,加强领导,成立学院考研领导小组及毕业班考研指导小组,提供组织保障;制定切实可行的考研总方案及毕业班考研方案;辅导员、授课老师联动,加强考研指导;搞好考研服务关怀入微,强化考研学生心理辅导;开辟考研专用教室及考研宿舍,形成"考研气场";构建考研网站,及时提供信息。从三个层面(院级层面、系级层面、学生层面)、六个阶段(宣传动员、报名、坚持、强化冲刺、复试调剂录取、总结)、三种类型(文、理、工)倾力打造学院"学生－学生家长－辅导员－专业课教师－院领导"五位一体考研工作机制。

(四)以"四年之约"为兴奋点,提升学生树立职业紧迫感

学院在开展大学生涯规划中,不同年级的学生,其职业生涯的目标、任务不同。针对大一年级的新生,主要开展"四年之约"大学生涯规划活动,让学生以大学生涯规划书的形式写下自己的四年规划、人生目标,要求各年级辅导员围绕学生的四年规划,督促学生调整并实施规划。学院层面,对于一年级学生,学院通过人生规划专题讲座、大学生涯规划课程讲授等形式,帮助学生确立大学四年目标以及人生规划设计;对于二年级学生,要求学生根据自己的四年规划,结合专业,有针对性地学习和锻炼自己的能力,通过职业导航设计、素质拓展训练、建立评估体系、强化社会认同等四个环节,进一步提高大学生的就业和创业本领;对于三年级学生,以进一步培养学生的职业素质为核心,组织开展最新就业形势与政策分析,进行分类指导,在技能考试、考研、出国、考公务员等方面帮助学生做出决策并进行辅导,监督学生四年目标规划的进一步贯彻实施;对于四年级学生,通过就业指导、关注心理、强化技巧等,要求学生能端正就业心态,调整就业目标,把握就业机会,积极主动就业,充分实现自己的人生价值。同时,通过开展各类学生活动,通过暑期"三下乡"社会实践、红十字会志愿者服务等形式,鼓励学生走上社会,提高大学生适应社会、适应职业、适应角色转变的能力。学院每年有三百余支暑期社会实践小分队赴全国各地开展调研,其中学院红十字会从2009年开始连续三年赴湖南进行支教,被评为江苏省唯一的国家红十字总会重点资助项目。学院还组织开展大学生大学生涯规划大赛、大学生创业文化节等活动,激发大学生的创新意识,提升职业规划能力;成立大学生创业园,完全由学生自主开发和自我创新的项目申请入园,为获准入园的企业项目免费提供场地和优惠政策,为在校生提

供一个实现自己的创业梦、展现职业风采的舞台,系列措施的推进,大大提升学生的职业生涯规划能力。

### 三、实施效果

(一)"一封家书"活动,形成了教育的张力和合力,培养了学生的职业意识

"一封家书"活动在学院开展已经八年,随着活动的开展,内容不断丰富、形式日渐丰满、已经成为学院品牌活动。学院利用家书这一有着独特魅力的载体,更好地触动学生心灵,树立了学生的感恩意识、责任意识,激发了学生的主动成人成才意识,明确了自己的大学四年目标;同时也反哺了教育工作者,使教育工作者感到责任与压力以及今后的努力方向。通过"一封家书"活动,同学们加深了对父母的理解,学会了关心,懂得了感恩,更加明确了自己的责任和努力方向;也推进了"家校互动",形成了家庭学校教育的合力,实现了社会教育、学校教育、家庭教育和学生自我教育的有机统一。2006年起《新华日报》、《中国教育报》、《现代快报》、江苏教育电视台等多家国家级省级媒体连续报道了学院一封家书活动情况,在社会上引起了强烈反响和认同,该项活动在江苏省教育工委最佳党日活动评比中,获最佳党日活动奖和学生思想政治教育管理创新奖。

(二)"两个文明"的开展,拓展了教育的空间,增强了学生的职业规划动力

通过大学生涯规划教育走进宿舍、走进食堂,不仅在学院"双文明"创建工作中形成了特色亮点,更是培养了学生良好的学习和生活习惯,为大学四年规划的顺利实施奠定了良好基础。学校的宿舍管理工作和服务工作充分体现了育人功能,立德树人,推动学生文明素质的提高和优良学风的巩固深化,促进学生成人成才为目标,确立了"全员育人,全方位育人,全过程育人"的育人理念,紧紧围绕"考研、出国和技能培养"三个导向,把管理、服务工作与引导、教育学生遵守纪律、养成良好习惯有机结合起来,激发学生提高自我教育、自我管理、自我服务的主动成人成才意识和能力。在2009年江苏省"文明食堂"和"文明宿舍"先进学校创建工作中,学院"双文明"创建成果受到专家组一致好评,被评为"特色很特,亮点很亮"。

(三)"三个导向"的要求,加强了教育的针对性,明确了学生的职业目标

学院在实施学生大学生涯规划过程中,通过"技能、出国、考研"三个导向,针对不同年级、不同专业、不同家庭背景的学生,结合学生自身的发展要求,进行分类指导,引导学生树立好四年规划并切实付诸实践,取得了丰硕的成果。考研学院办学特色,历年考研率名列民办学院前茅,连年考研上线率和录取率稳步提升,每年有很多学生申请到美国、英国、日本等国家的知名高校留学深造;有很多毕业

生考取公务员、事业单位，到微软、华为等国内外知名企业工作，历届毕业生在社会和企业中口碑良好，提升了学院的社会声誉。

（四）"四年之约"制定，加强了教育的过程管理，提升了学生就业创业的能力

学院通过"四年之约"，使学生普遍明确了大学奋斗目标，制定好实施计划并监督落到实处，拓展了学生创新创业教育，切实提升了大学生涯规划的可行性，锻炼了学生就业创业能力，激发了学生创业热情。将大学生涯规划教育融入大学四年学习和生活中，每个年级的学生都有自己学习的目标和实施的计划，使学生在大学期间就践行自己的职业规划。由学生组成的创业团队在全国性大赛中取得了优异的成绩，如2007级钱程炜、王嘉晖等同学组队参加全国大学生"挑战杯"创业计划大赛获得国家级铜奖，2009级黄菁菁等同学组队参加全国NOC创业计划大赛中荣获二等奖，尤其是学院创办大学生创业园，给在校生的创业梦提供了一个平台，使大学生的创业理想得以实现，在锻炼学生能力的同时提升了学院的影响力。

（五）多层次的职业生涯规划教育，激发了教育工作者的灵感，取得了丰富的研究成果

学院多层面的大学生涯规划教育，为教育工作者工作研究提供了土壤，激发了教育工作者研究工作的灵感，近年来，他们结合工作实际，不断开展理论研究，取得了丰富的研究成果。学院辅导员郑晓坤的博文《辅导员的一天》荣获"优秀博文奖"，我省共有9所高校13篇博文获得优秀博文奖（江苏省获奖高校中唯一一所独立学院）。学院开设大学生涯规划课程和大学生就业指导课的同时，老师结合实践开展理论研究，取得了丰硕成果。关于大学生大学生涯规划教育相关课题研究，有国家级、省级、校级课题几十项；共开发《大学生涯规划》《大学生就业指导》《新编实用大学生礼仪》等校本教材多部；发表相关学术论文共近百篇，教师多人获国家级、省级奖项，这些丰硕的理论成果，针对大学生涯规划教育特点，突破纯理论化研究，将视角对准民办学院特色办学、四年规划中的大学生心理健康和礼仪教育等，进一步推进了大学生大学生涯规划的科学化、时代化和社会化。

# 构建"365"考研工作模式 提升学院人才培养质量

全面提高"高等教育质量"是高校教育改革发展最核心最紧迫的任务。教育部为深入贯彻落实《国家中长期教育改革和发展规划纲要（2010－2020年）》精神，适时出台了《关于全面提高高等教育质量的若干意见》（俗称高教30条），提高"高等教育质量"已经成为全国各类高校包括独立学院办学的"主旋律"。

"教学质量"是独立学院的生命，滨江学院遵循高等教育办学规律，紧密围绕"技能、考研、出国"三个导向，深入贯彻"分层、分类培养"原则，以提高"高等教育培养质量"为目标，以"夯实学习基础、培养创新意识、提高应用能力"为办学理念，把考研工作作为提高"教学质量"的重要"抓手"，以考研工作吸纳优质生源，培育优良"学风"与"教风"，推动毕业生"高质量就业"，促进学生成长成才，提升办学内涵，从而全面快速提高学院的办学实力及社会美誉度，增强核心竞争力，实现可持续发展。

**一、建立"365"工作模式，形成考研特色经验**

工作模式是指为解决某一问题，从生产经验和生活经验中经过抽象和升华提炼出来的核心知识体系和方法论。把解决某类问题的方法总结归纳到理论高度，那就是工作模式。

经过十余年的积累与完善，滨江学院的考研工作已经形成"365"考研工作模式，有两层含义：一是考研是一项拼毅力与恒心的工作，需一年365天坚持不懈地去努力；二是考研工作有其自身的特点包含3个层面（院级层面、系级层面、学生层面）、3种类型（文、理、工）、6个阶段（宣传、报名、坚持、冲刺、录取、总结）以及以考研信息港为依托的"学生－学生家长－辅导员－专业课教师－院领导"5位一体考研工作模式。具体来说，学院"365"考研工作模式包含以下10个方面的工作体系：(1)考研与大学生职业生涯规划工作；(2)顶层设计考研总方案编制工作；(3)考研宣讲与动员工作；(4)考研总结及奖励工作；(5)编印《南京信息工程大学滨江学院学生考研指导手册》工作；(6)滨江学院考研平台建设工作；(7)学院考研战略研讨会及"院系班"三级考研经验交流座谈会组织与策划工作;(8)考研表彰大会组织策划工作;(9)专家考研讲座、考研宣讲会工作;(10)考研辅导班培训工作。

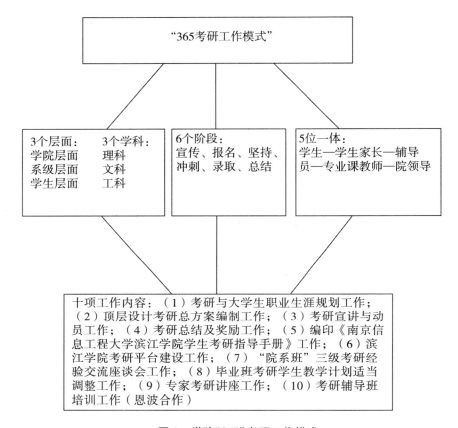

**图1　学院"365"考研工作模式**

### 二、注重考研长效机制,搭建考研保障平台

工作机制是工作程序间规则的有机联系和有效运转,是系统内各要素相辅相成的整体。概括起来,学院考研工作长效机制包括考研工作组织机制及考研工作保障机制两个方面。

(一)构建"考研工作组织机制"

不断优化和完善学院"考研工作组织机制",逐步确立具有滨江学院特点的考研工作组织架构:考研工作领导小组 + 考研工作办公室 + 各部门(3 个职能部门、9 个系)考研工作联系人。

其中,考研工作办公室是学院考研工作领导小组的助手,是学院与各部门之间的枢纽,起着上传下达的作用;党政办、学生办、教务办等3大部门考研工作联系人由熟悉考研指导工作的人员担任,9个系考研工作联系人由考研指导工作经验丰富且热心于考研工作的毕业班辅导员担任。

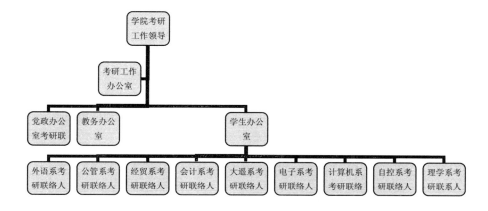

**图2　滨江学院考研工作领导小组组织架构图**

"考研工作领导小组"负责学院层面考研工作方案、工作计划、先进集体及先进个人评选、指标体系、奖励方案等的审定、决策及统筹等工作。

"考研工作办公室"挂靠学院教务办,具体负责学院考研工作方案与工作计划的制定、考研平台(含考研信息港)建设、学院考研工作战略研讨会及(文、理、工、实验班、专转本等)各种类型考研经验交流会的组织策划工作、考研数据年度分析报告、《南京信息工程大学滨江学院学生考研指导手册》的年度编撰、毕业班考研学生教学计划调整、实验班考研指导、与考研知名合作机构开展考研辅导合作、专家考研讲座(考研公共课、专业课、冲刺阶段的考研心理)的策划及学院层面各类考研文书的起草、与各部门的协调等考研顶层设计、研讨及策划工作。

(二)构建"考研工作保障机制"

1.制定"考研政策":为确保考研工作安排落至实处,激发各层面、各部门的积极性,结合我院的实际制定了一系列有效政策。具体如考研工作先进个人与先进集体评选方案等。

2.打造"考研平台":持续建设和完善滨江学院"考研信息港"网站,开辟"政策与资讯、指导与保障、交流与研讨、视频与资料、咨询与答疑及光荣榜"等六个栏目,现已成为广大滨江学子获取考研信息的重要平台。

3.加强"考研服务":一是加强日常教学服务,由理学系牵头组织考研校内数学辅导,与培训机构合作提供统考科目及专业课的考研辅导;二是举办考研专题交流会,举办滨江学院考研战略研讨会,策划院、系、班三级考研经验交流会等;三是强化考研信息服务,印发考研备战手册,详细介绍考研流程、考研策略,搭建考研平台,建立考研 QQ 群,及时发布考研资料、考研经验等;四是重视考研心理健康教育,及时掌握考研学生思想动态,开展谈心活动,发送励志短信,举办考研心理讲座,帮助学生缓解考研压力,坚定考研信心。

4. 设立"专项经费":学院给予考研工作一定的专项经费,用于支持学院"考研平台"建设、"考研信息港"信息更新及维护、《南京信息工程大学滨江学院考研指导手册》及年度考研报告编撰等工作。

5. 营造"考研氛围":辅导员、授课老师联动,加强考研指导,"考研信息港"设置考研光荣榜,召开"考研工作表彰大会",开辟"考研专用教室"及"考研宿舍",形成"考研气场"。

### 三、把握考研指导工作发力点,推动考研工作再上新台阶

(一)制定科学合理的"考研目标"

科学分析学院历年考研数据,确定学院年度考研录取总目标。为实现总目标,在报名率、达线率、调剂率及录取率等 4 个维度方面,经过自上而下及自下而上的民主协商过程,制定科学合理的各系考研分目标。

(二)重视"考研报考率"

只有较高的报考率才可能有较高的录取率,鼓励学生报考"专业硕士"及"工程硕士","专业硕士"及"工程硕士"的优点是量大、实用及名校,加强报名期间的专业指导,进行适当疏导,防止报考扎堆严重现象。

(三)加强"相关专业课程"辅导

科学确定学院考研优势专业、考研一般专业及考研潜力专业,邀请相关专家至滨江对口举办各学院"考研专业宣讲会",鼓励优秀学子积极报考,依托"考研信息港"为考生提供往年试题、复习资料等。

(四)聚焦"调剂"工作

学院领导高度重视"调剂工作,首先,成立学院考研复试调剂工作领导小组,统筹调剂工作;其次,安排专人对相关辅导员进行考研调剂的培训,让冲在考研第一线的辅导员了解考研相关政策和技巧;最后,制定科学的考研复试调剂工作实施方案,确保考研调剂工作有重点有步骤地展开。

(五)关注"专业硕士"

鼓励考生积极报考或者调剂专业硕士。专业硕士是国家大力扶持的研究生教育类型,与学术型硕士相比,具有招生量大、实用且名校的优势。做好这方面的

工作,潜力巨大。

（六）实施"走出去"战略

鼓励学生积极报考"工程硕士",主动出击,与南京大学软件学院、浙江海洋大学、合肥学院、黑龙江科技大学等高校合作,输送优秀学生到合作院校深造。

（七）拓展"国际化"升学渠道

加强国际合作办学,积极参与南京信息工程大学与国外高校的交流与合作项目,拓展"国际化"升学渠道,对出国考研的学生提供个性化的服务,满足不同学生对于出国考研的个性化需求,满足学生成长成才的需要。

考研是吸引优质生源、提升就业质量、提升办学内涵、彰显办学水平的重要途径。学院历届党委、行政均高度重视考研工作,2006—2016年,在全院师生的共同努力下,近10年毕业生报考硕士研究生上线率稳步攀升,特别是自2010年始,学院考研上线率、升学率屡创佳绩,2010年上线率10.45%(196人考取,录取率为8.06%),2011年上线率11.88%(284人考取,录取率为9.37%),2012年上线率13.88%(316人录取,录取率9.88%),2013年上线率14.88%(360人考取,录取率11.05%),2014年上线率11.95%(录取率10.60%),2015年上线率13.42%(379人考取,录取率12.03%),2016年上线率13.77%(考取349人,录取率11.5%),在江苏省同类高校中名列前茅,也超过不少二本院校。学院建院以来,考取研究生人数已突破2400人。

学院的考研成绩呈现出"规模越来越大、质量越来越高、名校录取越来越多、集群效应越来越显著"等特点,社会反响强烈,家长好评如潮,考研工作已经成为滨江学院的亮点及品牌工作,更是向社会展示办学实力的一个重要窗口。

# 激发内生动力　奠基幸福人生

　　作为满足广大群众需求的民办三本独立学院,如何发挥党委的政治核心作用,引领学院发展提档升级? 如何为师生的个性成长创造条件,让他们与学院共同进步? 滨江学院党委主动有为、科学作为,坚持走群众路线,主打"亲民牌",追求"知民度",激发了全院师生一心一意谋发展的内生动力,滨江学院这所"民校",成了家长、学生及老百姓心中的"名校"。今年6月,滨江学院党委被评为江苏省高校先进基层党组织标兵。在中国校友会网最新发布《2014中国大学评价研究报告》独立学院排行榜100强中,滨江学院榜上有名,名列第54,江苏有5所独立学院进入此列。

**一、德育为先,积淀高尚人生之素养,凝聚"我要发展"的强烈欲望**

　　发展的第一步是要激发来自组织内部的强大冲动,德育为先,积淀高尚人生之素养,通过每一位师生都能参与其中的一点一滴的小事,通过可感可学的身边人、身边事,学院党委凝聚起"我要发展"的强烈欲望。

　　(一)养成教育突出一个"细"字

　　学院全年组织2700多名大一新生参加早操,全年组织近6000名学生在规定时间、地点集中上晚自习。一早一晚动真格,从进校起就注重培养学子早睡早起、珍惜时间的良好习惯,让同学们受益匪浅。尤其一年四季不间断的集体早操,不仅督促同学们锻炼身体,还基本告别了不吃早点的不良习惯,更让第一节课的精神风貌和整体学风大有改观。

　　实行旷课处分预警制度,对普遍存在的问题,一抓到底,绝不手软。针对小长假前后学生旷课较多的情况,制定学生处分补充规定,行政人员集中普查,"五一"长假前后,对全院课堂教学进行了全面检查,根据实际旷课情况对294名学生进行了通报批评,1名学生给予警告处分。通过规定的试行起到了积极作用,"中秋节"再检查时未发现有学生旷课的情况,收效明显。教学检查中,任课教师对班级打分中反映学习风气的指标平均上涨了3个百分点。

平日里的行为规范也是针对各种不良习惯,比如不允许穿着拖鞋进教室,不允许带着早餐进课堂,学院都做了相关规定。为了帮助同学们养成良好的习惯,十年来,全员参与、全过程指导、全方位管理的长效机制逐步建立。健全辅导员老师起得比学生早、睡得比学生晚,每周至少深入宿舍检查两次,每周至少深入课堂听课一次。"养成良好习惯,树立集体观念,强化组织纪律,我们首先要做好表率",辅导员已经形成了这样的理念。

(二)主题活动追求一个"实"字

常年开展"半日谈"活动,了解学生思想动态,走进学生心灵世界,拉近师生距离,有针对性地做好引导、指导、服务工作,使教职员工真正成为学生的良师益友。每年三月、四月间,学院还组织"学风建设月"活动,"敦品励学,争先创优""我学习,我成才""自律、自立、自强"等一系列主题教育也相继在各系及全院范围内广泛开展。开展"树立诚信学风,争做诚信学子,共创诚信校园"活动,教育广大学生诚言、诚身、诚信。

以党建创新项目为平台,争创"一总支一品牌"的特色党建活动。从思想建设、组织建设、作风建设、制度建设四个方面,给出24个选题,各学生党总支、各支部结合选题,从实际工作中,找准工作重点难点。活动之前有策划,活动之后有总结。

(三)德育资源讲究一个"合"字

从2004年10月开始,滨江学院"一封家书"活动已连续开展10年。活动让学校、家长、学生三方进入有效沟通的良性循环,让学生体味到亲情的温馨,体味父母的辛勤付出,学会感恩和回报,学会承担起家庭和社会的责任。学院还将"一封家书"活动的精华选篇结集出版,书中按内容分为"父母爱""母校冀""师生情""同窗谊"四个部分,成为感恩教育和大爱教育的又一生动教材。每年母亲节当天9点20分(谐音为"就爱您")向母亲发送祝福短信、征集儿时及现在与母亲的合影、在母亲节当天献上萱草(萱草的花语是"永远爱你母亲")等母亲节系列活动,激发学生对母亲的感恩之情;通过组织观看《走基层——皮里村日记》,了解大山孩子的艰难求学之路,培养学生的珍惜、感恩之情;通过开展"感恩的心,感谢有你"活动,以感恩晚会的形式,精心设计"感恩墙",将学生对老师、对父母、对同学等的感恩之情表达出来,教育学生永怀一颗感恩的心。以学术报告的形式,组织学生认真学习《中国震撼》《精神的力量》《创业的国度》三本书,培养学生历史使命感和社会责任感。

身边的典型是最好的育人榜样,也是最能传递和激发正能量的。滨江党委组织撰写整理了近两年来学院获得国家奖学金和国家励志奖学金的优秀学子事迹材料,编印了《小荷才露尖尖角》一书,充分展示了获奖学生的独特风采,呈现他们或勤奋求知、潜心钻研,或直面挫折、不屈不挠,或热心公益、创业实践的成长经历和心得体会。不少学生阅读后深受触动,不仅自觉产生了向先进典型学习的主观愿望,更明白了学什么、怎么学,评奖评优、资助扶困的育人效果得以最大程度的辐射开来。

**二、能力为重,打牢终生发展之根本,坚定"我能发展"的信心**

滨江党委始终坚持以人为本,坚持能力为重,为师生打牢终身发展之根本,为师生个人成长创造条件,让他们从一次次成功中提升能力,积累自信,也为学院发展打造了一支得力的骨干队伍,坚定了"我能发展"的信心。

(一)支部工作法,助力坚定信念

在长期党日活动的实践中,滨江党委逐步形成了多个支部工作法,如"323 工作推进法""功能教育工作法""党团共建法"等,为学生坚定信念、支部工作法助力形成强大磁场。

"323 工作推进法"即党建工作依托辅导员、学生党员以及学生组织三大队伍,借助平面、网络两大平台,突出向校内活动、课堂教育以及校外社会实践三大延伸。功能教育工作法是学院多年来在大学生党建工作实践中探索的一种工作方法,将大学生党建工作从"以育人为本、以技能强身、以服务先导"三个方面剖题,提升大学生党组织的凝聚力、竞争力、战斗力。功能教育工作法在 2012 年度江苏省党建工作现场会上,作为样板展出,并编印成册,在全省作为经验推广介绍。

(二)考研技能,得力两手抓

学院党委把考研工作作为提高教学质量的重要抓手,以考研工作培育优良学风,以考研工作力促优良教风,以考研工作推动毕业生高质量就业,推进考研"365 工程",即考研是一项拼毅力与恒心的工作,需一年 365 天坚持不懈地去努力;考研工作有其自身的特点包含院级层面、系级层面、学生层面 3 个层面,文、理、工 3 种类型,宣传、报名、坚持、冲刺、录取、总结 6 个阶段,以及以考研信息港为依托的"学生 - 学生家长 - 辅导员 - 专业课教师 - 院领导"5 位一体考研工作模式。研究生录取率逐年攀升,录取院校层次不断提高,其中 985、211 高校录取人数稳步提高,走在全省独立学院的前列。

合理引导有意考研的同学外,文理科实验班、多种校外实习实训基地、各类权威考证培训、具有专业指导的"大学生创业园"、畅通的出国留学服务等,让每一个学生都能找到自己的目标定位和发展方向,为开启人生的新篇章打下基础。学院专业技术技能证书培训项目基本做到专业全面覆盖,内容涉及会计行业、物流行业、金融行业、人力资源行业、系统集成行业、计算机行业、气象行业等领域,学生考证率稳步提高。值得一提的是高端证书的获得人数也有显著增长,学院几十人荣获 CCIE(美国思科网络专家认证)证书。

（三）阳光考核,动力渠道畅通

队伍建设直接关系到学院的教育管理。面对年轻辅导员居多的现状,滨江党委高度重视为辅导员快速成长畅通渠道,尽可能地为辅导员技能培训、读书深造、职称评聘提供条件,同时在工作中尊重辅导员的劳动和创造,发挥他们的主观能动性,增强他们的职业认同感、归属感。学院还面向全体辅导员择优公开选聘 9 个系学办主任,共吸引了 30 名辅导员报名参与竞争。经过笔试、民意测验、面试等环节的全面考察,真正把作风过硬、能力突出、群众公认的同志选拔到学生工作一线。在其他岗位的队伍建设中,滨江党委也通过公开竞聘、述职答辩等形式鞭策、督促、激励,做到能者上、平者让,激活了队伍活力。

同时,科学搭建考核系统,促进工作开展。考核系统详尽地列出了考核指标体系,单项考核内容,以及评分细则,可操作性强。

### 三、制度为本,奠定幸福人生之基础,探索"我会发展"的规范

制度是滨江党委工作砥砺奋进的有力保障。从定期召开的党政联席会议、党委中心组学习活动,到有计划的支部书记培训、环环相扣的党员发展过程管理,再到严格的党风廉政建设民主监督和辅导员工作周志、班主任工作月志,在健全的管理制度下,滨江党委工作虽面广量大,却始终有条不紊、繁而不乱。通过制度,推动工作,促进素质提升,奠定幸福人生之基础,探索出"我会发展"的新规范。

（一）三级体系,未雨绸缪健康身心

近四年来,滨江学院无学生重大生命、安全事件发生,校园持续安全稳定,其中心理健康工作的制度创新功不可没。围绕"院—系—班级"三级防御体系,开展了一系列工作,在全院开设《心理学与生活》《幸福心理学》《心理学与行为》等选修课,普及心理健康知识,极大地提升了学生关注自身心理健康的意识,有效预防了严重心理问题的产生。每年十月份,针对新生开展心理普查,给各系通报普查结果,并单独约谈部分有严重心理问题的学生,做好跟踪记录。"3·20 心理健康周""5·25 心理健康月"活动期间,在全院范围内开展一系列活动。实施心理健康双周报制度,通过双周报制度,学院排查出问题学生并采取相应措施。每个宿舍发放一张心理健康联系卡,建立了"学生心理问题处理意见表"档案。针对班级心理委员组织编写了《班级心理委员工作手册》,定期对班级心理委员开展专业心

理培训,普及心理健康知识,充分发挥学生自我教育、自我管理、自我服务的作用,提高心理健康教育和危机干预工作的预见性、层次性和覆盖面。针对辅导员组织编写了《辅导员心理健康教育工作手册》,制定完善了相关突发事件的应急预案,做到防患于未然;每年邀请专家为辅导员开展专业心理健康教育讲座,提升辅导员开展心理健康教育的能力。

(二)三全育人,精细管理成效明显

为了更好地贯彻"全员育人、全方位育人、全过程育人"的理念,滨江党委还历时三个月专门编印了《滨江学生工作手册》,将日常形成的办事流程梳理出可以遵照的工作规范,将辅导员各自的丰富经验转化为可以推广的工作方法,将教育管理的关键节点串联成各司其职的工作制度。手册共计约75000字,分教育管理、团学工作、招生就业、学生资助等六大篇章,不仅全方位明确了人员职责、工作计划、办事流程等,还对辅导员培训交流、深入学生宿舍、值班等设定了量化要求,对突发事件如何处理、学生活动费如何申请使用、毕业生如何补办报到证等问题也进行了专门解答,拾遗补阙、释疑解惑、明晰标准、修正创新,使琐碎繁复的学生管理工作有条不紊,繁而不乱。

滨江党委扎实推进大学生党员素质工程建设,党员发展坚持标准、严格程序、注重培养,实行"四个一"工程,通过一个完备的组织构架、一本完整的党建工作手册、一个考核系统、一个党建平台,加强对建党对象的过程管理。其中,《滨江党建工作手册》是学院多年来党建工作探索和实践的结晶,也是滨江学院党建工作的指导性手册,具有系统性、针对性和可操作性。《手册》除了明确党员发展的程序和发展材料的写法、要求和审核要点外,还对理论学习中心组学习制度、民主生活会制度以及具有滨江特色的"两联系三服务"活动、"五个一"工程制度进行了梳理汇总,使常规工作"四季歌常唱",特色工作"主题曲嘹亮"。《手册》更提供了党建工作年度安排和32个党建工作常用文书案例,使每位参与学院党建工作的同志一册在手,规范尽知。滨江党委还将会计系、经贸系、外语系作为党建工作试点单位,鼓励他们进行党建工作创新,试行成功后,在面上铺开。

如果说学院整体工作是一艘船,那么党委就是这艘船的掌舵者;如果说学院发展是一盘棋,那么党委就是下好下活这盘棋的关键。滨江党委通观全盘、总揽全局、掌舵指航、落子有声,使全院师生心往一处想、腿往一处迈、劲往一处使,更在发展中创建了"和谐滨江、制度滨江、创新滨江"的先进校园文化,这也必将孕育和激发出学院发展更为强大的内生动力。

# 教务、学工双轮驱动　助推人才培养质量

日前,随着学院期中教学检查的进一步深入,在课堂上,学生和教师都发现了与以往不同的场景:进入课堂听课的人员不再是一个人,而是一个小组,这就是学院新近推出由院领导亲自参与的教务学工联动听课制度,这一管理创新从教务线来讲,有利于了解教师的教学水平,从专业角度提出建设性意见;从学工角度,有利于深入了解学生上课状况与教师课堂育人情况等。"听课制"是两部门联动有效开展活动中的一项,其他的还表现在学风考风建设、实践教学(技能考证)、考研、出国及学科竞赛等诸多方面。

## 一、齐心协力培育优良学风

学风是学校治学精神、治学态度和治学原则的综合体现,是形成良好校风、教风的基础和前提,是培养高素质人才的关键所在。课堂教学是体现学风建设的重要环节,更是优良学风形成的重要助推力。

围绕学院的主题教育活动,学院形成了院学生工作办公室,班主任、辅导员多方面抓学风、班风、舍风,教务办公室、教学秘书、教师多方位抓教风的协同育人机制,完善学风建设队伍工作机制;构建"正、育、促、导、抓"五位一体学风建设机制,增强学风建设的实效性。根据具体情况采取不同措施,例如针对小长假前后学生到课率不高、教师提前下课等现象,学院建立了小长假查课制度,成立了由学生办公室和教务办公室人员组成的联合检查小组,在小长假的前后各三天对学生和教师的到课情况进行重点检查。通过几学期的运行,使学生到课率由之前的78.3%提高到90%以上,特别是小长假前的提前下课也已杜绝,使学风和教风得到了大大的改善。

## 二、协同创新强化应用人才培养

实践教学特别是校外实践教学,如果学生管理不能及时延伸,教学效果也难以达到。教学的安排和学工的管理必须时时沟通、步步配合,才能促进实习实践

教学任务顺利完成,才能真正实现实践教学的目的。学院着力构建"技术技能型"应用人才培养模式,积极整合校内外优势资源,加大校企协同力度,广泛建立校外实习实训基地。近三年来,学院积极引进就业实训单位,实现实训就业学生700多人次,平均就业薪资在3600元/月左右,充分地保障了就业工作,推动学生就业工作向高一层次发展。成绩的取得离不开教务与学工的通力配合,实习实训工作更是教学改革与学生管理工作的完美契合。

同时围绕学生就业问题,教务方面也不断强化实践技能的培养工作。通过技能培训领导小组、就业培训领导小组"两点"和技能培训保障小组"一面"结合,形成院领导、专职教师、辅导员、广大专业教师、相关职能部门及社会知名教育培训机构齐心协力开创技能考证的良好局面。

截至目前,学院已经和几十家培训机构签订了长期的合作协议,基本涵盖了我院现已开设的专业。这些合作单位的选定都是经过教务和学工人员构成的考核小组进行的,既考虑教学的要求,又考虑了学生的需求。在这其中学生办负责对学生的宣传、动员,以及具体实践活动中学生的组织和引导,教务办则负责校企合作单位的遴选、考察,校外实习基地建设,专业建设校外指导专家的选拔聘任等工作。在双方的共同努力下,毕业生证书通过率已超过75%,特别是高端证书CCIE(美国思科网络专家认证)、法律职业资格考试等获得情况也有显著增长。

学院高度重视学科竞赛工作,重点打造"蓝桥杯"全国软件和信息技术专业人才大赛、全国大学生数学建模竞赛、全国大学生英语竞赛、全国大学生电子设计竞赛以及江苏省高等数学竞赛等"五大学科竞赛群",数据统计显示,2013年6月至2014年12月,学院组织近4000名学生参加10余类学科竞赛,200余人次荣获省级以上奖励。学院通过举办学科竞赛极大地提高了学生的综合素质,培养了学生的创新能力,构建了解决实际问题的思维意识,赢得了社会的广泛赞誉。

### 三、双轮驱动助推考研工作

考研是吸引优质生源、提高就业质量、提升办学内涵、彰显办学水平的重要途径。学院历届党委、行政高度重视考研工作,把考研工作作为提高"教学质量"、培育优良"学风"的重要抓手。

考研工作作为学院分层分类培养中一层,一直都是我院就业工作的重中之重,也是促进学院内涵式发展的重要举措。在学院领导的精心部署和相关人员的共同努力下,学院成立了以院长为组长的考研工作领导小组及考研工作小组,组员包括各系系主任、学办主任、教务办人员、学生办人员以及党政办有关人员,其中考研办公室在教务办公室领导下,具体负责学院考研工作方案制定、考研平台

（含考研信息港）建设、（文、理、工、实验班、专转本等）各种类型考研经验交流会的组织、考研数据年度分析报告、《南京信息工程大学滨江学院考研指导手册》的年度编撰、毕业班考研学生教学计划调整、实验班考研指导、与恩波、通途、信大等考研培训机构开展考研辅导合作（包括校内数学辅导、大校相关专业辅导等）、与南大软件学院及浙江海洋学院等联合开展研究生招生与培养工作、系列专家考研讲座（考研公共课、专业课、冲刺阶段的考研心理）的策划及学院层面各类考研文书的起草、与各部门的协调等考研顶层设计、研讨及策划工作；学生工作办公室负责研究生报考的宣传、动员及报名工作、大校预选拔、考研教室的安排与巡视、考研学生光荣榜的制作、年度考研表彰大会的组织等与辅导员、学生有关的具体工作；制定考研培养方案、举办各种考研辅导班、完善网络的考研信息港；而学生办公室负责宣传动员、组织报名、考研冲刺中的指导、复试调剂指导。结合考研工作进程情况，教学学工每周联合召开通气会，交流工作，汇总考研中出现的各种情况，及时上传下达，为学生考研中出现的课程学习、报名指导、复习迎考、报名指导等及时提供解决方案帮助。

学院的考研成绩呈现出"规模越来越大、质量越来越高、名校录取越来越多、集群效应越来越显著、录取愈趋多元化"等特点，社会反响强烈，家长好评如潮，考研工作已经成为滨江学院的亮点，更是向社会展示办学实力的一个重要窗口。

此外，教务与学工部门的密切合作还表现在学院组织的各类大型社团活动、大学生社会实践、大学生志愿者及大学生创业园等活动中。

在学院领导的高度重视和有效领导下，教务办和学工办联动，配合密切，互动频繁，合作顺畅，着力培养学生的使命感、责任感和荣誉感，极大地提升了学院教学水平与育人水平，提高了人才培养质量，增强了核心竞争力，赢得了良好的社会声誉。

# 媒体聚焦

## 让父母成为良师
### 南京信息工程大学赠新生《一封家书》

本报讯(记者　赵建春　通讯员　万卫华)9 月 14 日是南京信息工程大学滨江学院新生报到日,学院当天将汇编的《一封家书》发到了 2000 余名新生手中。

《一封家书》由学生家长的来信中遴选 200 多封汇编而成,目的是充分利用家书这一宝贵的教育资源,让学生从中受到教益和启发,学会感动、感恩和关心。2006 级新生一开学,学院就抓住入学教育这一契机,给新生送上生动、丰富而又贴近生活实际的"精神大餐"。

董勋勋是 2005 级信息工程专业学生董越的家长,现在江苏省某县级市检察院工作。他在给女儿的信中写道:"爸爸一直有块心病,那就是我的人生经历中缺少正规的大学生活,这是我今生最大的遗憾;后来我听了你爷爷的建议,好男儿当自强,先立业后成家。机遇总是眷顾有准备的人,凭着自学,我以第一名的成绩考进检察机关……爸爸给你谈这些,就是希望你能珍惜这么好的学习机会,通过四年的大学生活,把自己培养成具有高尚道德情操、丰富知识储备和较强适应能力的人。"

2005 级法学专业学生李康佳的家长李志尧,现在东海温泉度假区经营一家影楼,他在给儿子的信中写道:"一粥一饭当思来之不易,半丝半缕恒念物力维艰。你目前除了经济上不能独立,其他方面可以说已经独立。你要深深理解父母对你的养育之恩,要用哲学的思想去分析问题,用法学的眼光去洞察生活,真正活出一个有意义的人生。"

新生们看了《一封家书》后都深受教益和鼓舞。一名新生说:"从《一封家书》中,我看到了父母生活在那个时代的无奈,看到了父母在逆境中求生存的坚强,而这种坚强是我现在所缺乏的。"还有一名新生说:"大学,没有了高考这座大山,没有了家长的监管,我就像一只脱离鸟笼的小鸟。自从读了《一封家书》以后,我就开始思考,要做一只有明确飞行目标的鸟儿……"

近两年,滨江学院以《一封家书》为载体,实现了社会教育、学校教育、家庭教育和学生自我教育的有机统一,首先由学院给家长发出公开信,请家长敞开心扉,拿起手中的笔,给孩子算一笔求学账、写一段人生经历、寄一份殷切希望,然后通过学生诵读家书、畅谈感受、写读后感等形式广泛开展思想政治教育,使学生加深了对父母的理解,在谆谆教诲和殷切希望中受到教益和启发,明确努力的方向和目标。

2006.9.16　《中国教育报》

## 校园招聘会学生自己来组织

快报讯(通讯员　万卫华　记者　谢静娴)按照惯例,组织校园招聘会,都是学校一手操办。但昨天,记者从南京信息工程大学滨江学院得知,本周六学校即将举办的一场招聘会,从组织单位到接待,再到布置会场都是学生们自行组织的。

滨江学院有关人士认为,找工作用人单位更看重的还是个人能力和素养。为更好地锻炼学生能力,学院将学生推向一线,作为招聘会的组织者。亲历过招聘会的组织,不少同学感到收获颇大。一位同学说,用人单位在招聘会上,亮出的选择人才的标准是"讲求效益",显然,用人单位更注重毕业生的求职态度和动手能力。通过举办这次招聘会,不少用人单位对他们的印象都很好。

2006.12.8　《现代快报》

## 实践经验丰富　薪酬要求实在　本三学生也能找到好工作

本报讯　严峻的就业形势下,本一、本二院校的毕业生都很难找工作,本三院校的学生就更不用说了。然而,昨天在南京信息工程大学滨江学院举办的一场招聘会上,一些实习经验丰富、应用能力强的学生被众多企业看好,当场就签下了协议。

04级软件工程专业的张健健被无锡昇锋公司和南京苏慧公司等多家公司"相中",争着要签协议,他的简历中最亮眼处就是大学4年里,先后跟着老师做了人力资源模块、雷电预警预报系统设计方案等项目。电子信息工程专业的丁武锋也被天溯公司聘为硬件工程师,在他实习期间,短短几个月就开发出新品,大大提高了公司系统数据传输效率和可靠性,深得公司青睐。在招聘现场,一家通讯科技有限公司的负责人告诉记者,他们锁定的就是有实践经验,肯动手的大学生,一些名牌高校的毕业生好虽好,但不愿意动手,不愿意从基层做起,对薪酬要求也较高。相对而言,他们更青睐本三院校学生。

滨江学院张建伟院长分析说,本三院校学生求职上有劣势,简历和本一本二院校的放在一起,用人单位常常连翻都不翻,但他们也有自己的优势,一般本三院校在培养时更注重对学生动手能力的培养,比如该院实践性课程就占到30%,而本一本二院校实践类课程不足20%,在求职时,丰富的实践经验将增加成功概率,因此本三学生在校期间也要注重对自己动手能力的锻炼,跟着老师做项目,跟着企业做实训,如果再能有相关的技能证书,就更为求职简历增加含金量了。

2008.3.29 《扬子晚报》

## 理念创新质量优先,打造国内一流独立学院

南京信息工程大学滨江学院,这几年以显著的办学成就、先进的办学思路、创新的办学模式在众多独立学院中脱颖而出,报滨江选择南京信息工程大学成就未来已成为莘莘学子的不二选择。2008年3月28日,江苏信息人才中心在滨江学院举办的应届生招聘会上,学院实践经验丰富、应用能力强的学生被众多企业看好,许多毕业生当场签下协议。严峻的就业形势下,滨江学院本三批次的应用型人才反而成了市场香饽饽。

### 规范管理拓展办学内涵

"滨江为什么赢得广大学子追捧,奥秘在哪儿"?采访一开始,记者便连珠炮似的向张建伟院长发问。谈到这几年滨江跨越式的发展,张院长一脸的自信。他认为坚持教育部对独立学院的"民、独、优"三原则,充分利用大校深厚的办学资源和人文底蕴,发展自我,创新突破不断进行质量监控和教学目标管理,如此获得良好的社会效益就不足为奇了。

张院长认为,滨江自去年起实质上已跨入江苏独立学院发展的"第一方阵",不论是在校生人数,专职教师规模,还是内在办学品质,毕业生就业指标系数等,滨江学院可以说在全省26所同类院校中已经位居前列。那么,办学数年便凸显办学佳绩,诀窍在哪?张院长一语道破天机,滨江充分享受到南京信息工程大学长期形成的历史声誉,办学经验,管理资源,雄厚师资。对滨江来说,它对母体是一种继承,更是种发扬和创新。

南京信息工程大学的地理信息、遥感科学、雷电防护这些响当当的名牌精品专业,在滨江学院可谓是"拳头产品",对此张院长颇为骄傲。他说精品优势专业对考生有一种无形的吸引力。当然,名师、名教授的授课,也使得优势专业成为学院的金字招牌。同时,滨江学院又瞄准就业市场,精心设置了日语,国贸,法学等专业。2008年,滨江紧紧依托母校,适应市场需要又设置了大气科学、应用化学、财务管理等精品专业。可以说,专业设置对路以及大量高级专门人才的引进,确保了学院师资力量的雄厚。办学精品这一特点因此而显得尤为突出。张院长认

为,独立学院要可持续发展,要产生较好的社会声誉和办学效益,就必须"规范管理提升办学内涵",即依托母体,发展自我,这是独立学院主要的生存方式。

据介绍,独立学院将公办高校与社会资本相结合,并以公办高校为办学母体,全面指导学院的管理与教学工作,确保了办学质量。南京信息工程程大学滨江学院从设立的那天起,就规范管理,稳步推进,积极开拓,务实创新,力图在更高起点上求得发展。从办学之初的几个专业、数百人,一跃而至目前在校生近 8000 人、30 多个精品专业,赢得上级教育主管部门和社会各界的普遍认可,不能不说是坚持了正确科学的办学导向与决策方略。

据张院长告诉记者,滨江学院作为南京信息工程大学的民办独立学院,属于本三层次,学生动手能力较强,但理论功底稍弱。根据这一特点,学院将培养应用性、创业型人才作为人才培养定位,在校本部教学大纲的基础上,重新根据学生的实际编写了教学大纲,突出课程的实用性、应用性,削减了一些过深、过精的理论知识,并及时调整了教学计划。总的做法是:重点加强基础课教学,弥补学生基础知识的不足;加强实用性技能的培养,适当调整专业课的门数,增加实验、实习课时;加强教学课程的监督管理,精讲多练。并加大了教学方法改革的力度,注重教学的实效性。改变"重结论、轻过程"的教学方式。加大教学手段改革的力度,突出教学的实践性、应用性,着力建好、用好校外实践基地,取得了较好的效果。

### 质量优先提升教学水平

张院长认为独立学院能否办得好?关键靠质量,独立学院是不是能可持续发展,质量优先是关键,而教学质量的提升就必须"定规矩,有监控",据张院长介绍,滨江学院严格按照独立学院教学评估要求,开展了全面的教学管理制度建设,完善了各类教学管理文档,制订了一系列教学管理文件,并认真落实,进一步规范了教学管理工作。

同时学院聘请南京信息工程大学各学院教授和社会专家根据三本学生的具体情况精心制定了教学计划,强调"夯实基础、强化实践、培养创业意识、提高应用能力"四个方面,并严格、科学地组织实施,学院的教学指导委员会由大校各学院院长系主任和有关专家担任,教学过程有专门人员和教学督导组全过程、全方位监控。正因为如此,学院教学质量不断提高,2006 年,首届毕业生研究生入学率达到了 6%,今年研究生上线率达到了 7%,这在独立学院中是名列前茅的。学生有的获得"全国大学生数学建模竞赛"全国二等奖、省一二三等奖;"全国大学生英语竞赛"一二三等奖;人文社科知识竞赛三等奖等,学院优良的学风正在形成,使地处南京郊区的滨江学院真正成了"育才的佳地,读书的天堂"。学生的创业意识得到了加强,学生自主创业的多了,有的已小有成就,现在校生中有一位学生已自己注册公司,年销售额已上百万。学院大学生创业园全面启动。

此外,为确保教学质量,学院成立了由教学专家组成的教学督导室,通过教学监督进一步了解教师的教和学生的学等有关方面情况,以便学院能够把握实际,更有针对性地指导工作。成立了由各班学习委员组成的教学信息员队伍,教学信息员每周填写教学情况汇报表。学院根据教学情况汇报表,综合有关方面情况,每两周编发一期《教学情况周报表》,既有老师教学上的优点,亦有老师讲课时的不足以及有关对教学的建议等,及时把这些信息和要求反馈给系部,传达给教师。期终考试前,由各班班长、学习委员和学生代表填写作业及授课情况统计表,统计表包括:布置作业次数,是否每次都批改,批改作业的满意度,本学期本课程是否上够学时,对本课程的满意度,本班学生在该课程上课时遵守纪律情况,本课程开课时间,本课程结束时间,本课程考试时间等指标。

同时学院对教师的课堂教学情况开展普查,每学期两次,调查分两方面内容:一是由学办、教务办联合召开不同班级、不同年级的学生座谈会;二是组织学生填写期中、期终教师授课质量调查表。教师授课质量调查由学生填写有关指标进行考核,包括内容熟悉、概念准确,重点突出、说理透彻,启发思维、培养能力,条理清楚、进度适中,语言生动、吸引学生等五个方面。此后由院领导、教学专家以及教师授课的全体学生根据座谈及调查情况分别为老师打分。教师的测评结果将进入滨江"教德档案",成为教师考核的一个重要指标。

## 以人为本创新育才模式

张建伟院长针对独立学院办学实际,提出了全新的育才模式,即"以人为本,一专多能"。他告诉记者,对学生的管理就必须"爱"与"严"紧密结合,同时必须"晓之以理,动之以情"。据介绍滨江学院对学生管理严格、规范、有特色,一是适度从严,上课有点名,晚自修有巡查,睡觉前查宿舍,促使学生养成良好的学习生活习惯;二是通过"一封家书"活动,由家长来信谈自己的求学、成长经历,帮子女算一笔求学帐,学院将来信编印成册,发给每一位学生并组织讨论,由此激发学生的责任意识,在此基础上指导学生做好在校学习计划和人生规划,激励学生主动成人成才;三是开展家校互动,充分利用社会力量教育学生。滨江学院建立了辅导员与家长的联系制度,把每学期每个学生的学习成绩寄给家长,把学生的情况随时向家长通报,取得家长的支持,协助学院做好学生的思想工作,同时,积极开展社会实践活动,让学生在了解社会中,明确自己的责任和发展目标。四是强化学生自我教育、自我管理的功能,把思想教育融入广泛而丰富的学生活动,每学期都有一个主题活动,由学生牵头组织,学院引头组织,学院引导、配合。如:法制宣传月、道德诚信宣传月、宿舍文化月等在学生中都产生了强烈反响。

随风潜入夜,润物细无声。滨江学院对学生的关怀可谓点点滴滴。人本化的管理获得丰厚的回报。由于独特的育才模式,滨江学院的社会声誉日渐提高,近几年先后被评为江苏省"最受考生欢迎的独立学院""推荐报考的独立学院"和江苏省"十佳独立学院"。这几年本科生就业率稳定在98%左右,今年的毕业生也受到了社会的普遍欢迎。

### 滨江学院的明天更美好

2008年,滨江学院面临更为严峻的考验和全新的挑战。学院领导将2008年定为"教学质量年"。张院长说,2008年秋季,滨江学院在校本科生逾万,学院专业将更优化,师资更强化,管理更科学,特色更鲜明,育人模式将以学生就业能力为参考,学生动手实践能力将更强化,着力打造国内一流独立学院,这就是滨江学院全体员工努力拼搏的方向和目标。我们欣喜地看到,今年的一大批教师,辅导员的引进,使得学院人才梯队更为规范,许多教师反映,在滨江工作安心,学院领导为他们解除了后顾之忧,凝神聚力打造全新教育品牌,已成为全院上下的共识。

"风正一帆悬,潮平两岸阔",我们有理由相信一所专业设置科学、办学内涵明确、富有鲜明办学特色和充满办学激情的本科独立学院将崛起在长江之滨,龙王山麓,我们期待发展中的滨江学院多出英才、硕果累累!

2008.4.28 《现代教育报》

### 推进教育教学改革 学生培养质量显著提高
#### 南京信息工程大学滨江学院考研上线率10.45%

昨天,从南京信息工程大学滨江学院传来喜讯:

今年该校毕业生研究生升学取得突破性进展,196名同学考上研究生,其中不乏全国知名高校:南京大学、河海大学、华东政法大学、南京信息工程大学等。研究生上线率达10.45%、录取率达8.03%,再创新高。其中,地理信息系统专业研究生录取率达30.9%、遥感科学与技术专业达21.05%。而一些研究生录取率较低的文科类专业也取得突破性进展,如,法学达到17.65,英语达到11.76%。

南京信息工程大学滨江学院为何能取得这么好的成绩?

### 针对学生实际，实现分层培养

学院围绕"技能、出国、考研""三个导向"，对学生进行积极引导，实现分层培养。2006 年创建滨江学院理科实验班，2009 年进一步完善实验班制度，从 09 级学生中选拔 278 人组成理工科实验班，315 人组成文科实验班。实验班以"培养德、智、体全面发展、具有较强专业基础理论知识、素质全面、富有创新意识和创造能力、有继续攻读硕士学位直至博士学位目标以及参加各类学科竞赛的优秀人才"为目标。

在师资配备上，实验班挑选教学经验足、教学水平高、学生评价好的老师担任实验班课程的讲授。学院专门制定实验班教学计划，实验班教学以加强"基本概念、基础知识、基本训练"为主，主要强化基础课如数学、英语、计算机应用等，为学生考研打好坚实的基础。同时，学院成立考研领导小组、考研指导小组，建立考研自修教室，组建考研宿舍，在引导、指导、服务学生考研上做过细的工作。

### 注重学生技能培养，力促学生职业能力提升

滨江学院将大学生的就业和教学改革相结合，利用办学机制灵活的特点，及时调整专业设置、招生计划及培养目标，注重从宽口径和动态性等方面增强专业设置的市场适应性，减少毕业生的就业困难。同时，大力加强实习基地建设，增加实习教学比例，提高学生的实践能力，加强与用人单位的沟通。

丁武锋是学院电子信息工程专业毕业生，现在天溯公司任硬件工程师。短短几个月丁武锋开发出 TCP/IP 协议在 DSP 系统移植实习远程监控与数据采集，大大提高了公司系统数据传输效率和可靠性，取代了公司 RS485 总线和 CAN 传输方式。而尝试着跟老师做项目亦是加强学生技能培养的一个重要方面，多名同学先后跟着老师做了电子应用系统开发等项目、人力资源模块项目、雷电预警预报系统设计方案等项目。同时启动了"双证"教育，鼓励学生报考从业资格证书、职业技能证书等。

在滨江学院，90% 以上的学生通过多种技能证书考试，10% 的学生通过高端职业资格考试证书考试。

在滨江学院学生技能培养中，还有一个特点就是，文科学生向理工科证书渗透，理工科学生向文科证书拓展。文科学生绝大部分都取得计算机类相关等级证书，理工科学生也会忙着考秘书、普通话一类的证书。

### 注重学生创新能力培养，力促学生素质提升

围绕学生成长、成才这一中心，学院不断引导学生提高科技创新能力，提高学

生运用所学知识解决实际问题的能力。

学院十分重视各类学科竞赛的组织,鼓励学生参加。特别出台了学生参加学科竞赛管理及奖励办法。如全国大学生数学建模竞赛、电子设计大赛、全国大学生英语风采大赛等。近几年,在全国大学生数学建模竞赛中近 20 个队获奖。在大学生英语竞赛中,该院数十名学生多次获得一二三等奖。在全国大学生电子设计竞赛中,2 个队获奖。在大学生科技创新论文大赛中,6 篇论文获奖,其中蒋丽媛同学摘得特等奖,张琳琳同学获一等奖。

2010. 7. 26　《南京日报》

### 学生　老师　家长互通书信　南信大滨江创新举措引导学生成才

"高考后,我考了个自己不满意的成绩。在度过了一个不愉快的暑假后,我带着如释重负的心情来到了滨江,同时还有一份沉重的使命感……"

"杜绝网瘾,我做到了,做一份兼职,我完成了,通过计算机二级考试也没问题,唯一遗憾的就是没能在大一通过英语四级考试……"

"我甚至还没和部分同学说过话,就连和您的交流也少之又少,我不希望如此,本次 20 人脚并脚活动,我特意报名参加……只是我还无法处理好学习与生活娱乐的关系,以至于成绩上不去……"

以上是南京南信大滨江学院 2009 级几位学生在"写给自己的一封信"中的片段。

为更好地深入学生心灵,把握学生思想脉搏,让思想政治教育更加贴近大学生思想实际、生活实际,让思想政治教育更加具有感染力、影响力,滨江学院开展了"读一本书、写一封信"活动。

学院将李开复写给大学生的 7 封信整理成册,以班级为单位,利用晚上或周末时间组织指导学生阅读学习,希望通过读书活动,引发学生对学习、生活、做人、做事的思考,以适时调整心态,适应大学生活。在读过李开复的信后,学院要求学生给家长、老师、同学等身边的人写一封信或读后感。

学院电子系 1000 多名学生都写了一封信给辅导员老师。辅导员老师在认真看了学生的信后,针对每个学生的情况,作了认真的批注、记录,有的还写了回信。辅导员李俊平老师在给季晨同学的回信中说,你有规律的生活学习,这一点就很好了。有关你的迷茫,不要着急,逐步适应大学生活后,该静下心来,一步一步实现自己的计划。辅导员杜佩剑老师在写给学生的公开信中说,我们这届学生大多为 90 后,思考和做事的方式,有自己的风格,我尊重你们,希望我们的关系是师生、是朋友,彼此能够坦诚交流……

学院同时给家长发出公开信，请家长敞开心扉，拿起手中的笔，给孩子算一笔求学账，写一段人生经历，寄一份殷切希望。家长们或回忆年轻时求学的艰辛与快慰，或追思未能如愿的遗憾与痛心，无不羡慕现在良好的学习环境，无不对后辈提出了殷殷期望。一封家书活动，在学生中引起强烈反响。

书信在叩开学生心扉的同时，也鞭策着学院的教职员工。学院一位年轻的辅导员说，通过书信，我们可以更深切地了解学生内心世界，有助于自己更有针对性地开展学生工作。一位辅导员老师动情地说，虽然我们的家长大多不是从事和文字打交道的工作，其中不乏普普通通的工人、朴实憨厚的农民，可那些有时还显得有些稚嫩的文字是那样的情真意切，感人至深。那是流淌在一位父亲或一位母亲心底的爱，她让我们感到了肩上的担子。作为一名教育工作者，唯有努力做好教书育人工作，不断探索学生思想政治教育新思路，才对得起那份沉甸甸的爱。

书信在现代社会已被电话、网络、移动通讯所渐渐代替，但它却有着与人沟通、交流的独特魅力，它更容易深入人的心灵，达到一种共鸣的教育效果。南京信息工程大学滨江学院领导说，学生、老师、家长互通书信活动是学院探索学生思想政治教育的又一新举措，通过书信，记录学生成长足迹，引导学生成才，同时，进一步推进了家校互动，实现了学校教育、家庭教育和学生自我教育的有机统一。

教育专家认为，通过学生、老师、家长互通书信，可以更好地了解、反映学生思想实际。这一做法在进一步培养"四有"新人方面做出了积极探索。

2010.7.27　《南京日报》

## 甄嬛传"温太医"现身南信大讲"礼"

### "温太医"张晓龙向穿汉服的学生示范"作揖"。

"近日甚觉夏乏，太医可有良方？"这句"甄嬛体"的提问来自一场关于传统礼仪文化传承的报告会，而进行现场礼仪讲解的人不是别人，正是《甄嬛传》中的"温太医"张晓龙。近日，南京信息工程大学滨江学院迎来了10周年院庆，作为院庆的系列活动之一，昨天下午，该院特邀张晓龙作了一场题为《中国优秀传统文化的传承——从古代礼仪到现代礼仪》的报告。而张晓龙的现场礼仪传授显然获得了立竿见影的效果，"温太医"讲了整整两个小时，全场无一学生离场。

### 两小时无人离场："擅自离开，会失礼的！"

虽因出演电视剧《甄嬛传》中的"温太医"一角而为大家熟知，但张晓龙最重要的工作是从事古代礼仪文化的研究与教学，在《甄嬛传》中，张晓龙就同时担任该剧的古典礼仪指导。同时作为传统文化"发烧友"的张晓龙也一直致力于用现代人能接受的方式推广传统文化。

记者到达报告现场南京信息工程大学滨江学院报告厅时,偌大的会场挤满了学生,甚至连报告厅讲台的前排也有 4 排学生席地而坐。"中华优秀传统文化的传承——从古代礼仪到现代礼仪"的报告标题十分醒目。"不知道现代装的温太医会是什么样子?""宫廷礼仪挺玄乎,到底是怎么回事儿呀?"在开场前,学生们已经对当天的报告内容充满了好奇。

当现代装的"温太医"出现在学生中间时,到场 90 后们的热烈掌声给这位温文尔雅的礼仪老师留下了极为深刻的印象。"礼仪文化对于不少大学生,尤其是90 后而言有些陌生,我的主要研究方向就是礼仪文化的传承。"

形象的展示和幽默的语言让学生们听得十分入神。张晓龙的现场礼仪传授显然获得了立竿见影的效果,"温太医"讲了整整两个小时,全场无一学生离场,一位学生告诉记者,"擅自离开,会失礼的!"

### 礼仪课堂:向穿汉服的学生示范"作揖"和"万福"

在两个小时的报告中,张晓龙通过视频播放、现场互动等形式成功讲解了"见面礼"等一系列礼节。甚至还现场给两位身着汉服的学生示范了应该如何"作揖"和"万福"。

### "下榻"和"席地而坐"都有典故

"从先秦到秦汉时期,古人的坐姿都是双腿夹在一起,坐在脚后跟上,在地上铺上席子,所以叫'席地而坐'。就像前排的同学这样。"报告会现场,身着现代服饰的张晓龙如"温太医"一般温润、谦和,用大学生们熟悉的方式讲解着一个个通俗却具有典故的词汇,如"席地而坐""下榻""正襟危坐"等。

因为到场学生多为 90 后,为了让学生们对"礼仪"的概念有个初步的印象,张晓龙播放了自己导演的一台雅乐晚会的片段。身着宽袍大袖的舞者在《诗经》的雅乐中踩着仿制的拓片的印记翩翩起舞,十分悦耳。"古代礼仪的精髓就在于,用一颗尊重的心,委屈自己的身体表现对别人的尊重。"在学生们还在回味着雅乐片段时,张晓龙开始讲解礼仪的概念。

### 拱手、作揖、长揖是基本礼节

现代人见面打招呼都会随便说上一句"吃了没",但在古代,亲友师长见面的礼仪大有讲究。因为报告的对象是高校的大学生,张晓龙着重向学生们讲解了"拱手""作揖"和"长揖"三种礼节,并现场进行了示范。"拱手时,一定是左手抱着右手。"一边讲解,张晓龙拿着话筒现场就开始向同学们示范,"这种礼节多用于平辈之间,见面时,双手合抱举向前方,向对方致意。"而"作揖"则比"拱手"更进一层,"两手抱拳高拱,身子略弯,表示向人敬礼。作揖常用于向长辈的行礼。"

至于"长揖",张晓龙干脆放下了话筒,双手合抱举向前方,行了一个约 90 度的鞠躬大礼。"长揖比一般的揖礼态度更恭敬,这三种基本礼节是同学们应该学会的。"张晓龙说。

### "举手三次"是以"扶鬓"代替"叩首"

因为《甄嬛传》等古装剧的风靡,不少学生因此迷上了宫廷礼仪。但张晓龙表示,古装电视剧里的礼仪更得小心,稍不留神就会上演"穿越剧"。"在一部宋代电视剧里,官兵们追着匪徒在玉米地里狂奔,但实际上,那个时代还没有玉米。"幽默的讲解惹得学生们大笑不已。

至于不少女生都十分眼热的古装剧中的"万福礼",张晓龙表示,清朝女子行的福礼有讲究,但不是所有女子的福礼都是一样,身份和年龄不同、尊卑不等,行的福礼也不相同。而电视剧中的甄嬛在拜见皇后时都要右手向上举三次,实际上是以"扶鬓"来代替叩首。"因为宫廷女子头上发饰多,而且古代没有发胶,只能用簪子固定头发,如果反复磕头,头发肯定会乱,'仪容不整'是'大不敬',所以以手扶鬓代替叩首。"

### 麻辣教师:故意"教得更多让翘课学生跟不上"

礼仪指导是张晓龙的主业之一,而他的本职身份实为中央戏剧学院副教授,北京舞蹈学院本科毕业,并具有古代史硕士学位。也许是张晓龙大学老师的身份让到场学生备感亲切,除了传统文化外,学生们还现场和他讨论起大学生活。

"您的学生翘课了,怎么办?"面对着几乎每个老师都会遇到的共性问题,张晓龙自然有着妙招,"发现学生一翘课,我当堂课讲授的内容会额外多,让翘课的学生跟不上。"幽默的回答让他当场获得了"麻辣老师"的封号。在报告会现场,更有聪明的学生用"甄嬛体"提问,"近日甚觉夏乏,太医可有良方?"让人忍俊不禁。

虽然不少同学冲着"温太医"而来,听完报告,却开始为中国传统文化着迷。"没想到传统文化这么生动有趣。"滨江学院会计学专业的徐栋杰同学说。上台学习古代礼仪动作的同学更显兴奋,"礼仪这种直观的形式,为我们认识和理解中国传统文化打开了一扇窗。"

2012.5.27 人民网

## "温太医"张晓龙现身南信大 解析中国优秀传统文化

中国江苏网5月28日讯(通讯员 万卫华)一场关于中国优秀传统文化传承的报告,让数百名90后大学生大呼过瘾,报告的主讲人不是别人,正是《甄嬛传》中的"温太医"——张晓龙。

近日,南京信息工程大学滨江学院迎来了10周年院庆,作为院庆的系列活动之一,5月26日下午,该院第116期真知讲堂特邀张晓龙做报告,题为《中国优秀传统文化的传承——从古代礼仪到现代礼仪》。

虽因出演"温太医"一角而为大家熟知,但张晓龙的本职实为中央戏剧学院副教授,北京舞蹈学院本科毕业,并具有古代史硕士学位的他,最重要的工作是从事古代礼仪文化的研究与教学,其次是导演的身份,最后才是演员。

在《甄嬛传》中,张晓龙就同时担任该剧的古典礼仪指导。其实,从陈道明主演的《卧薪尝胆》、张艺谋导演的《满城尽带黄金甲》到周润发主演的《孔子》、吴宇森导演的《赤壁》以及徐克导演的《狄仁杰之通天帝国》,张晓龙都在幕后做着古典礼仪指导工作,让这些古装大片呈现出更鲜明的古典气息。

作为传统文化"发烧友"的张晓龙也一直致力于用现代人能接受的方式推广传统文化,尤其是让年轻人了解、接受和喜爱传统文化。报告会现场,身着现代服饰的张晓龙如"温太医"一般温润、谦和,虽是解析中国优秀传统文化,但言语时尚幽默,毫于晦涩之感。张晓龙反复强调,礼仪首先要抱有尊重的心,身体才能表现出对别人的尊重。在谈到对传统文化的传承时,张晓龙以古代掩樽而饮与现代掩嘴剔牙、笑不露齿等相类比。

张晓龙还现场示范了一些传统礼仪。只见一男一女两名身着汉服的学生走上前台,张晓龙手把手地教他们学习了拱手礼、作揖、福礼等古代礼仪。

也许是张晓龙大学老师的身份让同学们倍感亲切,除了传统文化外,同学们还现场和他讨论起大学生活来。"您的学生翘课了,怎么办?""您在大学时代,是如何平衡学业和娱乐活动的呢?""我要去找工作了,穿什么好呢?"一位同学的"甄嬛体"提问"近日甚觉夏乏,太医可有良方?"更让人忍俊不禁。而在回答同学们关于如何保养皮肤的问题时,张晓龙则告诉同学们不要上网熬夜,保证充足睡眠,多喝水,颇有为人师表的意味。

现场张晓龙的粉丝不在少数,得知张晓龙来校做报告的消息,有些同学早就在微博上和他互动起来。粉丝们还提前为他制作了一本精美的影册,其中粘贴着近百张便利贴,写着对偶像的喜爱。"十年一刻,感谢有你","你为滨江吹来了一股古韵味之风","我们追的不是普通的明星偶像,我们追的是一种品质和精神","你,敬业之道为古文化,把拍戏当副业"……张晓龙也没让同学们失望,现场派送了百余张签名门票和签名照。虽然不少同学冲着"温太医"而来，但听完报告，却开始为中国传统文化着迷。"没想到传统文化这么生动有趣。"滨江学院会计学专业的徐栋杰同学说。上台学习古代礼仪动作的同学更显兴奋，"礼仪这种直观的形式，为我们认识和理解中国传统文化打开了一扇窗"。而这，正是学院举办这场报告的初衷。

2012.5.28　中国江苏网

### 南信大滨江学院校友助建母校就业示范班

本报讯（记者　孙陆培　通讯员　万卫华）近日，南京信息工程大学滨江学院校友王静回到母校举行仪式助建就业示范班，100名2016届毕业生经过笔试、面试，正式成为就业示范班的首批学员。

王静是南信大2012届毕业生，两年前创业成立了专为大学生就业服务的南京绿莲公司。本次她助建就业示范班，是为了回报母校培养之恩。据悉，该示范班今后将为学员们义务提供技能培养、就业推荐等一系列服务，帮助学员迅速提升职场意识，提高就业实用技能，缩短从学校到社会转换的适应过程。

2015.11.13　《江苏教育报》

### 创业从竞赛开始—江苏大学生"挑战杯"竞赛见闻

"这种医疗救护机器人，可用于检查病房，还能在紧急时刻搬运药品。"伴随着南通大学学生王小龙的介绍，地上一个机器人灵巧地绕过障碍物，拾起身旁一盒药品，向前走去。王小龙告诉记者，因为看到许多心脏病发的老年人不能取药自救，团队萌生了研究这个医疗救护机器人的想法。

这是江苏大学生"挑战杯"竞赛上的一幕。6月6日，来自江苏75所高校2000余名师生代表，带着194项创新作品齐聚淮阴工学院，进行为期两天的竞赛、展示和交流活动。

"夏天，车只要露天停上半小时，车内就酷热难耐。我们的作品就是要解决这个问题，让车载空调在汽车不发动情况下也能运转。"在大赛现场，南京信息工程大学大二学生刘戍微，正介绍团队耗时半年研究成功的"太阳能汽车辅助空调"。"这种车载空调直接利用太阳能，经济又环保，通过进一步研究开发，甚至可以取代使用汽油的车载空调。"刘戍微说，团队已经在和江淮汽车公司讨论合作事宜，如果顺利，该太阳能汽车辅助空调将实现量产。

东南大学学生设计组装出方程式赛车、南京理工大学学生研发出能在野外用太阳能净水的便携式净水器、江苏师范大学学生研发出如何利用农业废料生产生物絮凝剂……一项项别出心裁的参赛作品让现场评委和观众赞不绝口。淮阴工学院党委书记章跃说:"挑战杯大赛不仅仅是项目作品的比拼,更是创新创业精神的培养与交流。高校要以创新促创业,让培养出来的学生既有创新求变的头脑,又有实干创业的魄力。"(本报淮安6月6日电　本报记者　郑晋鸣　本报通讯员龙馨泽)

2015.6.7　《光明日报》

### 跨越十省寻访"老气象人"

中青在线讯(校媒记者　夏禹圣)今年暑期,南京信息工程大学滨江学院启动了"万千气象看人生"走访老气象人活动。10名带队老师和29名学生历时6天奔赴西藏、甘肃、福建等十省,对老气象人进行寻访。

他们在青海登上了海拔3816米的中国大气本底气象基准观测台——瓦里关气象台。前往西藏那曲采访了白玛多吉夫妇和索朗多吉夫妇这两对"气象夫妻档"。贵州湄潭县、黑龙江漠河以及甘肃黄土高原还有福建等地,都留下了师生们寻访的足迹。

在寻访中,学生们深刻感受到了气象工作者的辛苦;青海瓦里关气象台的观象员忍受着高原反应与恶劣天气;新疆的沙志远在边疆工作38年;黑龙江的气象工作者们用"大兴安岭"精神战胜严寒与霜冻……每一位气象人都经历着艰苦的工作环境,但却用自己的几十年的青春坚持着为气象事业贡献。

队员田欣表示,自己第一次感受到气象人为从事的事业投入的热忱与执着,深深沉浸在他们成就当中。这种对人生信仰的坚持,正是当代学子所缺乏的——气象人精神。

2015.8.31　《中青在线》

### 南京信息工程大学开展"万千气象看人生"实践活动

为进一步贯彻落实《教育部、中国气象局关于加强气象人才培养工作的指导意见》,建立培育践行社会主义核心价值观的长效机制,创新气象教育和人才培养形式,强化气象文化的教育和宣传,大力开展"三感"教育,提升学生对气象事业的认知和情感,弘扬新时期气象精神,南京信息工程大学滨江学院组织开展"万千气象看人生"实践活动。

在出征仪式上,该校滨江学院负责人要求,要认真实践,力求实效。实践队员要珍惜机会,在实践过程中紧扣主题,深度挖掘人物的典型事迹。要及时总结,广泛宣传。形成有深度、有内容的新闻报道,通过广泛宣传扩大实践效果。活动结束后,各支队伍要认真总结,撰写访谈录和调研报告,制作实践活动展板。要严明纪律,团结协作。团队成员要树立高度的纪律意识和安全意识,带队教师根据工作职责要求认真落实各项工作,同学要遵守团队纪律,尊重带队老师的安排,按照团队既定计划行动,认真完成各项采访任务。出征仪式上还向十个团队代表发放了实践手册并赠授实践小分队队旗。

此次实践活动以创新气象教育和人才培养形式,强化气象文化的教育和宣传为宗旨。实践活动于6月下旬启动,该校滨江学院党委积极与中国气象局沟通,与黑龙江、福建、贵州等十个省份气象部门就人物遴选、采访内容、行程安排等进行了无缝对接。6月底在学院范围内组织发动,确定带队教师,选拔学生志愿者。经过学院及学生组织推荐,笔试和面试,最终遴选出29名具有新闻写作和摄影专长的优秀志愿者参与到本次活动中。7月9日对团队成员进行人物采访培训和安全教育培训。7月13日各团队奔赴各实践地区开展为期一周的实践活动。其中,每队由一名教师带领3名学生,分赴黑龙江、福建、贵州、青海、新疆等10个省(自治区)气象部门,在实践中感悟气象人员的精彩人生,践行社会主义核心价值观。

2015　江苏教育网

### 在3816米高原感受风云变幻　南信大师生走进青海瓦里关观象台

中国江苏网7月21日讯(通讯员　许玥丹　姜崴　郑潮　记者　罗鹏)这里是"云顶的观测点",高寒之地,人烟稀少。这里有一群"云端的观测员",不惧体力和精神的双重挑战,扛下为地球测量体温的重担。7月15日,南京信息工程大学滨江学院大学生"万千气象看人生"暑期社会实践活动小分队走访了中国大气本底基准观象台(又称"瓦里关全球大气本底站",以下简称"观象台")。

观象台位于青海省海南藏族自治州瓦里关,海拔3816米,是青海最艰苦的台站之一。滨江学院师生4人长途跋涉来到这里,据了解,此前尚未有其他大学生实践活动将这里作为目的地。

观象台海拔高、气压低、人烟稀少。由于常年被云雾包围,这里被称作"云顶的观测点",这里的气象工作者被称为"云端的观测员"。自1994年建台以来,观测团队日复一日、年复一年,坚守在这高寒之地,采集着温室气体数据。每一次换班都要经历痛苦的高原反应,忍耐环境给身体带来的不适,耐住性子与寂寞打着持久战,挑战艰苦孤独的工作环境。今年5月23日,以该观象台研究员德力格尔为代表的温室气体本底浓度观测团队荣获周光召基金会气象科学奖(团队)。老气象人德力格尔深情地说:"这奖不属于我,它属于集体,属于瓦里关。"

据悉,此行是南信大滨江学院"万千气象看人生"走访老气象人活动的其中一站。该活动共分 10 个团队,每队由一名教师带领 3 名学生,分赴黑龙江、贵州、青海、新疆、西藏等 10 个省(自治区)气象部门,开展相关活动。

2015.7.21 《中国江苏网》

## 青藏高原上有一群"为地球量体温"的人

在青海省海南藏族自治州瓦里关,有一座被称为"云顶的观测点"的观象台"瓦里关全球大气本底站",观象台的海拔高达 3816 米,是青海最艰苦的台站之一。高寒之地人烟稀少,但却有一群"云端的观测员",不惧体力和精神的双重挑战,扛下为地球"量体温"的重担。近日,南京信息工程大学滨江学院的学生们前去探访了瓦里关全球大气本底站。

### "云端的观测员"不仅测数据还要修仪器

瓦里关矗立着世界气象组织在欧亚大陆唯一的全球大气本底基准观象台,同时也是世界气象组织全球大气观测系统的 30 个大气本底基准观测站之一。由于每天都要采集温室气体数据,进行气候观测,因此在瓦里关观象台工作的气象人员有了个美称,叫"为地球测量体温的人"。

姜崴是南信大滨江学院测控技术与仪器专业大二的学生,第一次零距离接触高原观象台,他和小伙伴们都不约而同地出现了高原反应。海拔将近四千米的高度,观象台的工作人员生活条件的艰苦我们难以想象。姜崴告诉记者,瓦里关全球大气本底站共有 17 名工作人员,他们轮流在山上常驻。他们需要在实验室检测相关数据,如果室外的监测仪器出现故障,工作人员还要到室外进行抢修。

工作人员吴昊介绍道,精密仪器在高海拔地区容易出现故障,室外 89 米的气象梯度塔,每年检定或者出故障的时候,都需要值班人员爬上去作业。"瓦里关经常被云雾包围,由于这里太靠近云,打雷的时候都感觉地下在震",吴昊笑着说,"老同志们都说这里是云顶的观测点,我们都是云端的观测员。"

### 高原反应让他们整夜睡不着

极高的海拔让驻守在这里的工作人员都出现了不同程度的高原反应,晚上整夜无法入睡,甚至看人时都会出现幻觉。但南信大的多位校友,却一直在瓦里关坚守,为中国在全球气候会议上赢得话语权。滨江学院的学生们在瓦里关见到了多位毕业于南信大的优秀校友,"85 届的张国庆学长现在是瓦里关观象台副台长,92 届校友杨英莲是副研级高工,00 届的刘鹏是业务科科长,09 届的吴昊担任特种观测员,11 届的李宝鑫、王宁章,14 届的李明、东元祯等一批批南信大优秀人才都在瓦里关工作,我们觉得非常自豪。"姜崴说。

据悉,滨江学院的学生们走访瓦里关观象台是南信大滨江学院"万千气象看人生"走访老气象人活动的其中一站。"老气象人"是南信大和气象事业的宝贵财富,南信大滨江学院策划了此次活动。通过走访老气象人,强化了学生"三感"教育,提升了学生对气象事业的认知和情感,弘扬了新时期气象精神。该活动共分10个团队,每队由一名教师带领 3 名学生,分赴黑龙江、贵州、青海、新疆、西藏等10个省(自治区)气象部门,开展相关活动。

2015.7.21 《扬子晚报网》

# 第三篇

# 03

## │人物风采篇│

　　南京信息工程大学滨江学院在十五年的办学实践中，坚持将创新创业教育理念贯穿人才培养全过程。一方面遵循教育发展规律，另一方面依托行业优势，顺应行业发展需求。在教育实践中提出了"岗位创业与实体创业并重，培养创新创业意识、培育创新创业精神、提升创新创业能力"的教育理念。本篇主要介绍了学院办学以来涌现出的扎根基层、服务气象事业的优秀毕业生事迹以及在爱岗敬业、创新创业、志愿服务、自强不息等方面表现突出的优秀教师、在校大学生和优秀创新创业团队典型。

# 郑晓坤:践行责任 爱铸教育

个人简介:郑晓坤,女,汉族,1981 年 5 月出生,中共党员,副教授。2007 年 4 月硕士毕业后来到南京信息工程大学滨江学院担任专职辅导员,先后担任滨江学院 2005 级、2009 级、2011 级和 2013 级的本科辅导员;2011 年 9 月起担任会计系学生党总支书记兼学生工作办公室主任。曾获 2016 年全国民办高校优秀辅导员称号;2016 年江苏省高校辅导员工作案例二等奖;2015 年全国大学生百强暑期实践团队"最佳实践团队"称号;2012 年首届全国高校优秀辅导员博客网络评选"优秀博文奖";"2014 年江苏高校辅导员年度人物"入围奖;2013 年"功能教育工作法"入选江苏省大学生党建工作巡礼;2013 年南京信息工程大学"工会工作积极分子";2012 年南京信息工程大学优秀党务工作者;2012 年南京信息工程大学首届辅导员职业技能竞赛"突出技能奖";2011 年、2014 年南京信息工程大学大学生暑期"三下乡"社会实践"优秀指导教师";2011 年南京信息工程大学优秀共产党员。

有一种职业最美丽,那就是教师;有一道风景最隽永,那就是师魂;有一种情感最动人,那就是师爱。工作九年,郑晓坤老师潜心探索独立学院学生思想政治教育规律,把培育和践行社会主义核心价值观作为思想引领的主线,努力成为核心价值观的传播者、教育者、践行者。

## "补钙""正扣"建信念高地

立德树人是教育的根本任务,大学生正处于价值观形成和确立的时期,抓好这一时期的价值观养成十分重要。多年来郑晓坤依托独立学院工作实际,研究三本院校学生特点,将培育大学生的"使命感、责任感和荣誉感"落在实处,把社会主义核心价值观教育融入主题教育、校园文化和日常管理之中,内化于心外化于行,辐射传播正能量。

树理想信念,为学生精神"补钙"。"没有理想信念,就会导致精神上'缺钙'。"郑晓坤在长期工作实践中感受到独立学院学生普遍存在政治意识淡薄,对红色精神信仰不足,因此她在工作中更加注重对社会主义核心价值观内涵的宣讲解读和解疑释惑上,带领学生一起解读"习大大经典语录"、关注聚焦"两会"、解读抗战胜利纪念日等,强化对学生社会热点难点问题的正面引导,消除学生的模糊认识,增强他们践行社会主义核心价值观的自觉性和主动性。

立道德规范,为学生行为"正扣"。青年的价值观养成"就像穿衣服扣扣子一样……人生的扣子从一开始就要扣好"。面对独立学院学生思维活跃但自制力差的特点,郑晓坤注重养成教育,将核心价值观日常化、具体化、形象化、生活化。2015 年,郑晓坤作为"万千气象看人生"实践活动新疆分队的指导教师,带着三名学生跨越 3700 多公里,从祖国最东边到最西端,采访老气象人,感受天山公路,拜访 2013"感动中国"人物陈俊贵,看望奋战在一线的气象学子……他们的暑期社会实践活动被中国气象报等新闻媒体报道,在由团中央学校部、全国学联秘书处、中国青年报共同主办的"2015 寻找全国百强暑期实践团队"活动中,荣获全国"最佳实践团队"称号,成功跻身全国十强!

工作九年来,郑晓坤积极研究与探索符合独立学院办学特色和学生特点的教育方法,2013 年她研究的"功能教育工作法"将现代大学教书育人、科学研究和服务社会的三大功能与高校学生党员再教育相结合,成功入选了江苏省大学生党建工作巡礼;主持完成学校党建课题 4 项,主持参与学院党建创新项目 5 项,先后撰写了《同伴教育在高校学生党员教育中的应用研究》《论中国梦与高校大学生幸福观教育》等党建研究学术论文十余篇。

## 知行合一搭育人平台

一种价值观要真正发挥作用,必须融入社会生活,让人民在社会生活的美好中感知它、领悟它、坚信它、践行它。郑晓坤在培育和践行社会主义核心价值观工作中努力达到"知行合一",在落细、落小、落实上下功夫,积极探索深受学生喜爱的教育内容,创新学生乐于接受的教育形式,形成社会主义核心价值观的新育人平台。

将社会主义核心价值观教育落细、落小、落实。核心价值观的养成绝非一日之功,郑晓坤努力把核心价值观变成学生日常行为准则,进而形成坚定的理想信念。自 2008 年起,她坚持每年组织开展多场主题鲜明、内涵丰富、形式创新的党日活动:抓牢爱国主义教育,打造创意党员课堂、党员分享会、国家公祭日活动等;强化党员身份与责任,设立廉洁服务岗、党员服务队、宿舍服务小站等;引导党员以诚信塑造人格,签订诚信考试承诺书、创建党员诚信档案、记录党员成长手册;弘扬志愿服务精神,传递社会正能量,借助"微公益"为大别山区留守儿童募集近

6000 元款物,以特殊党团费向四川雅安地震灾区寄送价值近万元的现金及药品等。九年来,郑晓坤组织的"学生党员可信可亲可敬,校内校外形成教育合力"、"新媒体传承雷锋精神微公益凝聚正能量"等 7 项党日活动,获得校"最佳党日活动"等。

将社会主义核心价值观教育做新、做潮、做大。"新媒体是一把双刃剑,利与害俱在,它确实给辅导员工作带来一定难度与挑战,但决不能因此就唯恐避新媒体不及,视新媒体为洪水猛兽。"从 QQ、论坛、人人网,到微博、微信、朋友圈,郑晓坤依托新媒体探索核心价值观教育新路径,突破传统说教,实现"玩中学、玩中会、玩中成长"。开通党员微课堂,构建党员思想阵地,自编"感动一课",通过微信全程记录下暑期社会实践中采访 2013 年"感动中国"人物陈俊贵的经历,在分享感动中教育学生"人无信不立",让更多学生乐于接受这样的教育形式。教育活动收到良好效果。

从 2007 年 8 月份第一篇博文,到如今洋洋洒洒百余篇十几万字的资深"博友",网络带给郑晓坤表达、展示、分享的空间,也让她见识到了新媒体的威力——多元、快速、便捷、虚拟、个性,其中以辅导员工作纪实为题材的情景剧博文——《辅导员的一天》获得了 2012 年首届全国高校优秀辅导员博客评选"优秀博文奖"。

### 身正为范展榜样力量

"有信念、有梦想、有奋斗、有奉献的人生,才是有意义的人生。"郑晓坤是这样教育学生的,也是这样要求自己的,在九年的工作中,她不仅是社会主义核心价值观的传播者,更是一个实实在在的践行者。她坚持做到身正为范,用"无声教育"达到无声胜有声的效果。

她是"成长导师",为每个大一新生建立四年规划书,为每位毕业生送上留念明信片,关注学生成长每一步。"不让一个学生掉队"是她对敬业的理解。面对网络成瘾学生,郑晓坤制定"拯救计划",坚持每天上课前到宿舍叫他们起床,晚上提前等在宿舍楼下阻止他们外出包夜,一个月天天如此,网瘾学生终于被她"制服",还成了郑老师系列"拯救行动队"的一员。

她是"心灵鸡汤",学生遇到任何困难都会主动第一时间与她分享。"不让一个学生迷茫"是她对爱岗的诠释。学生因感情受挫擅自离校,郑晓坤得知其手机在火车站湖边被捡到,通宵寻找,QQ 留言,终于在近 20 个小时的焦急等待后,学生给郑老师回复,在她的关心和陪伴下,学生走出了情感误区,重新振作,毕业后进入名牌大学深造。

　　她是"真心朋友",爱生如已,短短四字却有万钧之重。"不让一个学生抱憾"是她对友善的升华。当得知自己朝夕相伴的学生患上再生障碍性贫血时,郑晓坤每天给学生发一条鼓励短信,为他举行特殊党员转正大会,助他完成学业……2013年学生病情稳定回到学校,毕业后成为一名大学生村官。

　　九年如一日,郑晓坤将全部的心思放在了思想政治教育工作上,用学生喜爱的方式、用学生擅长的技能、用学生最懂的感情、用自己对辅导员工作的热爱与执着,谱写了80后辅导员在辅导员岗位上拼搏奋斗的青春之歌。

# 徐义平:测天量地绘制精彩人生

　　个人简介:徐义平,男,汉族,1985 年 12 月出生,南京信息工程大学滨江学院测绘工程专业首届毕业生。2009 年 7 月本科毕业后到江苏省测绘工程院工作,现为国土分院控制测量队作业队长、助理工程师、分院团支部书记。参加工作以来,他一直坚守在野外作业岗位,兢兢业业,在测绘岗位上取得了突出的成绩。先后荣获江苏省测绘工程院"优秀作业员""先进个人""质量提升标兵""基础岗位操作能手",江苏省测绘地理信息局"先进个人",南京市鼓楼区"优秀共青团员","江苏省优秀共青团员"等荣誉称号,2012 年被授予江苏省"五一劳动奖章"。

　　作为一名测绘工作者,徐义平用一颗执着追求的心在基层一线岗位上默默无闻、兢兢业业地工作,以一种高度的责任感在极其平凡的工作岗位上谱写着动人的故事。

　　自参加工作以来,他始终牢记全心全意为人民服务的宗旨,继承和发扬特别能吃苦、特别能战斗、特别能奉献的测绘精神。他始终坚守在测绘外业生产岗位,从事过江苏省各种大小比例尺地形图外业调绘、江苏省"十一五"基础测绘项目省级 B、C 级 GPS 网观测、沉降网观测和江苏省二等水准网观测与数据处理,江苏省基础测绘外业航片控制测量、多个城市规划建设项目的数字化航空测图控制测量,完成国家重大工程专项"927 工程"海岛(礁)观测任务,参与多项省级基础测绘项目的生产组织工作。

## 勤奋学习强素质

　　走上工作岗位,徐义平始终把不断提高自身素质作为挑战自我的目标,自我加压。坚持政治理论学习,理论是行动的先导。在艰苦的测量工作中,他经常利用空余时间认真学习邓小平理论、"三个代表"和"科学发展观"重要思想,主动学习党的路线、方针、政策和国际国内时事政治,努力践行"三个代表"和"科学发展观"。坚持业务专业学习。结合工作实际,认真学习测绘专业的基础理论和技术知识,不断了解测绘新技术,学习与测绘专业相关的法律法规,在生产实践中不断学习相关的技术标准、技术规程等,并将学到的知识与实际工作融会贯通,在生产过程中不断提高总结,熟练掌握各种操作技巧,提高了工作效率和成果质量。坚持以身作则。其身正,不令也行;其身不正,虽令不通。作为队长,他为人正直,处事公道,大事讲原则,小事讲风格,善于开展批评与自我批评。对待其他同志既严格要求,又关心爱护,以情感人,以理服人。通过自己的行为,在作业队中形成了互帮互助,互谅互让,心往一处想,劲往一处使的工作氛围。

## 爱岗敬业求卓越

在刚参加工作时,作为一名普通作业员,他觉得不能仅仅满足于完成工作量就行,通过不断向技术骨干和老作业员虚心求教,在提高作业质量、加强作业技能方面狠下功夫,对自己完成的每一项任务求快求准求质量。不管任务的大小难易,总是尽自己百分百的努力和责任心。通过自身不断努力,得到领导和广大群众的认可,在很短的时间内迅速成长为分院的一名技术骨干。

2010年,徐义平被提拔为作业队队长,他既能合理安排好本队的作业进度,还经常指导其他作业队的生产。生产设备不断更新,他总是带头学习掌握新的生产方法,以最快的速度提高效率。2011年,徐义平负责了国家重大工程专项"927工程"的海岛(礁)测绘工作,在时间紧、任务重的情况下,带领作业队人员克服海风大、天气寒冷、住宿条件极其恶劣、人身安全不能得到完全保障等不利因素,冒着风雨坚持在海岛礁上作业,在海岛礁上作业长达一个多月的时间,吃的是面包干粮,住的是狭小的帐篷,在这些艰苦的日子里,面临着缺水、少粮,经常下着大雨,海面刮着狂风,他带领着队员们始终保持着高昂的战斗力,克服重重困难,高标准、高质量地完成测绘任务。

就在只剩下最后一个海岛的测绘任务时,天气变得相当恶劣,海面上下着大雨,掀着大浪,能见度非常低。在这种情况下,他们完全可以停止作业任务,等待天气好转再继续作业,但他知道一旦停止作业,工期就要往后拖延,会给后续工程带来不利,于是找到当地渔民了解情况,主动向单位汇报情况后租用大型船只毅然决定登岛作业,冒着生命危险,提前完成了海岛测绘任务,得到了单位领导的嘉奖。

## 任劳任怨讲奉献

2011年,正是"十二五"计划开始的一年,整个单位面临测绘任务重、生产工期紧的局面,而恰在这时,徐义平同志的爱人怀孕了。徐义平坚持工作在测绘生产的第一线,每天加班加点,无法正常下班照顾家人,爱人每月一次的孕妇检查也不能陪同,很多时候都是通过电话来关心家人。对此,家人和朋友也很不理解,可是他就是凭着对事业的忠诚和热爱,舍小家顾大家。一年之中难得休一次假,但有紧急任务,一接到电话就会立即出测,从来都不推脱,对他来说,这份工作有着沉甸甸的责任。

作为一名年轻的有朝气、有活力的共青团员,分院团支部书记,他还积极组织并投身单位的其他各项活动中,带头参加单位组织的公益活动、义务献血、各种文艺演出和体育活动,主动带领大家为灾区和困难者捐款,积极支持单位工会工作。徐义平也先后被评为鼓楼区"优秀共青团员"、江苏省"优秀共青团员"。

## 勇于创新当标兵

徐义平荣立过江苏省测绘工程院优秀作业员、先进个人等称号,2011年,在单位开展的质量活动中努力学习专业知识,跟老同志学习生产技术,在提高生产效率的同时始终坚持"质量第一"的原则,不断提高所提交测绘产品成果的质量,被评为江苏省测绘工程院"质量提升标兵"。

他不但努力提高自身的作业技术,还带领整个作业小组一起学习技术,提高大家的工作能力。只要有新的技术、规范和作业方法出来,他都会率先学习,等学会了后,再带领大家一起学习,把自己学到的技术毫无保留地教给大家。当别人在作业中遇到困难和难题时,即使他不在现场,只要打电话询问他,他都会细心地向别人说清楚该怎么处理这些问题,即使当场解决不了,事后他会查阅资料直到弄清解决方法后再教给他们。徐义平带领的作业小组每次都能出色地完成上级下达的测绘任务,他也被江苏省测绘地理信息局评为"杰出岗位操作能手",他所带的作业小组多次收到江苏省测绘地理信息局的表彰。

一名测绘战线上的普通工人,用一颗执着追求的心在基层一线岗位上默默无闻、兢兢业业的工作;一名普通入党积极分子,以一种高度的责任感在极其平凡的工作岗位上书写着青春故事,他就是江苏省测绘工程院国土测绘分院作业队长、团支部书记——徐义平。在这个需要高度责任心和奉献精神的岗位上,他善于思考、大胆创新,在工作实践中充分利用自己的知识和工作经验,参与多个重大测绘项目的生产、组织和管理,为建设美好江苏、发展测绘事业贡献了自己的力量。

# 曹鑫："五员合一"——光明村的小村官

个人简介：曹鑫，男，汉族，1989 年 4 月出生，南京信息工程大学滨江学院 2012 届物流管理专业毕业生，2012 年 7 月被选聘为大学生村官，现任宿迁市宿豫区来龙镇光明村党支部副书记。工作中，他真情投入农村，真心融入群众，主动适应新常态的网络销售渠道，把光明村打造成为农村电子商务示范村，带领群众共同致富。曹鑫先后被评为"宿迁市优秀共青团员""第三季度宿豫区村官之星""共青团优秀先进工作者"。2015 年，在全国高等学校学生信息咨询与就业指导中心开展的"奋斗·青春"大学生创业就业人物事迹活动中，入选大学生创业就业事迹宣传名单。

2015 年 2 月的一天，宿迁市来龙镇光明村的"京东商城乡村合作点"办公室内充满了欢声笑语，一位年轻的小伙子正和村民们讨论着如何网上购物、如何网上推销商品。

这一位长相帅气、戴着眼镜、略带书生气的小伙子，就是这里的大学生村官。他叫曹鑫，2012 年毕业生于南京信息工程大学滨江学院物流管理专业，同年 7 月被选聘为大学生村官，来到光明村就职，现任光明村党支部副书记。来到光明村两年多来，他真情投入农村、真心融入群众，主动适应社会主义新农村建设，做到"五员合一"，当起了"创业富民示范员""京东义务推广员""党建工作指导员""远程教育管理员"和"关爱亲民勤务员"，带领群众走致富之路，全方位服务农民群众，得到了组织和群众的一致好评，以自己的实际行动展示了当代大学生"村官"的时代风采。

## 创业富民示范员

怀着对家乡的热爱，揣着建设社会主义新农村的热情，到任伊始，为了尽快进入角色，曹鑫在其他村干部、党员同志的帮助下，深入乡村社区，走访村庄，实地考察当地经济发展状况，倾听民情民意。最让他意想不到的是，这个看似平凡无奇的村子,却出了个京东商城的掌门人——刘强东。

刘强东的成功案例深深地打动着这个平凡的小村官。做村官就要为民谋福利,就要带领村民共同走上致富之路。意气风发的曹鑫发现村里有好几户农户都在搞水产养殖,但都是以传统淡水鱼为主。曹鑫查阅了很多资料,通过实地考察,2012 年 10 月,通过向父母、亲戚朋友筹集,个人投资 35 万元成立了宿豫区梦想水产养殖场,专门养殖八须鲶鱼,并聘请村里 5 个劳动力专门负责打理这个养殖场,为他们解决了就业问题。这个小小的养殖场,投入多,但养殖的鱼产品却与众不同,吸引了村里水产养殖户的关注,他们都觉得这个大学生村官胆子大、有想法。在他的带动下,村民们发现水产养殖还是大有前景的。

曹鑫敢作敢为的作风,赢得了当地村民的信任,很多村民遇到困难就主动找他出主意,有的村民就谈到自家的有机大米、土鸡蛋等农产品在手中积压,销不出去。曹鑫突然想到,大学期间参加物流管理专业实习时,老师讲过未来电子商务平台将成为产品销售的主要渠道。曹鑫利用自己的专业优势,上网查了很多资料,经过深思熟虑,提出了在村里创立电子商务销售平台的建议。他找到村支书谈了自己的想法,很快这个建议得到了村里干部群众的认可。2013 年 10 月,他和村支书李江共同出资 100 万元成立了"来龙光明村电子商务有限公司"。通过网络来销售农副产品,村民们的有机大米、土鸡蛋、水产等有了新的销路,不再滞销,生意都在网上做,更方便了,钱也赚了许多。尝到了甜头后,他们又开始将产品扩大到日用百货、服装、工艺品等。2014 年以来,公司销售额累计突破了 1000 万元,解决了村里 15 人的就业问题。很多之前持观望态度的村民也都开始请曹鑫帮助他们一起在网上开店。同时,曹鑫还在淘宝网注册了"鑫艺至上特产店",作为销售光明村"羽姬牌"有机大米的唯一网络销售渠道,光明村的大米开始走向了全国各地。

宿迁日报等媒体多次采访了这个敢闯敢拼、带领村民走向致富道路的年轻人,而光明村的发展模式也开始在其他地区得以推广。2015 年,曹鑫被评为区工作"先进个人"、"全市大学生村官'年度之星'"、"宿豫区第二届'十优青年创业之星'"等。

## 京东义务推广员

作为刘强东的家乡,"网络无所不能"的理念却并没有影响到这里的村民。看到村民还是用传统的进城、跑商场购物,凭借着京东商城的"电商下乡",建立"京东商城乡村合作点"的东风,曹鑫开始给村民们普及网上购物,当起了京东的义务推广员。从收集当地信息,宣传京东品牌,指导村民注册账户,引导村民下单,到协助搞好物流工作。最初，一些村民并不能接受这一新生事物，没见到东西就得付钱，实在不放心，有的还有抵触情绪。曹鑫就利用走访村民的每一次机会，把电商知识送进寻常百姓家，还亲自示范给大家看。但是很多村民还是将信将疑，有的不会操作，曹鑫就主动教他们操作网上购物，一个月内他帮助村民网上购物323次，金额达4万多元，他的一个笔记本上密密麻麻地记录着村民购买商品的记录，村民们购买的东西小到卷纸等生活用品，大到冰箱等家用电器。渐渐地大家都觉得这小伙可信，网上购物很便捷，慢慢地愿意接受他的建议，如今各种网货纷纷走进了光明村村民的生活中。

任劳任怨，不怕吃苦，曹鑫成功地把"京东商城光明村合作点"打造成了全区的示范合作点，该村的京东推广工作也登上了人民日报的版面。曹鑫也被评为"宿迁市优秀共青团干部""第三季度宿豫区村官之星""共青团优秀先进工作者"。

## 勤政爱民"服务员"

做村官要保持与党员群众的密切联系，做好党建工作的指导员和远程教育的管理员。作为光明村的党建书记，曹鑫需要负责繁杂的党务工作。他每个月5日之前都要和村干部一起及时更新政务公开内容，及时让群众了解到上月的各项工作开展情况；在每个月20日的党员统一活动日，他组织全村的党员参与活动，商讨发展规划。

利用现代远程教育平台为党员播放远程教育片，主动了解党员群众的学习需求，有针对性地进行网络搜集、按需施教；利用自己在大学所学的知识，曹鑫经常为村里面调试设备、排除故障、检查保养等，被村民们拥戴；在平时，他会及时将政策新规、农业技术以及党员先进事迹等进行宣传，为村民们提供零距离的细心服务，凝聚了人气，赢得了民心。

做村官就要主动服务群众，为民办实事，为民解纷扰。一次，在走访的过程中，曹鑫了解到一户村民深陷困难之中，患有尿毒症的户主受病痛折磨，长时间无法自主行动。为了帮助这个家庭，他组织爱心募捐行动，主动带头捐款，并号召大家伸出援助之手来帮助困难户解决困难。中秋节那天，他将爱心款送到了该户村民手中，不善言语的一家人泣不成声，用这种无言的方式感谢村里的每一个好心人，感谢曹书记为他们解决困难。日常生活、工作中，曹鑫总是热情地帮助群众解决难题，老百姓亲切地称他为"关爱亲民服务员"。曹鑫始终相信集体的力量是强大的，只要全村人民齐心协力，就没有克服不了的困难。

如今，依托"来龙光明电子商务有限公司"，以销售生态绿色农产品和特色手工艺品为突破口,曹鑫正在带领着村民争取将光明村打造成为农村电子商务示范村,从而朝着实现自己的人生价值和伟大的"中国梦"迈出了更加坚定的步伐。

一分耕耘,一分收获。曹鑫担任村官以来表现突出,获得了当地市、区级荣誉有九项之多,不但得到了组织和领导的认可,更得到了广大村民的拥护。村官的工作,任重而道远。在光明村这个广阔的舞台上,他不负众望,正带领村民们向致富之路不断迈进。

曹鑫说:"农村这个广阔天地,是我们大学生村官最好的舞台,我们要利用好这个舞台去促进农村发展,让农民受益。"

# 王静：执着追梦"小女生"变身创业先锋

　　个人简介：王静，女，汉族，1990年2月出生，南京信息工程大学滨江学院2012届网络工程专业毕业生。毕业后，她带领几位女大学毕业生，创办了国内第一家专注于女大学生就业的科技型企业——南京绿莲网络科技有限公司，专门从事大学毕业生就业指导公益项目。《扬子晚报》《金陵晚报》《南京日报》《江苏新财经》等各大媒体先后对"绿莲"创业者们的事迹进行了采访报道，2014年成为南京市人社局"就业指导校园行"唯一合作伙伴，为南京40余所高校做了80场公益讲座。

　　出生于苏北农村的一个普通女孩，但却没有90后女孩身上被"标签化"的任性和自我，她满怀着对未来的追求和向往，充满着创业的激情。毋庸置疑，90后大学生毕业后选择创业之路的不在少数，但真正能坚持、能最终取得成功的却为数不多，王静做到了。作为一个女大学生，她凭借自己的热情与执着，创办了国内第一家专注于女大学生就业的科技型企业——南京绿莲网络科技有限公司，并且把公司办的风风火火、有模有样！

## "小女生"怀揣"大梦想"

　　其实，和大多数女同学一样，王静刚上大学时，并没有想过今后该做什么，该往哪里走，这种状态一直持续到大三上学期，当班里一部分同学确定了考研目标，并努力为之奋斗的时候，她开始思索自己的人生规划，但却处于迷茫的状态，这时的她，特别希望能有一个专业人士来为她指点迷津，帮助她走出迷茫。正是此时，抱着努力一试的心态，报名参加了滨江学院举办的"挑战杯"创业大赛，也正是这个比赛让她的生活从此发生了巨大的改变。她的"一苇渡职业规划"创业计划在大赛中脱颖而出，不仅将创业大赛"最佳创意奖"收入囊中，也由此萌发了自主创业的念头。这次创业大赛的成功参与，也成为王静创立"绿莲"科技最初的因素。但作为一名在校大学生，创业评委的点评点醒了她："如果今后真想创业，最好先实习和工作一段时间,多积累人脉关系,多学习管理经验,等时机成熟之后再开始创业。"她把评委的话放在了心上,也把自主创业的想法埋在心中。

虽然没能从萌生创业想法就走上创业之路,但王静也因为这次创业大赛中的突出表现和特别创意,使她获得了一个暑期实习的机会——到南京外商网络科技有限公司实习。她在实习期间工作认真,踏实肯干,因表现优异而在一年后正式毕业时留任公司,担任公司外联助理一职,负责与公司外籍客户沟通联系,沟通、组织、管理等各方面的能力在工作中得到锻炼和提升,这一切都是她为自己的创业梦想而努力的积累期。

## "小细节"决定"大未来"

王静在南京外商网络科技有限公司工作期间,十分注意公司的发展运作模式,并因此积累了一定的组织管理经验,结识了今后共同创业的伙伴胡玲。虽然她们都有了在别人眼中看来是不错的工作,但她们却关注到很多女生在求职过程中或多或少会遇到的一些就业问题,她们的朋友都有着和她们一样的遭遇,很多同学因为不确定自己的就业方向、不知道适合什么工作,往往难以找到满意的工作。于是,她们开始有了"我们要做一个专为女大学生就业指导服务的平台,专门帮助在校大学生解决就业疑惑,实现高质量就业"的想法。此时,王静的心中,埋藏着的创业梦想开始发芽。

工作期间,王静参加了与青奥会组委会合作的"迎青奥义务植树活动",在与多名外籍青年交流的过程中,她感受到中国教育与外国教育的差异,外国的学生在大学期间有明确的职业规划和就业目标,并朝着这个方向不断努力,在大学毕业后条件与能力兼备,能够顺利进入职场。但我国的大学生在这一方面能力十分缺乏,绝大部分大学生没有明确的职业规划与定位,尤其是女大学生,即将踏入工作岗位时依然处于职业迷茫期,她们在找工作过程中更是屡屡受挫。一方面企业并不是不需要毕业生,而是毕业生达不到他们的要求;另一方面是毕业生们不知道自己适合何种工作而在就业路上徘徊。王静越来越清晰地找到自己的创业目标:"做一个专门为大学生就业指导服务的平台,专门帮助在校大学生解决就业疑惑,从而实现高质量就业"。

与在国外教育人士接触中,王静也了解到国外先进的就业理念和就业模式,并把这些模式吸收过来。为了解自己创业项目的可行性、精确定位市场,王静在创业指导老师的帮助下,精心设计了一份就业指导调查问卷。为完成调查,王静到附近几所高校食堂、宿舍、教室及校园路上散发调查问卷,并口头询问着大学生们的创业观念等。最后,王静共发放了2000多份针对大学生就业现状的调查问卷。结果显示,90%的大学生对高校提供的就业指导服务不是很满意,尤其是女大学生的就业更加困难。她从调查中看到了巨大的市场需求。另外,根据2010年全国妇联发布的《女大学生就业创业状况调查报告》显示,女大学生平均投9份简历才能得到一次面试或笔试机会,91.9%的女大学生感到用人单位存在性别偏见,女大学生就业成为无法回避的社会问题,这些却坚定了王静创业的决心和创业的方向。

由此,王静开始踏上了她艰苦的创业之路。

### "小事业"倾注"大爱心"

虽然王静有了创业的目标,但缺少项目启动资金、缺少企业经营实战经验、缺少创业团队,这样的创业难免会成为空中楼阁。但因为她参与了南京易时代智能数据有限公司("321"人才企业)的创办,从公司成立之初的手续办理到新办公室的配置及办公用品的采购,经过了网上调查、性价比测算以及去工厂进行价格谈判的全过程,伴随着易时代的一步一步从无到有的成长,经历着公司创办发展的每一个阶段,为她新公司的创办打下坚实的基础。为了解决项目启动资金的问题,同时为显示自己对"莲之出淤泥而不染,濯清涟而不妖"的喜爱,她以"绿莲网络科技有限公司"为名注册,申请了10万元的大学生创业贷款;为解决公司网络建设问题,她以为其他公司提供跑腿服务换来他们的网络技术支持如微信平台的开发、网站的完善及一些礼仪方面的培训;这期间,也因为有了创业导师的支持而提供借用的一间30平方米左右的办公室,在几张桌子、几把椅子、简单盒饭、没有加班费的艰苦条件下,王静的"绿莲"公司一步一步发展起来。

为了促进公司的发展,王静为"绿莲"公司制定了进军高校就业市场的计划。第一步做的就是将"就业大篷车进校园公益活动"开进大学校园,邀请企业老总、人力资源经理到学校,为大学生提供"一对一"的就业政策咨询、就业规划指导、实习岗位咨询、简历当面修改等服务,为大学生就业问题提出针对性的分析和指导。

第一次与南京财经大学红山学院合作时,由于学校临时调整,活动准备时间从原来的15天变成4天,这让王静和她的团队成员们有些措手不及。但她并没有被困难吓倒,四天内每天来回奔波,登门拜访近10位企业老总和人力资源总监、与南京市毕业生就业指导中心对接、联系院校领导确定活动场地和参与人员、联络媒体、网络和校园全面宣传、确定活动当天志愿者团队并对团队进行培训、布置活动会场,在这四天里每天休息不到3个小时,像女战士一样在奋力战斗。当然,她的辛苦没有白费,最终活动当天有10位企业老总和人力资源总监到现场支持,参加活动的学生达到500多人,是先期报名人数的2倍多。活动的规模和效果不仅得到了学校的认可,也受到其他学校的关注。队员们于是将就业指导活动开展到其他各高校,全面覆盖南京大学生就业指导服务市场。

2013 年年底,"绿莲"公司联合南京市人力资源与社会保障局,承接"就业指导校园行"大型公益活动,作为唯一的合作伙伴,为在校大学生提供职业生涯规划、简历修改、面试指导、无领导小组讨论指导等各种互动活动。另外,每个月都会把南京市的招聘会及招聘信息通过公司网络平台发布出去,为大学生们免费提供就业信息。作为"绿莲"公司的创办者,王静受到地方媒体的关注,金陵晚报、南京日报、扬子晚报等各大媒体都对她作了专门采访报道。

目前,"绿莲网络"仍处于初创阶段,业务规模已达到服务南京近 40 所高校,上半年活动已达 80 场。在 2015 年上半年的南京市优秀项目遴选中获得一等奖。接下来将继续拓展市场,在立足南京高校的基础上,展望江苏省高校,与江苏省教育相关部门合作,在大学生就业、创业新模式上探索出新路径,为更多大学生提供高质量的服务。

一路走到现在,王静说"虽然创业的路是艰辛的,但是创业至今的成果也是令人欣慰的,而且我打心底想为女大学生做点什么,或许我选择了最难走一条路,但我的目标就是成为女大学生就业服务平台的'女马云',虽然我现在也有很多困难,但只要想到我背后有那么多的女大学生给我支持,我就充满力量,对于我坚持的创业,我愿意奉献我的青春,做一点有意义的事情,我和我的团队,也会怀着帮助女大学生高质量就业的信念,一直走下去,我相信我们的梦想一定会实现!"

# 韩耀:科协主席的"大学狂想曲"

个人简介:韩耀,男,汉族,中共党员,1992 年 4 月出生,南京信息工程大学滨江学院 2012 级物联网工程专业学生。在校期间担任过南京信息工程大学大学生科学技术协会主席,荣获 2015 – 2016 年度江苏省"优秀学生干部"荣誉称号,申报全国专利三项,荣获 2013 年度南京信息工程大学科技创新先进个人荣誉称号;担任青奥志愿者,是南京青奥会 198 名颁奖升旗手之一,荣获第二届夏季青年奥林匹克运动会优秀颁奖礼仪志愿者、文化宣传之星称号,以及南京信息工程大学最美青奥名片荣誉。在创新创业中,获得"邮储银行杯"江苏青年创新创业大赛三等奖,第七届"创业姑苏"青年精英创业大赛优秀创意奖等奖项。

几乎每个人的大学初始,都有一个关于未来的遐想。即将到来的大学生活,会是怎样的一段故事呢?而对于韩耀同学来说,大学的四年,就是一段不断在寻找自我价值的路程。无论是优秀学生干部、科学技术协会主席,抑或是中共党员,甚至是青奥会的颁奖升旗手……每一次的光芒绽放,都在告诉这个世界,他是一个不俗的少年。

## 平淡绝不是风格

上帝是忙碌的,无暇顾及这世上每个人的生活。对于韩耀来说,一切都是要自己争取的。热爱科学的他,在各大学生组织中,找到了属于他自己的位置。进入校科学与技术协会的韩耀,凭借着自己独到的想法与较强的组织能力,从干事到部长,再到最后担任了校科协主席。在科协任职期间成功组织和参与了多项活动,并在自己的科技创新路上奋勇前进,先后申请了全国专利三项,荣获了 2013 年度南京信息工程大学科技创新先进个人荣誉称号。荣誉背后,但他并没有因此松懈,因为兴趣加努力是最好的搭档,所有付出的汗水终将得到回报。"邮储银行杯"江苏青年创新创业大赛三等奖、第七届"创业姑苏"青年精英创业大赛优秀创意奖等奖项就是对韩耀不懈努力的最大回报。

　　尽管科学研究对韩耀同学来说占据了很多时间,但是他依然想做得更多。

　　对于每个人来说,之所以会进步,很重要的一点就是不甘于现状。对于韩耀来说,大学的时光是那么的宝贵。平淡地度过大学的四年,好似一场梦,但是梦,每晚都会有。实实在在的奋进历程,不是日日夜夜都会有的。2008 年,正好赶上了一场盛宴,南京青奥会的来到,给了韩耀又一次展现自我的机会。怀着一颗滚烫的心,韩耀报名参加了青奥会志愿者选拔。在无数的候选人中,韩耀靠着自己不怕苦、不怕累的个人魅力,脱颖而出成为一名光荣的南京青奥会升旗手。为期七个半月的升旗手训练,对于每个优秀的升旗手来说都像脱了层皮。特别是作为升旗班小队长的韩耀,一次升旗失误都是对国旗所在国家的不尊重。所以,他对所在的小班要求是"零误差"。终于,在颁奖的最后一刻,当他带领着他的队员,手捧庄严的国旗走向升旗台,当鲜艳的旗帜迎风飘扬,韩耀实实在在地感受到强大的荣誉感。

## "疯狂"绝不"疯癫"的想法

　　如果要总结韩耀的四年,可以用这些词来概括:创新、提升、服务。对于物联网专业的他来说,可接触到许多最新最前沿的高科技知识,然而这些先进的知识被韩耀掌握的结果,就是锻炼了他许许多多的创新思维。他总是能将所学的知识与他的兴趣相结合,做到与众不同。他有一句座右铭:"莫问前路凶吉,但求落幕无悔。"对于每一个努力钻研的人来说,坚持总是可以让他走到最后,时间是最好的良药,它不会抛下任何认真对待它的人。对韩耀来说,创新的秘诀就是多思考,靠着日常知识的日积月累,举一反三,再加上无数次尝试,理所当然就可以得到许多别人想不到的结果。

　　当然,对热爱创新的他来说,乌托邦式的空想是完全没有意义的。他总会抓住很多机会,做着提升自己的事。那些年,他总爱走出校园,感受外面世界的广阔,无论是参加各种各样的专业科普活动,还是与其他高校那些志同道合的同学交流,每一次的学习经历都是他最宝贵的财富。就是靠着这种对自我的不满足,促使他对自己的要求越来越高,这也是他脱颖而出的理由。

## 用爱"反哺"社会

　　在韩耀眼中,许多大学师生都是帮助过他的伯乐。他深深地知道,他的今天,都是得到很多人支持鼓励得来的。于是,他学会了运用自己的资源,用自己的方式,服务他人、奉献社会。用他自己的话来说:"作为大学生,社会培养了我们,因此回报社会将是我们生活的一部分"。在科协工作期间,无论是担任干事,还是担任主席一职,他都秉持着一颗平常心,这也是他深受老师和同学们喜爱的原因,大家有什么困难都愿意与他分享倾诉,韩耀也很愿意在自己力所能及的事情上帮助身边的每一个人,向身边的人传递了社会正能量。

在韩耀的世界观中,服务他人总是在他的思想中占据着很重要的地位。每次他与我们分享他那些奉献自我故事的时候,总是显得那么快乐,那么自然。

## 坚持"改变的力量"

如今韩耀已经大学毕业,就职于一家大型 IT 企业。他说:"有时候会孤独,有时候会迷茫,有时候甚至想放弃,但是心不可以冷,一定要坚持改变的力量。"从他的故事中,我们懂得了一个道理,每天的太阳照常升起,新的一天又会重新开始从他的话中,我们得到启示,也许买菜不需要高数,但高数会决定你去哪里买菜;也许与人交流不一定需要英语,但英语会决定你和哪些人沟通。是的,我们虽然有梦想,但总是不知道下一秒的自己会在什么样的地方,和什么样的人交谈,一切取决于我们所上升到的高度。

在提升自己的同时,也要学会思考。世界之所以变得五彩缤纷,一切都始于各种各样独特的想法。韩耀用他自己的经历告诉我们,不要对于我们那些时而冒出的灵感置之不理,因为你永远不知道一个婴儿以后会变成什么样;在我们脑海中时隐时现的创新想法也是一样,也许下一秒就会变成改变的力量。

天行健,君子以自强不息;地势坤,君子以厚德载物。韩耀就是一个在创新之路上一往无前的青年,一个乐于服务他人与社会、传播正能量的青年,一个充满对未来美好憧憬的青年。

# 张求应:追梦遇见更好的自己

个人简介:张求应,男,汉族,1991 年 10 月出生,南京信息工程大学滨江学院 2015 届应用化学专业毕业生。在校期间,他勤奋刻苦,每年都获得学校奖学金和"三好学生"称号,他善于钻研,一心投入科学实验,先后发表四篇 SCI 论文,在光催化剂研究方面取得重要进展,以第一作者身份在晶体学方面顶级期刊 *CrystEng-Comm* 发表学术论文 *Controllable growth of novel BiPO4 dendrites by an innovative approach and high energy facets – dependent photocatalytic activity*。2015 年,他先后通过 GRE 和托福考试,被美国克莱姆森大学全额奖学金录取硕博连读。

他从南师附中毕业,高考中从千军万马的独木桥落下;他申请去美国三流的社区学院读本科,签证却被无情地拒绝;他再一次鼓起勇气,复读参加高考,可是高考的洪流依然没有让他平稳地走到那座很近却又很远的桥头彼岸。

他本科四年发表四篇 SCI 论文,其中第一作者一篇;他接连通过 GRE 和托福考试,被美国克莱姆森大学(全美排名 62)全额奖学金录取硕博连读。四年完成华丽转身的他,就是南京信息工程大学滨江学院 2015 届应用化学专业的张求应。

时光的滚轴拨回到 2011 年 9 月那个秋季,军训的号角声荡漾在校园的每一个角落。张求应带着两次高考的遗憾走入了南京信息工程大学滨江学院。然而,遗憾已是过去式,在别的同学还在畅想着大学的缤纷生活与青涩爱情时,两次高考的失败让他在步入大学的第一天就有了坚定的目标——争取全额奖学金去美国大学深造。所以,在军训后正式上课的第一天,晨光微露,操场上就走来了一个身影,一个背诵着新概念英语的同学。第一天晚上,大学生活的青春荷尔蒙充斥着每一间宿舍的时候,他却独自一人坐在图书馆里埋头预习复习。因为他知道,出国深造的路上不是一片坦途,也不是社会上所误解的那样,有钱就能去。尤其是去美国读博士,更是对日常成绩、英语水平、科研经历等各方面都要求很高。正是在这种压力下,当别人还在梦乡时,他已在操场徘徊;当别人在宿舍游戏时,他依然泡在图书馆。

## 马遇伯乐跑千里

大一第一学期结束时,张求应同学向他的《无机化学》课程肖琼老师提出,想进入学校一些教授的实验室积累科研经历,希望老师帮忙。在肖老师的热心帮助下,很快就把张求应推荐给了环境科学与工程学院滕飞教授的实验室。滕飞教授主要从事光催化纳米材料的研究,在业内小有名气。当时,滕老师的课题组刚刚组建,实验设备也并不完善,作为还是大一新生的张求应便懵懵懂懂地走入了这个将会影响他整个人生的课题组。当时课题组的同学都是本部一本——应用化学的优秀学生,每个人的基础知识水平都很出众,在这样的环境和氛围下,张求应并没有惧怕,在滕老师的鼓励下,开始了自己的科研道路。从刚开始翻着字典一篇篇地阅读英文文献,到小心谨慎地进行第一次实验,这个过程就花费了半年多的时间,因为一个良好的实验和阅读文献习惯是今后科研的必备基础。

在经历大一暑假和大二上学期的钻研,张求应同学的成果没有任何起色,看着身边的师兄师姐们都在准备撰写自己的论文,他对自己产生了怀疑,认为自己的智商是不是真的不如别人。而这时,滕老师再一次为他指明了方向:任何一个科研工作者的研究道路都是坎坷的,只有坚持不懈,才能柳暗花明。带着这样的将信将疑,张求应总结了自己以往的实验过程,认真反思了其中的优缺点,从别人的文献中发现不足与亮点。在大二下学期,首次合成出了六叉及雪花状的磷酸铋光催化剂。这个微观形貌在磷酸铋光催化剂不多的形貌中别具一格。同年,在清华大学组织的 2013 年光催化学术研讨会中,张求应所做的成果通过海报的形式进行了展示,并在滕老师所作的报告中重点提及,得到了与会院士、专家的好评,对所研究出的形貌倍感兴趣。

从清华大学的学术会议回来后,张求应更加细致地研究六叉和雪花形貌的磷酸铋光催化剂的各项性能和性质。温度控制实验、时间控制实验、PH 值调控实验……在实验室有时一坐就是一个通宵,师兄师弟们都称此为"包夜"。所以,在滕老师的课题组,不仅仅是张求应,其他同学们经常会争着今晚谁去"包夜",因为"包夜"就意味着可以更多地做出样品,更快地推进实验进展。滕老师给课题组每一位同学提供了宽松自由的科研环境,同学们想研究什么方向,只要合理就可以立即着手实验。在这种宽松自由的环境中,张求应的实验想法都可以得到验证,无论是对还是错,滕老师都会不厌其烦地与每一位同学讨论,甚至是彼此之间的争论。而在实验室外,滕老师又会像朋友一样,与同学们打成一片。张求应说,大家在实验室最开心时光就是和滕老师一起打乒乓球,师生之间像朋友一样,互相切磋较量,学生打败老师,老师甘拜下风,不亦乐乎。

## 功夫不负有心人

从大一下学期到大四上学期,八百多个日日夜夜,张求应在滕老师的课题组度过了自己的大学时光,升华了自己的内心与实力。在滕老师"做研究先做人"的训导下,张求应顺利完成了自己的第一作者 SCI 论文,并最终发表在了 RSC 旗下的 *CrystEngComm* 上,该期刊是晶体学方面的顶级期刊。同时,其申请的"一种磷酸铋催化剂的制备方法"成功获得专利。在做自己研究的同时,张求应还不忘与自己的师弟师妹们讨论,共同合作。他的师弟师妹们也都在 SCI 的期刊上发表了论文。张求应同学说,在他们课题组,每一个同学都虚心谦虚,这里没有师兄师姐,只有互相讨论、互相学习、并肩作战的"战友"。

2015 年 6 月,在毕业的日子里,课题组的本科毕业生,大部分人手中都有一篇第一作者的 SCI 论文,专利更是不胜枚举。这是他们不懈努力、废寝忘食的结果,更有老师细致耐心、不厌其烦地指导的结果。张求应始终坚定入学时的目标,功夫不负有心人,在他的刻苦努力下,先后顺利通过 GRE 和托福考试,终于收到美国克莱姆森大学全额奖学金录取硕博连读的 offer。

要说到大学的遗憾,张求应对于自己班级的同学怀有着一丝愧疚感。他说,他因为实验科研的原因,从未参加过一次社团活动,几乎未参加过一次班级活动。唯一一次还是大一未进课题组时,和班级同学组队参加了学校化学实验技能大赛,最后获得了三等奖。怀有愧疚的同时,张求应也要感谢辅导员老师和班上每一位同学,他们总是很支持他,每次的同学互评,大家都给了他很高的分数,每次选三好学生,大家都会选他。在几年的科研工作中,辅导员吴老师也给了他很大的支持和鼓励,很多生活和班级的琐事,也都是吴老师不厌其烦地为他办妥,只为让他一心扑在自己的研究上。

时光犹如白驹过隙,时光也总是催人老。而张求应说,他的研究之路才刚刚开始,因为滕教授说"他们都是八九点的太阳,未来可能会出院士,会出诺贝尔奖获得者,年轻人最可贵的就是梦想,不是现实成就了梦想,而是梦想支撑了现实。"

# 周小春:从"小干事"到"董事长"的凌厉蜕变

个人简介:周小春,男,汉族,1990 年 4 月出生,中共党员,南京信息工程大学滨江学院 2012 届日语专业毕业生。在校期间先后担任外语系学生会主席、班长,获得学院二三等奖学金。毕业后先后到访 17 个国家参观考察学习,回国后白手起家,主要要从事全球光伏发电科技研究、安装、生产、进出口等业务。现任常州汉诺威能源科技有限公司、贝拓(国际)货物运输代理有限公司、常州汉德姆能源科技有限公司董事长,受常州市政府邀请带头创立大学生创业先锋团队。

这个人,能够让你眼前一亮;这个人,能将热情不知不觉地传染给你;这个人,让你羡慕他的过去期待他的未来。这就是周小春,一个来自滨江学院日语专业的毕业生,一个毕业 5 年就当上了 3 家公司董事长的青年才俊。

## "小干事"也有大作用

"大学期间,学习好专业知识是你应该做的,但是还要学会为人处世",作为现在 3 家公司,在泰国和山东都有了自己分公司的周小春,你一定很惊讶他为什么毕业 5 年就会有如此大的成就? 成功不会如约而至,恰如烧水,99℃的热水和 100℃的开水不一样。水没开,不是天气太冷,而是火候未到。成功,一定是量的累积到质的飞跃。成功就是由一件又一件小事、一个又一个细节积累而成的。

刚入大学,周小春和大多数新生一样,是外语系学习部的一个干事,干事的生活是无聊烦闷的,每天跟在部长后面,听着部长的安排,无论风吹雨打总是去搬搬抬抬东西。很多人会怀疑,这能让自己锻炼到什么东西,百思不得其解,最后放弃了。其实这是一个必经的过程,没有经历过这么一段搬搬抬抬的日子,那桀骜不驯的性格如何会得到收敛? 大二的时候,他接连当上了外语系副主席、主席。常言道:读万卷书不如行万里路,行万里路不如阅人无数。正是他在大学里积累的待人接物的方法,才使他的心智更加成熟,个人能力得到不断提升。所以,不要忽略每天一点点小小的进步,一天一天的积累就是从量变到质变的分水岭。

### 当胆识遇到机遇

毕业后的周小春找到的第一份工作很不起眼,也不是他理想的工作。兴趣是慢慢培养的,只有你入行了之后你才会发现这个行业的乐趣所在。"兴趣是最好的老师",当你还不知道自己以后要干什么的时候,你难道不应该脚踏实地去干好现在的事情吗?蜻蜓只能点水,它不能在水里自由遨游。少一些功利主义的追求,多一些不问什么的坚持,终究会走向胜利。

不起眼的岗位也能发光发热,周小春凭借自己专业语言优势和在工作中学到的知识,公司给了他很好的发展平台,他被外派到了澳洲和日本与客户商谈国际业务,一个聪明的人总是会充分利用机遇。

在国外和客户商谈的过程中,周小春看到了外贸行业的发展前景,于是,他和大学同学一起创办了第一家公司。他选择做光伏产业,简称 PV(photovoltaic)。在气候变化和能源短缺的背景下,太阳能发电越来越受到投资者的追捧。周小春利用了中国的太阳能光伏产业还处于初级阶段,尚未实现大规模装机的当前状况,政府对光伏产业大力支持,让周小春对光伏产业的发展前景充满了希望。当然,中国光伏产业尚在发展,还没有成熟,所以周小春借鉴日本光伏产业的经验——注重人才的培养。一个产业的发展,离不开高素质的人才队伍,周小春对太阳能专业人才培养的高投入取得了良好的效果,不仅促进了光伏产业的发展,还为自己迎来了忠实的客户。

在公司发展之余,他经常参加国内外的展会,让公司光伏产业的市场不断得到扩大。

### 先完成销售额一个亿的小目标

要想成功必先立志,其实每个人都是一个成功者,一个人来到世界上就是一种成功。当然,想着还远远不够,每个成功的人也不是想想就可以轻易成功的。

"先挣他一个亿",走红网络的一句话吓着了很多人。当问到周小春下一年的目标时,他竟然十分淡定地说出自己下一年要完成销售额 1 个亿的小目标,利润提高 9% – 12%。周小春之所以能在毕业 5 年,就把自己的生意做得风生水起,无疑与他的人生目标是分不开的。

就像那匹老马与驴子,当老马始终如一地向西天前进时,驴子只是围着磨盘打转。尽管驴子一生所跨出的步子与老马相差无几,可因为缺乏目标,它的一生始终走不出那个狭隘的天地。生活的道理同样如此,对于没有目标的人来说,岁月的流逝只意味着年龄的增长,生活只能日复一日地重复自己。如果你想成为一名百万富翁、千万富翁,想做一名出色的创业者,那么就让目标成为点亮你自己人生路上的"北斗星"。

如今,周小春已经走访过 17 个国家。他说自己最自豪的事情不是他经营了多少家公司,而是他在工作之余,游历过 17 个国家。当你会见一个客户的时候,你会了解这个客户所在国家的情况。当你去一个国家参展时,你也同样可以了解这个国家的概况。每个国家的风土人情,都让他能感受到不一样的文化,让他流连忘返。

在周小春毕业的五年里,他踏实地走着每一步,不断地摸索着前方的路,只要目标不变,他一定会在光伏产业发展之路上走得更远。

# 许浩翊:驻守沙漠边陲的气象"全能手"

个人简介:许浩翊,男,汉族,1990 年 11 月出生,新疆塔城人,南京信息工程大学滨江学院 2010 级大气科学专业学生,大学毕业后来到新疆三类艰苦台站——石河子炮台气象站工作。作为一名 90 后气象预报员,他热爱气象事业,不甘寂寞,克服困难,勇于进取,先后参加石河子气象局举办的县级综合业务技能竞赛,取得了全能第三名,装备保障单项第二;在华北五省区域县级综合业务技能竞赛中获得装备保障第一名,计算机取得第五名,个人全能第八名;在第十一届全国气象行业职业技能竞赛中取得全国团体第十一名的好成绩,并获得新疆石河子地区先进个人称号。

五个人的气象台站,一个人身兼安全员、会计、司机和后勤等工作。这就是新疆石河子炮台气象站,一个地处古尔班通古特沙漠边缘,距最近的城市也要 87 公里的基层艰苦气象台站,也是 90 后校友许浩翊现在工作和生活的地方。

## 跨越 3 千公里的"大气"梦想

2010 年 6 月,当许浩翊搁下手中的笔,他知道,高中时光已经一去不复返了,即将要面对的是崭新的未来。分数出炉了,填报志愿的时候,许浩翊犹豫了,因为选择的专业关乎着自己的前途和命运。他想起了曾经参观气象局的情景:忙碌的身影、精密的仪器、跳动的数据……当时年少的许浩翊便对气象工作产生了极大的兴趣。目标逐渐清晰,许浩翊把目光锁定了大气科学专业。

2010 年 9 月,一个风尘仆仆赶来的小伙子来到南京,站在了滨江学院的门口,他,正是来自新疆的许浩翊。塔城距离南京有三千多公里,经过漫长的旅途,许浩翊很疲惫,当他看着矗立在眼前的滨江楼,心中有的只是满满的期待。新的同学,新的老师,新的教室,新的食堂……大学里的一切都那么新鲜而又陌生,但是对许浩来说,大学的老师和辅导员不像高中时的那么严厉,很好相处。大学的学习氛围很轻松,一切靠自觉,这也是对他的一次独立挑战。通过开学时的招新面试,许浩翊进入了学生会,在这里他认识了许多志同道合的朋友,在平时的活动中,他把学生会当作一个挖掘潜力的平台,很好地锻炼了自己的组织能力和交际能力。"遇到不顺心的事,尽量调节自己。"许浩翊是个乐观开朗的人,烦恼、困惑的时候,他总是往积极的方面去想。在课外,许浩翊加入了乒乓球社和轮滑社等学生社团,在"玩"的过程中调节自己的身心。闲暇时间,许浩翊也在商场做过兼职,丰富了自己的大学经历。

许浩翊深知,来到滨江学院学好气象专业,是圆自己梦想的基础。对待学习,他从不马虎,虽来自边远地区,数理基础不如发达地区的同学,但他从不妥协放弃,认真对待每一次课,认真完成每一次作业,通过不懈努力,他多次获得学校奖学金。大学四年里他先后获得了社会活动积极分子、优秀共青团员、三好学生等荣誉称号,并光荣地加入了中国共产党。

大四第一学期,许浩翊也像其他同学一样,开始考虑就业的问题。作为学校"王牌"专业的学生,他有他的优势,在全国气象行业招聘上,许浩翊选择了回家乡新疆工作。经过投简历、笔试和面试,他应聘成功了。但当他知晓自己被分配的工作单位时,他还是有一点失落的。抱着试试看的心态,他背起行囊,来到他的工作单位,一个新疆三类艰苦台站——石河子炮台气象站。

## 为气象带着父母举家搬迁

石河子炮台气象站隶属新疆维吾尔自治区石河子市,但它实际距离石河子却还有近一百公里。台站地处古尔班通古特沙漠南部边缘地带,自然环境较为恶劣,距离最近的城镇也还有几十公里,是县级以下的艰苦台站。在南京待了四年,许浩翊早已深深爱上这个城市,但他还是毅然决定回到新疆。他说,父母都在新疆,那也是他从小长大的地方,他应该回去。

动身前往台站的过程中,许浩翊看着越来越远的城镇,坐着越走越偏的车,"心里凉凉的,周围到处是农田,完全是远离城市了"。刚开始到台站,许浩翊被分配做地面综合观测。因为是艰苦台站,人员实在太少,五个人就要负责站里全部的工作,如今许浩翊更是兼职做了安全员、会计、司机和后勤等工作,其中最有挑战性的就是会计了,毕竟财务方面的事非常烦琐,更是一点差错都不能出的。在一段时间的工作中,领导和同事们对许浩翊都比较照顾,这让他很快融入了台站大家庭,他越来越喜欢在这里工作,最初的迷茫与失落也消散了。虽然工作非常繁复,但是许浩翊依然严格遵守各项规章制度,认真执行业务规范,在完成本职工作的同时,不忘提高自身业务水平和综合素质,以保证各项工作的质量。

许浩翊的老家在新疆塔城,为了工作的便利,他说服父母举家搬到了几百公里外的石河子市。参加工作以来,他找到了人生中的另一半,组成一个幸福美满的家庭。也是因为工作的缘故，许浩翊经常住在单位宿舍里，每一周或者两周才能回一次家陪伴妻子。对他来说，家庭是家，台站也是家。去年春节到来之际，台站举办了"包饺子迎新春"活动。台站的全体员工以及他们的家属齐聚一堂，大家分工合作，有人和面、有人擀面、有人剁馅、有人包饺子，其乐融融。这个时候，这里真的就是一个家，所有人畅快地聊天说地、开心地吃着热腾腾的饺子，让寒冷的冬天充满家的温馨和温暖。

台站在许浩翊心里的地位很高，虽然条件艰苦，再加上还要牺牲陪伴家人的时间，但是身为气象人，热爱与责任便足以成为他坚守岗位的一切理由，正如许浩翊所说"对单位首先要热爱，热爱它才能热爱这份工作，才能更努力地去工作。"他还需要经常到外地学习天气预报方面的技能，因为当前台站的工作任务比较全面，必须从各方面提高业务技能。在许浩翊身上，能看到气象人特有的一股子拼劲和钻劲，他们投身于气象事业，勇于进取，不畏困难。

## 学习和努力从来不分年龄

虽然是基层台站，但却对基层预报员的业务能力要求却越来越高，许浩翊自参加工作以来，从未放松业务能力的提高。2016 年，他上传了高质量视频信息两篇，完成技术总结一篇，发表论文两篇，这也是他努力工作的成果。

作为一名来自基层艰苦台站的 90 后气象预报员，许浩翊还积极参加气象系统技能竞赛，并取得了不错的成绩。技能竞赛共有四门课程，第一是理论基础，第二是计算机动态数据处理，第三是自动站装备技术保障，第四则是短时临近预报预测，即强对流天气预警服务。这四门课程涵盖了气象工作日常所需要的所有技能。许浩翊参加了石河子气象局举办的县级综合业务技能竞赛，取得了全能第三名，装备保障单项第二名；在华北五省区域县级综合业务技能竞赛中获得装备保障第一名，计算机取得第五名，个人全能第八名。2016 年，与两名同事代表新疆气象局在第十一届全国气象行业职业技能竞赛中取得全国团体第十一名。除此之外，他还获得了地区先进个人称号。结果是光鲜的，但是为了这样的成绩，许浩翊付出了许多努力和艰辛。在业务竞赛集训的时候，许浩翊和同事们常常每天刻苦学习到凌晨两三点。

他说，在做好本职工作的时候，要努力学习一些新知识，从各方面来武装自己，努力把下次业务竞赛搞好。许浩翊自己也定了一个"小目标"——争取破格晋升工程师。在台站工作两年多了，许浩翊对气象研究也有了更深刻的理解，他觉得，气象在生活中是不能缺少的一部分，气象工作是非常严谨的，容不得一点差错。他经常讲"对待每件事都要用心，用心做事才能把事做对，用心做事才能把事做好。"

# 张青:用青春守护气象"无人区"

个人简介:张青,男,蒙古族,1992年4月出生于青海共和县,南京信息工程大学滨江学院2015届雷电防护科学与技术专业毕业生,大学毕业后来到青海省玉树州气象局清水河国家基本气象站工作。先后担任称多县气象局办公室主任、称多县气象局及清水河国家基本气象站气象技术保障员,以及清水河国家基本气象站地面观测业务组组长,日常负责称多县气象局公文系统的文件查收与回复、文件的归档,称多县境内国家基本气象站、区域自动气象站、交通自动气象站以及土壤水分观测站等的网络、设备、仪器的维护保障工作,以及清水河国家基本气象站的监督观测等多项工作。工作一年就获得年度考核优秀个人,并作为优秀典型在青海省气象局新入职高校毕业生岗前培训会作"先进人物专题报告、心理调适教育"的专题演讲,张青用自己的行动书写着90后气象人在国家一线艰苦台站的青春之歌。

提到青海,会想到是青海湖边美轮美奂的景色,会想到遥远而又寂静的"世界第三极地"青藏高原;提到玉树,会想到10年那场震惊中国的地震以及地震后的破败残垣;但对于张青来说,提到青海玉树,第一个映入脑海的,便是那宛如"无人区"一般的荒凉。这,便是他生活工作的地方——清水河国家基本气象站。这里海拔4415.4米,无四季之分,常年冬季,极度缺氧,气候异常恶劣。

## 最初的梦想,是最后的选择

初中时,在物理老师的推荐下,张青渐渐对气象着了迷,努力成为一名气象人也成了他的梦想。为此,他努力学习,终于考了素来享有"中国气象人才摇篮"的南京信息工程大学,成为滨江学院2011级防雷专业的一名新生。大学期间的他认真学习,努力掌握专业知识;虽然家境贫困,但他靠勤工俭学,积累了丰富的社会经验,凭着自己的不懈努力向自己的梦想靠近。大学毕业时,他没有留在发达地区,他希望用他的所学回家乡、回青藏高原完成他的气象梦,最终他被清水河国家基本气象站所录用。

"高天厚土,不负男儿壮志;万里雪域,铭刻青春脚印"。清水河国家基本气象站,海拔4415.4m,是青海省海拔第三高的国家气象站。这里空气稀薄、极度缺氧,空气含氧量约为13%,全年无四季之分,只有冷暖之别的极寒地带。年平均气温都在零度以下,最低气温能达到难以想象的零下45.9摄氏度,即使是到温度最高的6月,天气转暖,也是毛衣还没来得及脱去,就又得裹上棉衣。一年当中风和日丽的天气没有几天,只有20天左右的无霜日,而大雪封山、低温低压、冰雹、24m/s的大风……这样极端的天气情况更是家常便饭。除了恶劣的自然气候,这里的人文环境似乎更荒僻。荒凉的戈壁,绵延的山脉,几百公里见不到人与车的公路,连绿色都很少见,除了几个有人居住的小镇,几乎与世隔绝,如同无人区一般。从郁郁葱葱的树木到少得可怜的高寒植被,从车水马龙的城市到熙来攘往的小镇,从海拔20多米的南京到海拔4500多米的青海玉树称多县,穿越了大半个中国,张青和他的气象梦在这巴颜喀拉山的脚下安了家。

### 既选择,既责任,既付出

走进看起来破旧不堪的清水河国家基本气象站大门,不大的院子里是一处有模有样的观测场,两排并列着有些简陋的平房。唯一的一间办公室,门口架着一个炉盖被烧得通红的炉子,被熏的泛黄的墙上挂着几个文件夹,几张办公桌与计算机,一张单人床,这便是张青每天工作的地方。初到此处,他被眼前的艰苦条件所震惊,看着跟他想象当中的县级气象部门的办公条件相差巨大的屋子,他强忍着内心的落差,坚持留了下来。他,其实想过回去,离开这个艰苦的一线岗位,但想想,又舍不得放弃,毕竟任何事情都会有一个适应的过程,国家气象事业的发展也需要基层台站的支撑,艰苦台站的工作更是对自己能力的锻炼,而只有当自己的能力足够强大时,才能在任何地方都游刃有余的生活。

"既选择、既责任、既付出"这是张青送给自己的话。在入职一年多的时间里,他一边认真工作,一边积极地向有经验的领导、前辈及同事请教学习,不断地积累总结工作经验,刻苦钻研业务知识,加强测报业务技能。除了正常的地面班以外,张青还积极接手了各类文件的收发与编辑工作,独立制作气象服务材料及各类简报的撰写工作,主动参与到报表制作审核以及每月上报资料的工作中,踊跃地参加人影、防雷及观测仪器设备维护维修的工作。凭借着对于设备维护的兴趣,张青还在工作之余学习研究了自动气象站的各类观测设备,考取了青海省气象部门的气象技术保障资格证书,成为清水河国家基本气象站第一个持证的设备、仪器、网络技术保障员。一旦某个自动气象站出现故障,为了不影响资料的正常采集和传输,必须第一时间驾车赶去维护,由于这里偏远,辖区内的各区域自动气象站、交通自动气象站相互间距都在百十公里远,盘山道路较多,如遇雨雪天气的话,保障工作是非常困难的。记得有一次,位于海拔4516米的巴颜喀拉山山口的一个交通自动气象监测站出现了设备故障,数据没办法自动传输,发现问题后的张青立马驾车赶了过去。当时虽是7月的夏天,可深夜却非常寒冷,他一个人开车到了国道沿线海拔最高的山口的交通自动气象监测站,二话没说便爬上了自动气象监测站的风杆,检查仪器。深夜的寒风与海拔5000多米的稀薄空气,对于张青的身体与精神都构成了巨大的考验。有那么一瞬间,张青以为自己无法完成这个艰巨的任务,最后凭着内心的信念支撑了下来。

　　不论是工作之时的相互协作,还是工作之余的休闲娱乐活动,同事的陪伴与照顾成了张青枯燥乏味生活中的一抹亮色。2016年1月,刚休完了一个月假期的张青从老家返回清水河国家基本气象站。车,缓缓地停在了离清水河国家基本气象站还有一公里的加油站门口,已是晚上9点多的称多县,天早已经完全黑了,张青背着行囊慢慢走回气象站。或许是刚返回高原地区的不适应,或许是一个人的害怕,又或许是夜晚刺骨的寒风,刚一步一个脚印走回宿舍的张青,就昏倒在了宿舍的门口,幸得同事的搭救,才转危为安。

## 为"孤独"创造"惊喜"

　　随着气象现代化的发展,2015年底,青海省玉树州建立了称多县气象局。称多县气象局坐落于海拔3860m的称多县城,而国家基本站的观测业务仍保留在清水河国家基本气象站,实行两个月一轮岗的工作制度,这对于张青来说,则加大了工作量。然而意识到机会与责任的他,并没有抱怨,反而主动请缨,在清水河国家基本气象站值班的时间里,兢兢业业的负责全站的地面观测业务工作,处理各类清水河公文系统文件的收发与回复,主动带头制作审核气象报表,即使是在隔三岔五断电、通信网络中断的情况下,仍保证数据资料和报文准确、及时的上传,以及设备仪器的正常运行。而在称多县气象局上班的时候,则认真负责办公室各项工作,积极协助局领导完成各项工作任务。工作认真努力的他,获得了2016年度考核优秀个人的表彰。2016年7月,张青还代表艰苦台站在青海省气象局对2016年新入职高校毕业生岗前培训进行"先进人物专题报告、心理调适教育"的专题演讲与交流。荣誉的取得,更加坚定了张青的选择。真金不怕火炼,正值青春年少、斗志高昂之时,不被磨炼雕琢,更待何时?

　　因为张青负责称多县境内国家基本气象站、区域自动气象站、交通自动气象站以及土壤水分观测站等的网络、设备、仪器的维护保障工作,而辖区内的各区域自动气象站、交通自动气象站相互间距都在百十公里远,所以他日常工作的一部分,便是驾车往返于各个气象站之间。这一来一去,常常要花掉大半天的时间。即使有着同事的陪伴,漫长的路程,不仅考验着张青的身体,还带来心底的孤寂。为了缓解自己长途驾车的疲惫,排解心中的孤独感,除了欣赏路途中千篇一律的荒凉景色,张青还会给自己寻找各种各样解闷的方式,比如汽车广播中搞笑的音乐与相声,看见前方来车或行人的兴奋,或对这次设备故障的原因以及保障方法的想象……如他而言,虽是平淡的生活却总是充满着惊喜。虽无法想象路途中的巨大压力,却被张青的乐观心态所折服。父母来看望他时,感叹于此处的恶劣、寂寞而又沉闷的生活,他却不以为然,还安慰父母此处比在家里轻松,又不用干繁重的田间劳动。虽然高海拔地区空气稀薄,对于肺部功能是个巨大的考验,他却时刻记着国家局领导来视察慰问时说过的一句话,“能在如此艰苦恶劣的地方待着,本就是一种奉献”。

“天将降大任于斯人也,必先苦其心志,劳其筋骨,饿其体肤,空乏其身,行拂乱其所为,所以动心忍性,增益其所不能。”张青用他的不悲不躁、积极乐观的生活态度,坚守在国家气象一线基层岗位,无怨无悔地为气象事业奉献着自己的青春,用行动诠释着气象人的精神:“奉献在最艰苦的地方,坚守在最平凡的岗位”。

# 董洪祥:永不停歇的追梦者

个人简介:董洪祥,男,汉族,1991 年 12 月出生,南京信息工程大学滨江学院 2013 级人力资源管理专业学生。该生家庭经济困难,但刻苦勤奋、积极向上,担任班长,先后获得两次国家助学金,一次国家励志奖学金,一次学院三等奖学金,荣获优秀学生干部、三好学生等荣誉称号。在 2015 年"国家资助,助我飞翔"全国励志成长成才优秀学生典型宣传评选活动中,成功入选江苏省高校 30 名优秀学生典型。

既然怀揣了梦想,选择了远方,便只顾风雨兼程;既然目标是地平线,留给世界的只能是背影。这是永不停止追梦脚步的董洪祥的座右铭。

## 青春岁月风雨兼程

"男儿立志出乡关,学不成名誓不还"。从董洪祥记事起,这句话就深深地扎根于他幼小的心灵里。董洪祥出生于苏北偏远的一个小农村,家庭贫困,父亲常年体弱多病,母亲无一技之长,妹妹年幼无知,全家仅靠几亩薄地,苦苦的支撑着。俗话说:穷人家的孩子早当家,董洪祥在很小的时候便学会了自立自强,每天鸡鸣啼叫之时,他便和母亲一起劳作,挑水、喂猪、做饭……每次当他上学时间来不及了,便随意扒口饭,一路小跑去学校。天有不测风云,人有旦夕祸福。不久,董洪祥的父亲去世了,本来就贫困的家,更是雪上加霜。

令人欣慰的是,董洪祥考上了大学,当他接到大学录取通知书时,心中充满了喜悦,但高兴过后,董洪祥心头萦绕着淡淡的忧愁,因为他知道这意味着什么。"妈,我不想去上大学了,只想陪伴着你,守护着家,为你分忧解愁"。董洪祥的母亲语塞了,沉默久久,最后,决定让董洪祥去完成他的大学梦。因为董洪祥的母亲知道,要想彻底改变家庭贫困境况,只有让董洪祥去上大学。董洪祥手中拿着他母亲东拼西凑,且留着淡淡体温的褶皱的钱,却无比沉重。那天,一滴眼泪未流的董洪祥,迈着坚定的步伐,乘上南下的汽车,缓缓地驶向远方……

### 大学时光追逐梦想

对于董洪祥来说,象牙塔的生活带着青春阳光的气息,那是一片圣洁的殿堂,是梦想放飞的地方,梦想在这里练硬了翅膀,在碧蓝的天空翱翔,自由的飞……在学习上,孜孜不倦的董洪祥,充分利用时间,高效地完成课堂上内容。董洪祥铭记自己的梦想,牢记自己立下"学不成名誓不还"的誓言。除了完成学校规定的各种学习任务,董洪祥还经常去图书馆,通过自己的努力学习考取了人力资源管理师证、会计证、普通话证书等。在图书馆里,他如饥似渴地汲取精神食粮,每一次心与书、心与心的交流,都撞击出智慧的火花,使他如痴如醉。除此之外,董洪祥积极参加学校的各项活动。在班级里,当选为班长;在校辩论赛中,激昂澎湃,获得"优秀辩手"的称号;由于篮球技术精湛,董洪祥又很快成为系篮球队的一名主力。一场场的比赛,一项项的活动,构成了董洪祥大学最美好的回忆,永驻心中。

作为班长的董洪祥,肩负着带动全班同学积极进步的重要责任,他始终坚持全心全意为同学服务的宗旨,用他的满腔热忱去关心每一个同学,增强全班同学对班级这个大家庭的认同感和凝聚力。在日常生活中,当同学遇到困难时,他能够热心地帮他们解决。从同学们口中听到那一句"靠谱的祥哥",董洪祥感觉一切都是值得的。在课余时间,他积极做着各种兼职,董洪祥想:每当他自己多挣一毛钱,母亲就少一分压力。中午在学校食堂他帮忙打饭,晚上在餐馆做服务员,十点半回来学校,来不及喘一口气,又进行校园勤工俭学,检查同学夜不归宿。虽然是那么的疲惫不堪,但是董洪祥每当想到他母亲面朝黄土背朝天的劳作,拖着疲惫不堪的身躯以及期许的目光,这点苦都不算什么。诚然,处于奋斗时期的董洪祥,还会碰到各种各样的困难。但是他有坚持下去的理由,他的梦正在太阳升起的地方,如旭日般,冉冉升起!

### 青春之路感恩前行

在大学里,董洪祥觉得他自己是幸运的,连续两次获得国家助学金。也许国家资助的这些钱对于别人来说并不算什么,可能买不到一部高级的手机、几件时尚的衣服。但对于董洪祥来说,这笔钱却是十分珍贵,它给董洪祥的不仅仅是物质上的帮助,更多的是精神上的鼓舞,他深切地感受到了国家、社会和学校给他带来的温暖。有了家人的支持,有了老师和同学们的一路陪伴,现在又有了国家的资助,董洪祥觉得肩上的责任又重了一些,但这种责任是幸福的、是让人倍加鼓舞的,他会倍加努力回报社会。因此,在大二的那个暑假,他毅然决然地报名参加了红十字会的"关爱留守儿童将爱进行到底"的暑期支教活动,走进安徽阜阳、走进贫困山区、走进孩子的内心世界，让他的志愿在青春中闪烁，将他的爱心传递下去。

淡看世事去如烟，铭记恩情存如血。感恩是世间的美德，感谢那些动人的音符，一直陪伴在董洪祥左右。感恩父母，是他们用辛勤为他搭建了避风的港湾；感恩老师，是他们用教育为他搭建了通往知识的阶梯；感谢国家，是她用关怀为他点燃了温暖的篝火。在今后的人生道路上，董洪祥怀着感恩之心，更加孝敬父母，尊重师长，帮助需要帮助的人，将温暖传递下去。

人生是一张单程的车票，不会回到生命的起点。回首当年初入校园稚气未脱的董洪祥。而今，在学校的培养下，日渐成熟。在接下来的大学时光里，董洪祥会继续努力发展自己，积攒足够的力量；奉献社会，帮助他人。正好董洪祥说：虽然我不是高富帅，但我想"高在学识，富在精神，帅在行动"用感恩激励前行，用努力写意人生，用激情点燃梦想。

# 邵然:不待扬鞭自奋蹄

个人简介:邵然,女,汉族,1992 年 9 月出生,中共党员,滨江学院 2014 届人力资源管理专业毕业生。曾获国家奖学金、院特等奖学金、一等奖学金;全国大学生英语竞赛一二等奖,三好学生标兵,优秀学生干部等荣誉称号。2014 年顺利毕业并成功考入南京大学攻读硕士研究生。

2010 年 9 月 9 日,邵然来到南京信息工程大学滨江学院,在踏进学校大门的那一刻,她猛然意识到:高中阶段已经结束了,接下来的将是一段全新的旅程,等着自己去好好努力。大学,属于邵然的青春就从这里开启。

## 信念导航厚积薄发

刚入学的军训是大学的起航,她坚持做好每一个动作,即使发着烧也坚持不请假,她的表现赢得了教官和同学们的认可。可惜的是,在最终优秀学员的评比里,邵然并没有获得这项荣誉。初入校园,她有些愤愤不平,找到了辅导员老师抱怨。在辅导员耐心地开导和鼓励下,使她明白只要坚持努力总会得到回报。从那以后,她不再只是蛮干,而是学着从一件件小事细节做起,踏实认真。除了平日认真学习外,邵然还参加了系学生会宣传部,学院大艺团舞蹈队、健美操队等学生组织。学生会的工作很繁琐,作为干事,她坚持参与每一项活动,努力画好每一张海报。舞蹈队和健美操队的训练也非常的艰苦,当初仅是抱着学跳舞的心思,好几次她都想要退出。那段时间每天除了上课就是训练,还有各种证书考试,每次练到晚上十点多,她还要钻进教室看上半个小时的英语,甚至有时累得回到宿舍就只能干坐着,然后哇哇就哭起来了。同学都劝她别跳了,但她深知,当好奇心消失的时候,支撑着的就是信念和责任,必须对加入的队伍和学院负责。最后她没有让自己失望,大一结束时,以专业排名第一的综合成绩荣获了学院特等奖学金、三好学生标兵和优秀学生干部等荣誉称号;她还选为公管系学生会宣传部部长、班级组织委员和学院啦啦操教练;并顺利通过了全国计算机一级,英语四级考试;还获得了包括阳光体育长跑、健身操、舞蹈、手绘 T 恤、话剧等在内的多项文体活动奖项。

到了大二,她继续保留着大一时的冲劲,学习上不放松,工作上更努力。作为学生会的部长,承担起了更多的组织、协调和策划工作。为更好地履行职责、提升自我,经常利用课余时间自学了 Photoshop、视频制作、ppt 等软件使用技巧;在文体活动方面,她仍然选择在较突出的健身操上继续发展,并代表学院参加了南京校际比赛,获得两项二等奖和两项三等奖。同时,她也积极参加英语等学科类比赛,并顺利通过了全国计算机二级、英语六级考试。

### 持之以恒勇敢面对

人生起伏,有起就有落,一路走来,她也曾陷入迷茫,不知道要做什么。大二下学期是一段徘徊的时期,连续遭受大学生英语竞赛复赛落败、中级口译口试没有通过的打击,曾令一向要强的她有些不知所措。在那个暑假,听着高中同学聊起各种显耀的实践经历和学术研究成果,邵然认真梳理了一遍之前的大学生活,重新调整了自己的目标和方向。"当你觉得努力而得不到回报的时候,问问自己,是不是真的倾尽全力;当你觉得不公平的时候,想想自己是不是真的足够强大。"不骄不馁,是为将才。现在的自己也许没有别人那么专业,但贵在能自知、自律、自强,想学、能学、好学。勤学如初起之苗,不见其增,日有所长;辍学如磨刀之石,不见其损,日有所亏。把握好现有的条件机会,利用好身边的各种资源,同时认识清自身的不足,向着目标前进,相信每天进步一点点,最终会走到很远。

### 不忘初心方得始终

经过大二的反思调整,进入大三,邵然坚持继续走好每一步。在认真学习专业知识的同时,她考取了 HR 经理人二级从业资格证。秉承大学生当投身社会的理念,于大三暑假参加了第 28 届全国青少年科技创新大赛志愿服务工作。在这次志愿服务过程中,她努力完成每一项任务,及时总结个中得失,提升自我,体会志愿服务所带来快乐的同时,也学到了很多东西。在不断的实习实践中,她深刻感受到当代青年对于国家建设的重要性,于是她下定决心考研,谋求自己在能力、思想和人际等方面的继续提升。大三期间,她的坚持和努力得到了学院和老师们的肯定,被评为"江苏省优秀学生干部"并获得"国家奖学金"等荣誉,当站在学院国家奖学金公开竞评的舞台上演讲时,她既激动也坦然,因为她深信,只要怀着最初的梦想,脚踏实地,成功终会来临。

大学一路走来,邵然深知获得的各项荣誉离不开关心、帮助自己的老师和同学们,她常怀感恩之心,继续不断努力,蓄满足够的能量,以出色的表现活跃在志愿服务、社会公益等活动中,以更好的方式影响他人、回馈社会,做一个对社会有用的人。

守志如行路,有行十里者,有行百里者,有行终生者。行十里者众,行百里者寡,行终生者鲜。邵然坚持用最初的心,做永远的事。得之淡然,失之坦然,顺其自然,争其必然。

# 陈昌欣:父亲与硬座

　　个人简介:陈昌欣,女,汉族,四川省甘洛县人,中共党员,滨江学院2014级大气科学专业学生。先后获得两次国家助学金、一次国家励志奖学金,一次校二等奖学金,两次"三好学生"称号。在全国学生资助管理中心、中国银行与中国青年报共同开展的2014年"助学·筑梦·铸人"主题征文系列活动中,陈昌欣同学撰写的《父亲与硬座》一文,从全国94524篇文章中脱颖而出,荣获三等奖,是江苏省7名获奖学生之一,也是唯一一位江苏省独立学院学生。

　　陈昌欣是一名来自四川省凉山彝族自治州甘洛县(国家级贫困县)大山里的姑娘,2014年9月带着生源地助学贷款来到南京信息工程大学滨江学院报到入学。在她的文章中,她用质朴的文字、真实的情感,从父亲坐30个小时火车硬座送自己上学的旅途讲起,讲述了自己和姐姐在国家资助政策的帮助下走进了大学校园,实现了象牙塔梦想,获得了勇气和希望,努力向上、感恩励志的故事。

　　凌晨2点,父亲从座位上侧过身来,对我说道"才坐了13个小时,还有17个小时。"意味深长地看着我,说"下次过年回家给你买卧铺,好好学习。"便又侧身在他的座位上睡去。人来人往,不断有人醒来睡去。可父亲的背从头到尾都硬直地倚在座位上,就像这个硬硬的座位。对于年轻的我来说真的难受,年近半百的父亲哪里又会好受。报到结束,他走了,却也是直直地坐着,硬硬地走了。无数次看向远方,他硬直的背影似乎就在眼前,时刻提醒我"生命不休,奋斗不止"。

　　我的父亲母亲是再平凡不过的农民父母,上小学那会,他们用勤劳的双手,让一家人过上了其乐融融的小日子。在洒满余晖的乡镇小路上,姐姐每天放学后拉着我的手去姑姑家吃饭。姐姐经常夜夜从睡梦中哭醒,清晨以泪洗面,年少的我只知道我好久没有见到父母了。阴雨蒙蒙的午后,姐姐拉着我的手飞奔回家,奇怪之余见到了久违的亲人,脸色惨白的母亲,瘦了一大圈的父亲。后来知道,姐姐当时是因为对失去亲人的害怕与恐惧而哭泣,母亲因为刚做了手术而惨白,父亲因为照顾生病的母亲和筹集手术费而瘦了。当健康能干的母亲不在了,父亲开始好久才能见一次面,每次见面他说的最多的就是"好好读书",然后抽完剩下的烟头,长叹一口气。烟雾缭绕中他的背依然是直直的。

家庭的变故,让我深知钱的重要性,但父亲硬直的背在时刻提醒着我,要想将来有出息,就要顶天立地,就要付出汗水与努力。对于大山中的我们来说唯一能走出去的就是读书,老师时常这样教导我们。我渴望走出大山看一看外面的世界,去到梦中千万次呼喊的地方,去完成早已在心中生根发芽的梦想。

还记得许多个阳光灿烂的午后,缕缕金色的阳光照进屋中,手握着披着金装的笔杆在温暖的书本上挥毫,写下一串串的圈圈符号,光阴在一瓶瓶墨水中溜走,也不知道去哪儿了? 被窗外香甜的风带走了吧! 窗外金黄的菜花,迎风摇摆,夕阳西下,我们的青春岁月在这期间挥洒。每年收到学校的奖励与资助,使得我和姐姐幸运地度过了初高中的许多个夏天。

微风亲吻着河流,姐姐已背上行囊,即将远赴他乡求学。单薄的影子开始在视线中模糊,但我知道她的背挺得直直的,就像父亲硬直的背,因为父亲说要堂堂正正做人,认认真真学习。以梦为马,明日天涯。现实大抵不尽如此。家庭能给予她的微乎其微,但她仍旧努力着,"穿过荆棘,翻过高山,走过平原。"纵然有些旁人唾手可得的,她仍旧够不着。但她告诉我,她已心存感激,这个社会已给予她太多,她无以回报,只望毕业后,成为一名合格的老师,再次回到大山深处教更多的孩子识字。

时光荏苒,如今她已能够在三尺讲台上发挥着自己的聪明才智。2014 年的夏天,我高中毕业,顺利考上大学,来到一个从未谋面的城市。通过申请助学贷款,我得以顺利入学。临行前,父亲为我打点行李,发现他的头发白了一圈又一圈,笔直的背却依旧硬直。从未如此深切地感受到他的担当与艰辛,生活的来之不易。父亲硬直的背承受了这个家庭 20 几年来的风雨,是时候该休息了。报到结束,望着他远去硬直的背,我告诉自己,诚然经济上的不富裕,但精神上我很富足。在这四年间,我要在大学这片来之不易的肥土上,倾尽热情与精力,努力践行自己当初的誓言与梦想。

虽离家千里,但开学第一天就受到院领导的看望与慰问、辅导员的关心问候、同学的友好真诚,无一不使我温暖感动。昏暗的路灯下,我抬头看向远方,估计此时疲惫的父亲硬直地倚在座位上,火车正在驶向回家的路。父亲远去的背影,一直鞭策着我,要认认真真学习,脚踏实地做事,将来学成以后,回报社会。

# "烁美"创业团队：闪烁同行志在完美

团队简介：2013年，南京信息工程大学滨江学院2011级市场营销专业的吴洪成、2012级电气工程与自动化专业的王耀洲、2010级计算机技术与科学专业的施丽敏和2011级财务管理专业的周颖等四位同学为了共同的创业梦想走到了一起，组成创业团队，创办了"南京烁美文化传播有限公司"，并在短短的几年中业绩突飞猛进。在2015年江苏省大学生创业典型案例征集中，入选100个创业团队典型。

当"啃老"已成为社会常态，当"90后"继续被社会担忧，当"高分低能"一直被社会诟病，几位南京信息工程大学滨江学院的大学生不甘心碌碌无为，创办了南京烁美文化传播有限公司，并在短短的几年内，业绩突飞猛进：2014年全年营业额20余万元，发展到2015年月营业额达30万元，2015年年营业额超过150万元。

## 钢铁雄心

时代潮流，浩浩荡荡。当代大学生对创业充满着激情，希望用自己双手和智慧的头脑打拼出一片属于自己的天地，开创一个属于自己的事业。

创业不仅需要激情和想象力，更需要从现实社会中去寻找商业机会。2013年，来自南京信息工程大学滨江学院2011级市场营销专业的吴洪成、2012级电气工程与自动化专业的王耀洲、2010级计算机技术与科学专业的施丽敏和2011级财务管理专业的周颖等四位同学领悟了这个真谛，为了共同的创业梦想走到了一起，决定组建一个创业团队。

社会中，很多企业迫切希望进入高校这块巨大的市场而苦于不知道从何入手；高校学生活动由于受限于经费而不能办得出彩出众；很多学生到处寻找商家赞助自己的活动，效率低下，有时甚至耽误了学业。在这些信息中，吴洪成、王耀洲等同学敏锐地感觉到了巨大的商机。在仔细策划了一段时间以后，"我要创业"——一个在同龄人看来似乎甚是可笑的创意成燎原之势，在四位同学的心里点燃了雄心壮志。他们认为,既然要做,就要做到最好,就要做到能在同行中闪烁,于是他们就给自己的公司取名为"南京烁美文化传播有限公司"。最初公司定位是旨在为南京各大高校提供赞助资源,为有校园推广需要的商家牵线搭桥,为其进入校园建立良好保障。

## 百折不屈

一个公司由起步发展至一定规模是会遇到很多困难的,四位同学也深知创业的艰难,他们认为凭借着百折不挠的勇气和毅力,一定可以战胜困难。

然而事情并没有想象的那么简单,在公司成立的初期,资金周转困难成了最大的拦路虎,因为没有经验和硬件保障,很难贷款,没有了资本,就如同战车没有了汽油,四位同学进退维谷。

尽管学生的特殊身份,但运作一个公司仍然需要一个明确固定的办公场所,他们却无力承担房费用;而且工作人员紧缺,人手不足,常常是四位同学忙得焦头烂额却还是效率低下;工作时间与上课时间的严重冲突,困难之大,可想而知,但四位同学咬住牙关苦苦坚持。

## 润物无声

正当他们一筹莫展之际,在学院团委、辅导员老师的帮助下,鼓励他们申报学院创业园项目并成功获批,学院将创业园 201 室提供给公司作为办公场所,并同意活动资金可以暂缓结算,安排院学生会对于他们的工作给予大力支持;学校创业指导老师邀请南京各地创业专家对公司的创业工作进行了耐心细致的指导,教会了四位同学很多公司运营方面的专业知识,尤其是在资金流的控制以及公司制度化的运作方面,这对公司逐步走向正轨提供了非常大的理论支持。

随着时间的推移,国家对于高校学生自主创业、激发市场活力的利好政策也由学校得以落实,资金以及技术上支持让沐浴在这场春风化雨里的公司也因此撑过了最困难的日子。

## 勃勃生机

南京烁美文化传播有限公司一开始将业务重心放在校园活动这块纷杂而又有序的市场上。

作为学生,他们比社会上一些公司更加了解学生的需要,进入社会他们也更加全面的了解了企业的需求,两者需要寻找一个平衡点。未来的校园市场会有一个整合的阶段,一些公司会越做越大,可以整合整个市场,另一些公司会越做越小直到退出市场。

在经历了风风雨雨之后,南京烁美文化传播有限公司现在正站在一个非常关键的时刻。公司的主导业务在校园,但是面对着强大的竞争压力,校园活动受限于寒暑假时期,有着非常大的局限性;校园市场虽然利润空间大,也相对比较稳定,但无法有更长远的发展,想完全靠校园市场在南京这块纷杂的市场上站稳脚跟并占有一席之地并不现实。公司如果想在强大的竞争中寻求发展,必须要进行方向的调整。

今年初公司果断调整业务方向,开始进入商场、商圈、商超和社区等进行巡回路演,先后承办了华为 P8 南京发布会、梦特娇 135 周年庆典等大型商圈活动,公司在不断地寻找更大的业务空间和市场空间,在业务不断转型的同时积累着好的口碑。

在学院的大力支持和公司工作人员团结努力下,公司正在飞速发展。由 2014年全年营业额 20 余万元,发展到 2015 年月营业额达 30 万元,年营业额超过 150万元。

### 累累硕果

南京烁美文化传播有限公司自成立以来,先后与诸多品牌公司合作,产生了一定的影响力和效益。2013 年上半年,"烁美"分别与娃哈哈南京分公司、南京宏宝莱公司合作,为南京信息工程大学滨江学院年度大型迎新晚会、毕业晚会、舞蹈大赛等大型文艺晚会提供资金和物资赞助。同时,"烁美"还帮助商家在校园内进行数千学生参与的宣传活动,场面火爆,学生和商家反响热烈。2013 年下半年,"烁美"联合环球雅思多次在校内举办展览,为有意向出国留学的学生提供咨询服务,不仅为在校学生解答疑惑,而且拓展了环球雅思在南京信息工程大学的生源,最终帮助环球雅思成为南京信息工程大学滨江学院长期合作伙伴。

"烁美"不仅联合品牌公司进行企业文化和知名度的宣传,还致力于公益事业的发展。2013 年,"烁美"与卫岗牛奶合作举办"卫岗牛奶进校园"公益活动,将当天的义卖全部销售额捐助贫困山区;公司牵手南京市华肤医院,联合南京数十所高校进行义诊,受到在校师生一致好评;临近毕业季,公司通过开展公益活动,为毕业生提供就业信息搜集、就业技能指导服务,有效地解决 200 个大学生的就业问题,帮助他们找到满意的工作。

"烁美"在提高公司业绩的同时也担负起"立足校园、服务学生"的使命。2013 年,公司与黑龙江卫视"全民电影"栏目合作,并联合南京工业大学、南京艺术学院和中国传媒大学南广学院进行节目录制活动。活动视频相继在黑龙江卫视官方网站和黑龙江卫视播出,点击量破万,反响强烈。2014 年,"烁美"牵手华为、腾讯、可口可乐和雪碧等家喻户晓的品牌,通过在学校举办路演、免费赠送礼品的方式进行品牌推广,活动现场火爆,宣传效果超过预期;同时,举办南京信息工程大学滨江学院足球选拔赛,为在全国举行的娃哈哈校园 5 人足球赛、华为 5 人足球等比赛预热,既丰富了大学生的校园生活,提倡了健康的生活方式,又有力地宣传了合作商家的企业文化。

## 燎原之火

现在公司已经逐步走出南京市场,开始辐射南京周边高校聚集的城市,杭州就是他们第一个试点的城市。2015 年三月份,覆盖杭州十所知名高校的"闪亮大学声"项目在杭州启动,正式打响公司迈出南京的第一步。他们对公司未来的规划是:

2015 年年营业额 150 万以上;2016 年进行大规模扩招并正式承接全国各大高校活动,预计 2016 年年营业额 300 万以上;2017 年开始大量买进设备,承接大型演唱会等娱乐活动;2018 年打入北京市场,与北京多家企业直接对接。

对未来,他们既充满信心,也敢于迎接挑战。他们相信,只要有付出,敢担当,他们的创业之路一定会越走越宽,越走越顺。

# "文成"创新团队:从校园走出的"中国合伙人"

团队简介:杨灿虎、王昊、张心怡、唐月月……来自滨江学院的一群年轻人,他们因共同的爱好和志向,成为合伙人,成立了"文成科技发展有限公司";他们研究开发了"太阳能汽车辅助空调",2015年参加第十四届"挑战杯"江苏省大学生课外学术科技作品竞赛,荣获全国竞赛暨江苏省选拔赛三等奖,并荣获了2015年江苏省大学生科技创新成果展金奖,《光明日报》进行了报道;他们还研制开发了"蓝牙控制两轮平衡车",荣获2015年江苏省大学生创新创业成果展铜奖;他们的公司获得了2016年"创青春"速度中国杯江苏省大学生创业大赛铜奖。2016年,他们对空调项目进行了升级,开发的"基于云端的太阳能汽车辅助空调"项目荣获第二届中国"互联网+"大学生创新创业大赛"建行杯"江苏省选拔赛暨"华侨国际商务城杯"江苏省第五届大学生创新创业大赛二等奖。

弥漫着松香味道的实验室、晦涩的机器编码语言、一个个细微精密的电子器件……这些对很多大学生看来极为枯燥无趣的事情,"文成"创新团队的几位成员却爱得热切而执着。他们的"汽车辅助空调装置"项目荣获国家实用新型专利证书、"紫金银行杯"2015六合青年创客大赛荣获创意计划类一等奖、第十四届"挑战杯"江苏大学生课外学术科技作品竞赛暨全国竞赛江苏省选拔赛中荣获三等奖、2015年江苏省大学生科技创新成果展获金奖……一个个骄人的成绩,不断激励着"文成科技发展有限公司"几位"合伙人"创业的热情,带领着他们不断走向成熟。

## 初生牛犊挥斥方遒

大学校园里,有人喜欢樱花飘洒般的浪漫,有人追求单车骑行时的随性,也有人偏爱滑板飞驰的不羁,年轻的心总能迸发出勃勃生机,对于心中的理想总是执着追求,"文成科技"的几位成员便是孜孜追求的典型。来自滨江学院2013级电子信息工程专业的杨灿虎,就与手中小小的蓝牙以及专业课本上那一个个难懂的符号较上了劲,他擅长单片机相关的软硬件开发,了解模电数电,熟悉基于单片机的 C 和基于 cpld、fpga 的硬件描述语言,掌握 PCB 制作和 SMT 等硬件集成技术,参与多种电子相关项目的开发和设计;2013 级人力资源管理专业张心怡,语言表达表现力强,文艺方面有过人的才华,参与过校内校外多种节目主持,是学校大艺团的核心成员,参与过学校 2014 届迎新晚会、2015 年社团巡礼月、2016 年大艺团专场演唱会等大型活动的主持工作,在团队中负责人力资源管理和市场运营;而2013 级数字媒体艺术专业唐月月,专业知识过硬,懂得 Photoshop、PageMaker、Illustrator、Flash、HTML 等设计软件,擅长平面设计构图,他担任院社团理事中心理事长,兼任学院就业促进会会长特别顾问,组织过多次学校大型活动,如社团巡礼月、社团嘉年华晚会,建立过院社团理事中心官方微信平台,并参与制作后台运营,有丰富的广告宣传经验,在团队中负责 Logo、网站页面设计、PPT 制作等工作;2012 级的学生王昊,多次参加“挑战杯”竞赛,获得第十四届“挑战杯”江苏省大学生课外学术作品竞赛省三等奖,同时还参加大学生数学建模比赛,获美国大学生数学建模比赛二等奖……就是这样的几位大学生,通过参加科协、电子设计大赛、数学建模竞赛等一系列兴趣相投的比赛,因共同的爱好和志向聚集在一起,走上了创新创业、追逐梦想的道路。

### 千锤百炼有的放矢

在“工程”学专业中,或因专业知识的深奥,或因对无尽的研究感到枯燥乏味,许许多多的工学专业的学生们要么选择固定的培训方向深究下去,又或是干脆选择转行,能够坚持成为一名合格的工程师并走上创新之路的着实不多。而“文成科技发展有限公司”几位坚持工程师梦想的年轻大学生做到了。

一开始,几个伙伴虽然有共同的兴趣和志愿,但在没找到具体方向以前,他们也曾为选择怎样的项目创业困惑过,甚至因为意见不一致起过争执。在不断的争执与磨合中,大家都认识到:找出一个实用性强、能够为生活带来便利的项目,必须符合创新的要求,又能够与大家的所长结合起来,学以致用,才能走向成功。为此,他们做了大量市场调查和数据分析:公安部交管局 2014 年底公布的数据显示,我国汽车保有量已达 1.54 亿辆,且汽车保有量正以每年超过 10% 的速度增长。在汽车业增长的同时汽车零部件行业也得到了飞速的发展,汽车空调作为提高汽车乘坐舒适性的一种重要部件已被广大汽车制造企业及消费者所认可。截至 2014 年 8 月,国内汽车空调装置率已接近 100%,汽车空调装置已成为汽车中举足轻重的功能部件。尽管中国汽车空调市场潜力巨大,但也面临严峻的挑战,在技术方面,节能环保的发展趋势给行业提出新的要求。随着中国汽车工业的蓬勃发展,一些更符合节能、环保要求的新型汽车空调产品将更受欢迎。在技术发展趋势方面,汽车空调将会向环保、节能、自动、舒适的方向发展。夏天是人们使用车载空调最为频繁的季节,几位合伙人曾经做过实际数据收集:夏天时,当人们进入停放在露天的汽车时,车内的温度非常高。经测试,在 6 月某晴朗日 11 时,汽车露天停放一小时车内温度可达到 60℃。这是因为汽车是个封闭的空间,当停车熄火时,汽车空调也随之停止工作,在太阳的照射下,车内温度迅速上升。而有关数据表明,环境温度达到 40℃ 时即对人体有害。为了使车内温度尽快降下来,人们会迫不及待地打开空调,而这样会增加油耗,增加汽车尾气排放。为解决车内温度的调节问题,同时降低能耗,他们的研发项目开始有了方向。

然而除了研究方向,伙伴们还面临着研发资金、工作用地等等实际困难。正当他们一筹莫展之际,在学院团委、辅导员老师的帮助下,他们申报了学院创业园项目并成功获批,学院创业园 204 室提供给公司作为办公场所,同时,学院安排学生会组织企业主管和专业老师对他们进行公司运营管理、资金的申请与使用控制以及公司制度化的运作等方面的专业知识培训和讲解,学院的支持帮助文成科技摸索出适合自己的道路并不断走向正轨提供了理论与实际支持。

## 蹈机握杼百舸争流

文成科技的几位合伙人在学好各自专业课知识的同时,也在利用课余时间,努力学习与企业运营相关的管理知识,在创新创业的行业大环境中不断充实自身。因为他们知道,企业经营环境最关键的部分是企业所在的行业环境,行业环境与结构在很大程度上影响着市场规则的建立以及企业竞争战略的选择。任何一个行业的竞争强度和盈利潜力都不仅仅取决于企业与其竞争对手之间的竞争,更取决于五种基本力量的共同作用,即潜在进入者的威胁、现有企业间的竞争、替代品生产者的威胁、供方的议价能力和买方的议价能力。"文成"团队以其特有的迎合市场发展所需的技术在市场竞争中努力寻求一席之地。

十八大报告中将"大力推进生态文明建设"单独立项,提出要坚持节约资源和保护环境的基本国策,着力推进绿色发展、循环发展、低碳发展,形成节约资源和保护环境的空间格局、产业结构、生产方式、生活方式。在这种大环境下,"文成"的团队成员们利用知识优势,在实践的基础上,创新开发出一种新型的、基于太阳能发电的汽车制冷空调系统。该产品可以最大限度地利用生活中的可再生资源,提高资源利用效率,同时兼顾气象信息采集等功能,不仅做到了低碳环保、促进节能减排,满足消费者对于乘车舒适性的使用需求,更能够满足国家关于加快生态文明建设的需求,保证经济可持续发展。在成员们的不断努力下,他们的"汽车辅助空调装置"不仅取得了国家实用新型专利证书,而且连续获"紫金银行杯"2015
六合青年创客大赛荣获创意计划类一等奖、第十四届"挑战杯"江苏大学生课外学
术科技作品竞赛暨全国竞赛江苏省三等奖、2015 年江苏省大学生科技创新成果
金奖!

　　目前,"文成科技"已经慢慢适应行业发展的大环境,公司发展逐渐步入正轨,
成为一家以开发和销售"基于珀耳帖效应的太阳能辅助空调系统"为核心经营项
目的科学技术有限公司。公司主要从事利用清洁能源如太阳能制冷设备等有关
产品的研发与销售。创业前期重点推广公司的核心产品——太阳能空调制冷系
统,后期则将致力于开发以该系统为中心的各类子系统产品,逐步走向智能化,带
给使用者不一样的便捷生活感受,最终实现公司的"乐科技,享生活"的理念。为
了有更明确的针对用户的技术调节,他们顶着炎炎烈日奔波于各个汽车 4S 销售
店,耐心且详尽地了解每一位用户对空调系统的要求,并在此基础上继续研发、改
善。正是由于这样的执着和坚持,他们的研究才不断地获得进步和提升。在市场
调研与试用中,这一研究成果也受到了汽车用户们的广泛好评。

　　如今,文成科技公司紧跟当代智能车载空调发展的趋势,在南京信息工程大
学紧邻的南京高新开发区建立生产基地,以学校电子信息、控制工程等专业为科
研依托,凭着自己在技术力量和政策支持等方面的优势,力争 10 年内将公司建成
为国内领先的智能车载空调中心和生产基地,实现智能的技术颠覆,凸显清洁能
源的重要意义。为了能给客户提供更好的生活体验,公司以"乐活·优享"为产品
理念,坚持走自然友好的和谐发展之路,构建可持续发展的核心竞争优势,做中国
车载空调的知名品牌,实现基于珀耳帖效应的太阳能辅助空调系统的规模化生
产,提高产品质量,突出产品可持续发展优势,为顾客着想,回报社会。

　　谈到未来发展,文成科技的成员们跃跃欲试、充满信心,更对自己处于当下国
家大力支持创新创业的大环境感到幸运。他们自信能够做到蹈机握杼,在百舸争
流的情况下脱颖而出,相信他们定能实现自己的梦想!

# "博爱青春"支教团队:以爱为媒以爱为美

团队简介:滨江学院组织的"博爱青春"支教团,自 2009 年起,连续 8 年走进中西部贫困地区开展暑期支教活动。2011 年,得到国家红十字总会以及江苏省红十字会的一致好评,支教项目被评为江苏省唯一的国家红十字总会重点资助项目;2011-2014 年连续四年被评为江苏省高校红十字会"博爱青春"暑期志愿服务项目优秀奖;2014 年江苏省高校红十字会"筑梦青春益起来——江苏省青少年工艺项目创投大赛"三等奖;8 年间,先后 3 人被评为江苏省优秀志愿者和优秀指导教师称号,51 人被评为南京市优秀志愿者和优秀指导教师称号。

8 年,160 多个日日夜夜;

10 座城市,20 所希望小学;

500 多位在校大学生,3200 多位留守儿童。

这就是南京信息工程大学滨江学院"博爱青春"支教团队,用"爱"创造的动人数字。2009 年以来,一届又一届的"博爱"成员深入贫困山区开展暑期支教活动,他们将"支教"理解成"陪伴",用"陪伴"温暖了一个又一个孤寂的留守儿童。

## 爱从"方寸坚持"开始

2016 年 7 月,杨大庄希望小学。

像往年一样,这个 20 人组成的支教团队,身着统一服装,集中从南京火车站出发。他们这次的目的地是安徽阜阳的三所希望小学。路上,支教队员们叽叽喳喳,开心的畅聊着未来 20 天的支教生活该如何渡过。

下了火车,坐上汽车,当离支教点越来越近时,这帮在大城市生活惯了的大孩子,突然之间就变得越来越沉默。站在杨大庄希望小学门口,映入眼帘的并不是几层楼的标配校舍,而是在校长家临时建成的几间土教室。虽然参加支教面试的时候,就被告知当地条件如何艰苦,但当亲眼看到现实情况的时候,他们还是有了短暂的吃惊和不适应。

在这里，一切吃喝用度都要自己解决。没有专门的宿舍，漏风的教室就是大家生活和工作的地方；没有燃气灶，只有土灶台；没有抽水马桶，只有古老的蹲坑……

"既来之，则安之。"当看到一群天真的孩子，睁着稀奇的大眼睛围坐而来的时候，所有的不适应都慢慢变得可以适应。条件即便这样，也没有吓走任何一个支教志愿者。这些支教队员，从数百名志愿者中脱颖而出。他们经过层层面试，只有那些怀有爱心，心理素质过硬，又有家长支持的人最终能加入到支教队伍中来。因此，即使条件艰苦，经过短暂的心理调适之后，大家还是很快就适应了这里的生活。

有人烧饭，有人捡柴火，有人去集市买……为了节省开支，三餐都比较简单，一周也就吃一次肉。到了晚上，大家把长条的课桌拼在一起，就变成了床。盛夏，即使全身喷满花露水，也抵挡不住蚊虫的猛烈攻势。炎热的天气，让教室变得像蒸笼一般闷热难当。于是，大家干脆将睡袋搬到院子里，反而能捕捉一点室外的清凉。如果说吃住还能应付，去"厕所"就成为萦绕大家心理最大的障碍。蚊虫横飞的厕所，让很多志愿者每去一次就要做很长时间的心理斗争。

### 爱在点滴中蔓延

2016 年 7 月，大王庄希望小学。

这是繁华城市所看不到的偏僻之所。这里的孩子，大多由于父母在外打工，成为"留守儿童"，都是跟随爷爷奶奶生活。每年暑假，对于这群缺少父母关爱的孩子来说，"安全"成为最大的问题。

支教志愿者都明白，他们来到这里更多的责任是"陪伴"和"抚慰"。由于爷爷奶奶要干农活，这些孩子白天就会处于没人监护的状态；"孤独"也与这些年幼的孩子如影随形。因此，志愿者们更多思考的是如何将这些孩子集中起来让他们远离危险地带，如何让他们在学习中感受快乐。

白天，他们的课程设置除了有"语数外"，还会教孩子学习手工、绘画、音乐等一些大家喜欢的课程。有时候早上六点多就有学生来了，他们的爷爷奶奶已经去农田干活了，他们觉得还是早点来学校更好玩一点。于是，志愿者就要早早起来安排这些孩子们晨读。下午，当结束一天的课程，有些学生还是恋恋不舍不愿回家。大哥哥、大姐姐们便带着他们一起去打球、散步、做手工……这样的生活，让孩子们感觉既幸福又充实，他们与支教的大哥哥、大姐姐们也建立了越来越深厚的感情。

但在支教过程中，也会遇到棘手的问题。一天，当支教志愿者发现班里的一位同学一天都没来学校时,他们晚上便结伴去他家里去家访。原来家里的爷爷奶奶也在焦急地寻找着他。当天,奶奶因为琐事打了这个孩子,他便一气之下跑得不知去向。于是,大家分头去找,直到晚上十点多才在村口找到他。当看到大哥哥、大姐姐时,他抹着眼泪委屈地说:"我只是想爸爸妈妈了。"事后,几名志愿者苦口婆心的劝告这个孩子的奶奶,应该多给孩子讲道理,打并不是好办法。

班里的一个女孩告诉大哥哥大姐姐,她就要退学了。下午上完课,几位支教志愿者约好又一起来到这个女孩家家访。来到这个孩子的家,他们被眼前的景象震惊了:黑乎乎的屋子,家里的东西扔的乱起八糟,没有一件像样的家具。院子里三个穿着脏兮兮、破破烂烂的孩子正在追逐打闹着。爷爷奶奶身体都不好,还要照顾几个孙子,他们早已感到力不从心。因此,他们认为让大孙女退学兴许能够帮助家庭渡过难关。志愿者为了能够让这个学生坚持学业,不止一次到他们家里,给他们做思想工作,将自己身上多余的零用钱凑到一起送给这个负担沉重的家庭。

## 爱在校园中接力

2016 年 9 月,滨江学院食堂门口。

一条长长的桌子,桌上满摆满了一个个心愿卡。去支教的志愿者们,搜集了小朋友们一个个小心愿,并将他们制作成美丽的心愿卡带回校园。驻足的同学们,通过心愿卡不仅了解了一个个动人的小故事,也知晓了小朋友们小小的心愿。

一名支教志愿者正在给同学们讲一个心愿卡的故事:"这个小调皮与我同名,他的手指因为小时候被机器夹了而落下残疾。他很活泼,性格非常阳光,是我们的开心果……"

一个故事结束,那边又有志愿者为一个刚刚认领心愿卡的同学讲了做志愿者的心情:"最让我感到惊喜的是王宜福,刚来的时候他上课特别不认真,可是离别那天他专门折了一朵花送给我。这里的孩子都像他一样害羞,他们起初都不敢表达自己对老师的喜爱,可是慢慢的,他们会感到我们的好。他为我送花的那一刻,真的感觉很幸福,感觉当老师真的很好。"

"一副乒乓球拍""一个新书包""一本安徒生童话"……这些小心愿本身并不难实现,但是因为有了更多人的关注和关爱,才会让这些孩子看到社会更多美好的东西,呵护着他们成长为一个个拥有爱心的人。

一次支教活动的结束,并不意味着爱心的结束。通过"心愿认领"活动,不仅让更多的同学了解到"博爱青春"支教团队,也让更多的同学加入到这场爱心活动中来。

爱心,就这样在校园传递下去。

## 爱让彼此成长

八年来,"博爱青春"支教团的成员换了又换,但是支教活动却一直在传承。这项活动,也因为他们的坚持与传承而获得诸多荣誉。2011年,该支教项目被评为江苏省唯一的国家红十字总会重点资助项目;2011-2014年,该支教项目连续四年被评为江苏省高校红十字会"博爱青春"暑期志愿服务项目优秀奖;2014年该支教项目获得江苏省高校红十字会"筑梦青春益起来——江苏省青少年工艺项目创投大赛"三等奖;8年间,先后3人被评为江苏省优秀志愿者和优秀指导教师称号,51人被评为南京市优秀志愿者和优秀指导教师称号。

"赠人玫瑰,手留余香"。这段经历,让参加这项活动的同学们都记忆深刻。不只是记住了他们所吃过的苦,不只是记住了成员之间建立的友谊,更是记住那一张张稚嫩的笑脸,以及笑脸背后的故事。

"这次活动,让我们了解了在我们平静的校园生活之外,还有那么多需要关爱的留守儿童。如果我们的陪伴,哪怕能给这些孩子带来点滴的温暖,这对我们都是莫大的鼓励。"

"通过支教活动,我更加珍惜自己的生活。大家因为际遇不同,都会有不同的人生故事。但是我们都应该选择更加坚强乐观的生活态度。"

"通过20个日日夜夜的相处,让我认识了一帮志同道合的朋友。我们的友谊因为爱心走到一起,必将因为爱心而走地更远。"

一起吃过"苦"的朋友,自从有了一趟"支教"之行,让他们拥有了一段共同的温暖记忆;这趟"支教"之行,让他们学会了如何去爱,如何去承担一份社会责任;这趟"支教"之行,更让他们理解了幸福生活的来之不易,珍惜为时不多的求学生涯。

年复一年,支教活动的精神一代一代地传承着,一段段的美好回忆,像乐章、像画作、像诗歌……将来,相信还会有更多的志愿活动,将一代代的感动、一次次的温暖传播到更远的地方。

转眼已经八年,以爱为媒让大家相识,生活也必然因爱而更美好。

第四篇 **04**

## | 实践育人篇 |

　　实践育人是高等院校人才培养中的重要环节。长期以来，南京信息工程大学滨江学院一直高度重视实践育人工作，在人才培养过程中，紧紧围绕行业特色、院校特点和学院学科专业特色，打造学院校园文化品牌，广泛开展实践育人活动。本篇主要介绍了学院在"双创"育人理念指导下，开展的就创业指导站建设、大学生创业园建设、就业基地建设、创业培训、学科竞赛、创新创业训练计划、实习实训、社会实践、主题实践教育等实践育人活动。

# 以生为本　开拓创新　全面提升就创业工作

在党和政府高校毕业生就业方针、政策的指引下,在南京信息工程大学滨江学院党委和行政的正确领导下,滨江学院始终坚持以科学发展观为指导,以培养"应用型、技术技能型"人才为目标,以服务区域经济发展为己任,全面提升毕业生就业竞争力,引导毕业生创新创业,促进毕业生充分就业。

**一、落实三项保障,推进就业工作有序开展**

（一）组织保障

多年来,学院一直高度重视学院的就业工作,坚持就业工作"一把手"工程,成立了由院长和党委书记为组长的就业工作领导小组,由党委书记亲自分管并担任就业工作小组组长,全面负责学院的就业创业的规划、组织、协调、部署。学院设立就业指导中心,具体负责学院就业创业工作的组织和实施。

学院将提高毕业生就业率和就业质量作为检验办学质量和办学水平的核心指标之一,纳入学院全面发展的总体部署,学院"十二五"规划中明确提出要"将大学生的就业和教学改革相结合""大力加强实习基地建设,通过实习促进就业"。每年的学院行政工作要点中都特别强调要切实推进毕业生就业工作,加大就业工作指导力度,改进就业工作指导方法,狠抓创业教育和创业实践。

（二）制度保障

学院注重加强就业工作制度化、规范化建设,先后出台了《南京信息工程大学滨江学院毕业生就业工作实施细则》等10多个制度性文件,内容涉及了就业管理、就业考核、校园招聘管理、就业市场建设等各个方面,提升了管理水平和效率。注重加强对就业工作形势研判,并根据每年的就业形势和就业工作特点出台年度就业工作文件,细化、优化年度就业工作计划和工作日程安排,为就业工作的有序开展奠定坚实的基础。

学院坚持将就业工作作为各系考核的核心指标,出台了《南京信息工程大学滨江学院各系毕业生就业工作考核细则》,从目标管理、工程管理、工作创新等方面,对各系就业工作进行全面考核,有效推进各系就业工作目标管理。学院每年制定各系毕业生就业率目标(包括初次就业率、初次高质量就业率、年终总就业率、年终高质量就业率),对按时完成就业率目标的给予一定的奖励;对不能完成就业率目标的,取消先进个人、先进集体以及年度考核"优秀"等级的评选资格。

为规范我院的就业创业教育和指导,学院也先后出台了《南京市大学生就业创业指导站工作章程》《南京信息工程大学滨江学院大学生创业园管理办法》《南京信息工程大学滨江学院大学生创业园遴选办法》等,加强大学生创业园管理,促进大学生创业项目孵化。

(三)条件保障

1. 人员保障

学院建立了一支"专兼结合、师生结合"的就业工作队伍。现有就业工作专职人员 14 人,其中院级专职人员 5 人,各系专职工作人员 9 人。学院制定就业工作人员年度培训计划,针对就业工作各个环节,采取专题培训与工作沙龙相结合的方式,每年组织校内就业专项培训 6 - 8 次,推荐参加校外相关培训 2 - 3 次。学院积极推荐工作人员、辅导员参加职业指导师培训、创业咨询师培训、全省就创业指导教师培训班、职业规划设计大赛指导教师培训班等。学院所有就业专职人员均拥有职业指导师资格证书,3 人获得创业咨询师证书,3 人获得心理健康咨询师证书。

为进一步建设好南京市大学生就业创业指导站,充分发挥其在大学生就业指导、创业教育等方面的作用,学院指定就业指导中心主任专职负责指导站工作,并将各系团总支书记作为兼职工作人员,具体负责指导站的日常事务和工作,确保指导站的正常运转。

2. 设施保障

学院设有就业指导中心办公室、就业信息查询室、就业工作接待室、洽谈室、毕业生档案室、用人单位宣讲招聘室等,办公室场所功能设施齐全,能够满足日常办公、信息查询、举办各类校园招聘会、用人单位宣讲会、面试洽谈等活动。工作人员人均一台计算机,并专门配备两台供就业助理使用,配有投影仪 2 台,数码相机 1 部,长途电话、远程视频设备等均能有效保障正常办公需求。

同时,学院建有 600 平方米的大学生创业园,并在大学生创业园内还专门设立"南京市大学生就业创业指导站"工作室,面积约为 40 平方米,配备办公设备和会议桌等,专门用于大学生就业创业指导、创业沙龙、创业培训等活动。

3. 经费保障

为保证学院就创业工作的顺利开展,学院每年按照不低于公办院校学生学费 1% 的标准下达就业经费预算,对大型校园招聘会等综合性活动额外划拨专项经费。

### 二、实施四个工程,提升毕业生就创业能力

(一)实施技术技能型人才培养工程

1. 推行分类人才培养

学院坚持"精细定位,分类培养"的原则,围绕"技能型、精英型、国际化"的人才培养导向,尊重个性,因材施教。学院创办理科实验班,建立导师制。每年新生进校后通过考试,选拔一批有考研深造等志向的理工类专业学生,在一年级单独制订教学计划、配备教学经验丰富的师资,强化基础,为今后考研深造、提升创新能力奠定基础。学院大力倡导和鼓励学生考研,把考研工作作为提高教学质量的重要抓手,以考研工作推动毕业生高质量就业。学院按照"应用型、技术技能型"人才培养定位,重视并鼓励学生在校期间报考各类职业技能证书,帮助学生获取各类职业技能证书,为高质量就业增加砝码。学院开展国际合作交流,积极为学生提供出国留学咨询与服务,帮助学生毕业时顺利出国深造。

2. 学院重视学生技能培养,加强就业实习实训。

学院主动加强校企合作,先后建立了气象局、测绘局、达内科技、焦点科技等近100个实习实训基地,与企业共建3个实验室,根据不同专业组织全体学生进入企事业单位,深入工作一线,参加实习实训,为掌握好专业知识、提高职业技能奠定基础。同时,学院重视并鼓励学生在校期间考取各类职业技能证书,学院引入各类技能证书培训机构,提供必要的服务指导,帮助学生获取各类职业技能证书。以我院2015届毕业生为例,学生拥有各类职业技能证书率达到72%,部分专业超过90%,很多学生同时拥有多个技能证书,不少学生考取了CCIE等高端证书,为高质量就业增加砝码。

(二)实施就创业服务优化工程

1. 积极拓展就业市场

学院坚持"请进来、走出去"的校园就业市场建设。积极参与江苏省高校招生就业指导服务中心组织的"百校联动就业活动",每年分别与江苏省人社厅信息技术人才市场、南通市人才市场等地方人才市场联合举办校园综合性招聘会,主动邀请各地气象局、知名企业走进校园,举办专场招聘会,提供就业岗位2000~3000个,为广大毕业生和用人单位搭建求职桥梁,创造就职机会。同时,依托南京信息工程大学的优质就业资源,组织毕业生参加"南京市人才招聘会""人社局长校园行""沿江五市校园招聘会""全国气象行业招聘会"等校园综合招聘会;也充分利用区域就业联盟、"1120"江苏省高校毕业生公益洽谈会等,主动租用车辆送毕业

生参加招聘会。

### 2. 打造就创业信息平台

利用学院就业网、奥蓝学生管理系统、就业飞信平台、手机就业 APP 等立体化就业信息发布平台，第一时间向学生发布各类就业信息，安排专人，每天对就业网、奥蓝学生管理系统等平台更新就业信息，全年通过信息发布平台发布的有效招聘信息 1000 余条，提供就业岗位 100000 多个（日均就业岗位 30 个），并与江苏省就业网络联盟实现就业信息有效对接。

学院就业网开设"政策法规"专栏，及时、准确、有效地转发国务院、教育部、江苏省教育厅和南京市等部门发布的就创业政策法规，《国务院办公厅关于深化高等学校创新创业教育改革的实施意见》《教育部关于做好 2015 年全国普通高等学校毕业生就业创业工作的通知》《省政府办公厅关于转发省人力资源社会保障厅等部门江苏省大学生创业引领计划的通知》和《中共南京市委、南京市人民政府关于推动实现更高质量就业的意见》等文件精神得到有效传达和贯彻。学院就业网还设立"就业网站链接"板块，与"江苏省毕业生就业网""南京毕业生就业网""南京大学生创业网"和各市人才网实现互通互链，实现了学校与地方就创业信息共享。

### 3. 推进个性化就业帮扶

家庭经济困难、学习困难、孤儿、生理残疾、心理有疾病和少数民族学生历来是学院学生工作重点关注的主要群体。学院对以上群体给予个性化帮扶，了解就业困难学生状况，建立就业困难学生档案，并做好"思想上关注、经济上资助、学习上帮助、心理上互助、就业上扶助"五个环节，直至他们成功就业。如：对存在就业畏惧心理的毕业生，学院定期对学生进行心理普查，对普查中发现有问题的学生建立档案，并安排就业指导和心理辅导老师给予"一对一"服务，帮助学生树立就业信心，并优先推荐就业岗位；对因家庭经济困难而造成求职困难的毕业生，发放专项求职补贴；学院认真落实国家奖学金、国家励志奖学金、国家助学金的评比发放，对所有经济困难学生进行经济资助的全面覆盖，近两年来资助学生达 4072 人次；对就业竞争力不足的毕业生，通过引进校外专门培训机构开办专业技能培训班，提升毕业生的就业能力；对其他类型的困难毕业生，通过优先提供就业信息、给予求职技巧指导、帮助联系调剂等方式提供帮扶，如与江苏省信息技术人才市场党支部合作组织了多家用人单位到校，与特殊群体学生面对面交流，开展招聘活动，当场有数十名同学与用人单位达成了初步就业意向。近几年，学院成功帮扶 100 多名就业特别困难学生就业；对离校未就业的毕业生，建立了完整的台账，并安排专人通过提供就业信息、推荐就业岗位、联系就业实训单位等方式提供跟踪指导、服务,直到他们成功就业。

（三）实施就创业指导强化工程

1. 抓实"第一课堂"建设

学院重视学生的就创业指导,通过"三课"联动,抓实"第一课堂"建设,实现四年期间就创业指导不断线。对于一年级学生,着重开展专业认知教育、大学适应性教育,开设《大学生职业生涯规划》课程。该课程自 2008 年开始纳入《南京信息工程大学滨江学院本科专业培养计划》,为必修课,共计 16 个学时,1 个学分。《大学生职业生涯规划》授课内容涉及职业规划的含义、目的与意义、职业倾向测试、规划的制定与实施、大学生的素质与能力培养等方面。对于二年级学生,在系统学习专业基础知识的基础上,着重加强专业技能教育和创新创业意识培育,开设《大学生创业教育》必修课。对于三年级学生,引导学生明确就业去向（升学、出国、就业、创业等）、转变就业观念,帮助学生提前做好就业准备。对于四年级学生,着重开展就业能力提升培训,指导学生维护个人就业权益,开设《大学生就业指导》必修课。该课程 16 个学时,1 个学分,授课内容涉及职业规划、就业政策、就业观念、求职技巧、简历制作、就业手续办理流程、劳动法规等方面。

学院专门成立"三课"教研组,教师主要由就创业专兼职工作人员、辅导员等组成。教师通过集体备课、上公开课等形式对授课方式、教学案例遴选、教学资料选用等问题进行广泛的交流,拓宽教学思路,实现共同提高。教学人员还经常与学生辅导员、班主任沟通交流,使授课内容更具针对性、现实性和趣味性。

2. 发挥"第二课堂"作用

学院积极推进渗透融合,发挥就创业指导的"第二课堂"作用。一是定期举办政策宣讲、就业能力提升的就业指导讲座,帮助学生了解国家和地方的就业政策,端正就业观念,树立正确的就业观和择业观;掌握简历制作、面试等求职技巧,提高求职能力。二是通过开展创业计划大赛、SYB 培训、模拟面试大赛、简历制作大赛等体验式教育活动,提高学生实际求职能力和创业能力。三是通过组织学生参加江苏省就创业知识竞赛,学习了解国家、地方的就业政策,掌握就创业知识,并将就创业知识竞赛成绩纳入《就业指导》课程总评成绩的一部分,提高学生参与积极性;学院连续三年被评为江苏省就创业知识竞赛"优秀组织奖"。四是邀请创业成功人士、巡讲专家,来院举办普适性就创业指导讲座、报告会,与学生交流座谈,让广大学生感受创业氛围。

3. 开展就创业课题研究

院专门组织教学经验丰富、教学能力突出和教学成果显著的教师编纂"三课"专用教材和教学大纲,即《大学生职业生涯规划》《大学生创业教育》和《大学生就业指导》,按照模块化教学的思路,设置了气象类、理工类和文管类三大课程模块,以提高课程教学的针对性和适用性。学院积极申报各级各类就创业课题,设立专项研究基金,学院就业工作人员和辅导员共发表就创业相关研究论文 13 篇,其中《科技型小微企业创业能力提升诉求下高校创业教育研究 - 基于江苏部分高校1118 份问卷的调查分析》《独立学院创业教育优势分析与定位研究》发表在核心期刊;建立《高校大学生创新创业教育机制研究》和《滨江学院就业指导工作机制及创新创业教育研究》等 10 多项院级研究课题。

(四)实施创新创业实践工程

1. 强化实践创新训练

近年来学院积极利用"江苏省大学生创新创业训练计划平台",积极组织学生申报"江苏高校大学生实践创新训练计划",滨江学院每年获批立项达 20 多项,涉及经济学、理学、工学、教育学、文学、管理学、法学等多个学科领域,通过课题申报提高学生的创新创业思维和能力。

按照"以赛促学、以赛促建"的理念,积极组建创新团队参加"挑战杯"课外科技学术作品竞赛和创业计划大赛、"蓝桥杯"全国软件专业人才设计与创业大赛、全国大学生网络技术大赛、江苏省大学生电子设计大赛等,我院学生屡获全国及江苏省一二三等奖。在第十四届挑战杯江苏省选拔赛决赛暨江苏省大学生科技创新成果展上,滨江学院 2012 级电子信息工程专业和雷电防护科学与技术专业的三名学生研发的"太阳能汽车辅助空调"作为我院首次冲进省赛的科创项目,不仅得到了曹卫星副省长等领导的充分肯定和现场体验,还吸引了江苏卫视、淮安电视台和淮安日报等多家媒体的争相采访报道,光明日报也专门报道了我院的参赛项目。同时,学院还积极组织参加江苏创新创业大赛等活动,2015 年我院推荐的大学生创业项目"股票龙头网""南京宝斯丽信息科技有限公司"和"南京烁美文化传播有限公司",进入初赛。其中,"烁美"作为创业团队典型,还参加 2015 年江苏省大学生创就业典型案例征集。

2. 开展创业项目实践

学院坚持以"培育创新精神、鼓励创业实践、完善创业人格"的创新创业教育理念为引领,积极启动滨江学院"大学生创业园"项目,制定《南京信息工程大学滨江学院大学生创业园管理办法》,建成 500 平方米的大学生创业园。依照《南京信息工程大学滨江学院大学生创业园遴选办法》,从 2011 年首批 8 支创业团队完成招募、进驻,2012 年、2013 年和 2014 年共计 32 个项目在园内孵化,经营产品和服务类型涵盖平面设计、广告设计、喷绘设计、摄像摄影、活动策划、文化传媒、校园自媒体、服装租赁、家教服务、美容护理等多方面。通过创业诊断、导师结对、项目指导等工作,帮助多个创业项目成功注册。其中,滨江学院网络工程专业的毕业生王静,毕业后成功注册创办的"绿莲科技网络有限公司"专门从事大学生就创业指导服务的公益项目受到江苏省和南京市政府的重视和扶持,其申报的"大学生就业服务 O2O 平台"获南京市青年大学生"一等"优秀创业项目资格。

### 三、取得三大成效,实现毕业生高质量就业

（一）考研率高

近年来,学院以考研指导为抓手,营造优良学风,实行特色办学,走内涵式发展道路,全面快速提升学院的办学水平和社会声誉。学院建立了"3365"工作机制,即从院级、系级、学生三个层面,以文科、理科、工科三种类型,经宣传动员、报名、坚持、强化冲刺、复试调剂录取、总结六个阶段,倾力打造滨江学院"学生－家长－辅导员－教师－学院领导"五位一体的考研工作机制,为学生提供全面、细致、周到的考研服务和指导,取得了可喜成绩。学院毕业生报考硕士研究生上线率稳步攀升,近年来上线率始终保持在 12% ~15% ,2015 届毕业生录取率再创新高,达到 12% 。

（二）考证率高

学院积极探索"技能证书"和"实习实训"两手抓的人才培养路径,设置了实践教学科,专门负责指导学生考取与专业相关的技能证书,组织学生参加专业实训。近三年来,学院积极发掘社会资源,先后与 40 多家企业联合建立了实训基地,涵盖所有专业。学生通过参加实习实训,切实掌握了专业技能,提高了运用专业理论解决实际工作的能力。学院鼓励学生在校期间考取各类职业技能证书,引进相关考证服务机构,帮助学生考取与专业相关的职业技能证书。近年来,学院毕业生的证书持有率达到 72% ,部分专业甚至达到了 90% 以上,不少学生同时持有多个职业技能证书,为高质量就业增加了砝码。

（三）就业率高

通过"三个保障""四项工程",学院毕业生就业率始终保持在全省独立学院前列,即使在被称为"史上最难就业年"的 2013 年,我院毕业生初次就业率达到89.79% ,年终总就业率达到 96.68% ;2014 年初次就业率达到 90.18% ,年终总就业率达到 97.18% ,均高于全省平均水平。

学院以"分类培养,全面提升,充分就业"的毕业生就业工作理念,按照"应用型、技术技能型"人才培养导向,根据学生个性特点和发展需求,构建学校、家庭、社会三位一体的就业网络,创新创业指导机制,毕业生的综合就业能力显著提高。近年来,毕业生及用人单位对学院就业工作的满意度均保持在 95% 以上。

# 加强管理服务　注重项目引领
# 充分发挥大学生创业园实践育人实效

南京信息工程大学滨江学院近年来一直高度重视大学生创新创业教育工作,积极探索创业教育的工作模式和有效途径,不断完善体制机制,整合校内外资源,重点加强对大学生创业园的建设,加强创业园管理服务,注重创业项目引领,深化创业实践指导,有效提升大学生创新创业能力。

## 一、创业园基本情况

以大学生创业园作为学生开展创业实践的平台,是目前国内各高校开展创业实践最主要的形式。南京信息工程大学滨江学院大学生创业园始建于 2011 年,目前面积近 500 平方米,共计有 11 个项目团队在园孵化,开展创业实践。学院成立了南京信息工程大学滨江学院创业教育工作管理委员会,建立了比较完善的创业园管理制度,聘请了校内外创业指导师资队伍,通过培训、讲座等形式提高大学生创业实践能力。

大学生创业园为入驻创业团队提供多项优惠政策。创业园在协议期内为各个团队提供免租金的 20~40 平方米孵化用房,并免费为学生创业团队提供办公水电、办公桌椅等基础设施,还可以申请学院大学生创新创业基金。同时,创业园为所有入园项目提供创业政策咨询、创业指导、创业培训、工商注册、法律咨询等服务,并协助落实当地政府给予的各项优惠政策。

## 二、加强创业园管理与服务,保障创业实践有序开展

(一)建立专职的管理服务部门,加强大学生创业园管理

大学生创业园的管理与服务主要由院团委负责,并依托学生会成立了实践与创业部,组织学生骨干参与大学生创业园的日常管理。制定了《南京信息工程大学滨江学院大学生创业园管理办法》《南京信息工程大学滨江学院大学生创业园管理人员规定》等制度,加强大学生创业园管理。实施了创业园挂牌上岗、非园内

人员进园登记等举措,规范在园创业人员管理,杜绝闲杂人员进入创业园区,确保大学生创业园稳定运行。

（二）定期进行项目评估与考核,促进项目优化发展

创业园建立规范的创业园项目评估与考核制度。针对创业园在园项目,每季度开展一次项目评估,要求项目负责人汇报季度项目开展情况,分析项目存在的问题,明确今后项目发展的方向,并由相关专家提出指导意见;每半年进行一次考核,考核结果较差的项目将限定时间内进行整改,确实不适合在园继续孵化的项目将办理出园手续,促进创业项目良性发展。

（三）设立创业扶持基金,鼓励大学生开展创业实践

为了推动广大学生、在园项目团队积极开展创业实践活动,学院专门设立了《南京信息工程大学滨江学院大学生创新创业基金管理办法》,每年拿出 10 万元经费用于支持大学生创新创业项目孵化,保证了我校创业教育工作的顺利开展、大学生创业园的正常运转和大学生创业项目的孵化。

### 三、注重创新创业项目培育,引领大学生开展创业实践

（一）以创新创业竞赛为基础,凝练创新创业项目

近五年来,组织开展了滨江学院"互联网＋"大学生创新创业大赛、大学生创新创意创业大赛、大学生课外学术科技作品竞赛、大学生社会调查报告大赛等多项创新创业大赛,共计吸引了近 300 个创新创业项目,1000 多人参赛。通过大赛的赛事宣传、大赛赛前辅导、专家现场评审等方式帮助大学生提高创新创业意识,形成了一批优秀的创新创业项目,培育了大量热爱开展创新创业实践的大学生,带动了全体学生积极参与到创新创业实践活动中来。

（二）以创新创业训练计划项目为助推,培育创新创业项目

学校响应教育部要求,积极设立大学生创新创业训练计划与实践项目,通过创新创业训练项目的实践,形成可以实际孵化的优秀创业项目。2012 年以来一共获得省级立项大学生创新创业训练计划项目 102 项,参与学生人数达到 390 人。

（三）以创业园孵化项目为引领,带动大学生开展创新创业实践

充分发挥大学生创业园的引领示范作用,汇聚一批又一批优秀创新创业项目在园孵化。2012 年以来,近 50 个创业项目在园孵化,其中近 10 个创业项目成功孵化,注册公司后正式运营。

**四、深化在园项目的培训指导，有效提升大学生创业实践能力**

（一）以推进大学生创业培训为途径，提高大学生创业技能

与六合区团委合作共同开展了为期两天的"六合帮青年创客训练营"创业培训活动，60 名来自南京各地区的创业青年来校参加培训，其中，从大学生创业园选拔了 20 名创业学生参加了此项培训。培训了邀请多位创业指导专家开展了培训指导，有效提升大学生创业技能。

（二）以举办大学生创业辅导讲座为举措，提升大学生创新创业水平

与浦口区人社局合作共同开展"2016 年浦口区创业服务活动校园行暨滨江学院'互联网＋'创新创业大赛辅导报告会"活动，邀请了政府主管创业部门人员、创业辅导专家、创业先进典型人物等多位专家作了创业辅导报告。结合"挑战杯"大学生课外学术科技作品竞赛院内选拔赛开展了创新创业辅导讲座，邀请了专利代理公司负责人、科技创新领域专家等多位专家作了创新创业讲座。

（三）以就业创业指导站为依托，开展"一对一"辅导，提升大学生创新创业能力

2015 年学院与南京市人社局合作，在大学生创业园内建立"南京市就业创业指导站"，面对广大创业学生提供咨询、辅导等创业服务，取得了明显的成效。大学生利用就业创业指导站资源，定期组织在园项目开展创业沙龙，鼓励创业大学生在活动中交流创业心得，相互学习创业经验，帮助同学们总结在创业过程中存在的问题与困惑；定期邀请校外创业辅导专家开展"南京市创业导师进校园"、"一对一"帮扶等活动，通过与创业导师的讨论与分析，找到推进创业项目进一步发展的途径，有效规避创业过程可能存在的风险，实现成功创业。

# 汇聚校外资源　协同培训指导　提升创业能力

## ——南京信息工程大学滨江学院大学生创业培训纪实

南京信息工程大学滨江学院近年来一直高度重视大学生创新创业教育工作,积极探索创业培训的创新形式和有效途径,通过引入校外资源,深入开展创业培训与指导,有效提升大学生创新创业能力。

### 一、建立校企合作,开展大学生 SYB 创业培训

开展创业培训,是拓展创业课程教学的重要途径,是提升大学生创业能力的重要措施。近年来,南京市人社局遴选了 10 家创业培训机构面向在宁高校大学生开展 SYB 创业培训工作。学院积极把握机会,及时与创业培训定点机构——南京豪成职业培训学校联系,并于 2013 年签订了战略合作协议,面向学院在校大学生开展 SYB 创业培训。学院每年选拔推荐 35 至 70 名有创业意向的大学生参加 SYB 创业培训。同学们通过 SYB 培训,不仅获得创业技能,而且获得 SYB 创业培训证书,并统一申领南京市大学生创业证,有效促进了大学生提升创新创业能力。

### 二、发掘政府资源,协同开展创业培训指导

积极与政府相关部门建立联系,发掘政府资源,深化创业园在园项目指导。2016 年 4 月,学院与六合区团委合作,共同开展了为期 2 天的"六合帮青年创客训练营"创业培训活动,60 名来自南京各地区的创业青年来校参加培训,其中,学院从大学生创业园选拔了 20 名创业学生参加了此项培训。4 位创业辅导专家组成的培训导师团,利用两天时间分别从创业认知与实务、创业计划书撰写、创业路演 PPT 制作技巧、创业路演和演讲技巧等四个方面给青年创客开展专业的创业培训辅导,有效提升大学生创业技能。2016 年 5 月,与浦口区人社局合作共同开展"2016 年浦口区创业服务活动校园行暨滨江学院'互联网 + '创新创业大赛辅导报告会"活动,邀请了政府主管创业部门领导、创业辅导专家、创业先进典型人物等 4 位专家,从各级政府创业扶持政策、"互联网 + "创业特征与类型、创业的失败

与成功经验分享等方面作了创业报告,有效提升大学生创新创业能力。

### 三、建立校外创业导师库,定期开展创业辅导讲座

积极组建校外由省市创业主管部门领导、南京市人社局创业导师、合作企业单位负责人、创业校友组成的创业指导专家库。结合"挑战杯"大学生课外学术科技作品竞赛、学院大学生创新创业文化节等活动,定期邀请校外创业指导专家来校,面向在校学生开展创业辅导讲座。学院先后邀请江苏能瑞环保节能科技有限公司总经理、感动南京十大人物刘智文、南通市团市委青年创业驿站创始人朱建新,以及专利代理公司负责人、科技创新领域专家等其他创业导师来学院开展创业指导讲座、创业事迹报告会等形式的创业指导活动,不断营造大学生创业氛围,有效提升大学生创业素质。

### 四、依托创业指导平台,开展精准创业指导

学院利用就业创业指导站资源,定期组织在园项目开展创业沙龙,鼓励创业大学生在活动中交流创业心得,相互学习创业经验,帮助同学们总结在创业过程中存在的问题与困惑;定期由南京市人社局选派校外创业辅导专家来校开展"南京市创业导师进校园""一对一"帮扶等活动,通过与创业导师的讨论与分析,找到推进创业项目进一步发展的途径,有效规避创业过程可能存在的风险,实现成功创业。

# 完善实践教学体系，创新型人才培养成效显著

随着经济发展的推动，社会人才需求的转变，滨江学院把培养创新人才作为学院高等教育改革的主要目标之一。当今社会，高等教育大众化不仅注重数量的扩张，更注重质的提升。中国高等教育持续发展的重点是提高质量，而提高质量的重点在于培养创新人才。因而，提高大学生的实践能力和创新创业能力显得更加迫切。近三年来，滨江学院以创新型人才培养为目标，扎实推进实践教学体系的不断完善，形成日渐成熟的实践教学体系；同时，加强校企合作关系，增加合作项目，拓宽实践教学内容，在创新型人才培养的过程中，取得了积极而有力的成效。

## 一、基于创新型人才培养的实践教学体系新理念

完善、健全的实践教学体系才是实践教学工作延续的基础前提，也是人才培养转型的重要保障。在日积月累的实践教学工作过程中，不断地优化实践教学各个环节的合理配置，形成了"一个中心，四层次训练，两项基本保障"的实践教学体系新理念。即"以大学生创新能力培养为核心，以优化人才培养方案为引领，以专业基础训练为起点，以独立实践训练为主体，以专业技能训练为辅助，以科技创新训练为载体，以激励机制和质量监控为保障"。

滨江学院形成了独树一帜的实践教学新体系，由学院领导统筹管理，实践教学科组织实施，各系具体执行。同时，各层之间相互监督、评估，实施积极有效的奖励政策，以先进工作者、先进集体作为抓手，带动各部门相互协调，齐头并进。

## 二、滨江学院实践教学工作主要特色与成果

滨江学院围绕实践教学新体系，着重加强探索和完善"专业基础训练－独立实践训练－专业技能训练－科技创新训练"四层次、一体化、开放式的人才培养实践教学模式。

（一）立足于专业基础训练，狠抓独立实践教学环节，加强实验教学资源共享

平台建设

学院历来非常重视专业基础课和专业课的课内实验教学环节的建设,注重实践教学内容的更新,明确提出了综合性、设计性实验所占比例的具体要求,并对实验教学内容、学时数等进行了积极的调整,提升实验教学的质量。近三年实验课程稳步推进。

近年来,学院不断改革实验课程体系,提高实验教学地位,发挥实验教学在培养学生动手能力、实践能力、创新能力方面的优势,全面提高学生的素质。在实验教学改革中,着重研究与更新实验内容、实验方法、实验手段,增加实验性、综合性、设计性实验课程。学院开展实验室体制的改革,以"调整、组合、优化"六字方针为指导,采取分散与集中相结合、分级与分层相结合。大力推进实验课程改革,使传统典型实验与现代发展实验相结合,基础实验与现实科研实验相结合。打破传统的实验教学方法,建立预习——检查——提问——讨论——操作——总结的实验方法。成立创新实验室,实现实验教学资源共享平台,将教学实验室进行整合,加强教学实验室环境建设,规划教学实验室,将教学实验室与学科建设项目紧密结合。始终围绕学科建设和发展来开展实验教学改革,特别注重将研究性实验项目与学科建设的特点相结合,努力把实验室建设成为一个开放性的、综合性、研究性实验室,建设成学生学习先进科学知识,掌握科学研究方法,增强动手能力,激发创新意识的一个平台。

总之,我校实验教学内容与体系的改革百花争艳,充分体现了学科特点及专业特色。围绕学科建设和专业抽检,优化教学培养计划,加大独立实践教学环节的比重。教学培养计划的制订坚持"学生实践能力培养四年不断线"的原则,通过不断优化课程设置,加大实践教学在培养计划中的比重。增加实践环节的教学学时,工科类各专业实践环节占教学计划总学分(学时)的35%以上;丰富实践教学的内容,开设综合性、设计性、创新性实践课程,占课程总数的比例超过90%;部分实践课程实现了独立设课,提高了实践类课程的系统性。2016年,校内独立实习实践课共计154门,覆盖了9个系,36个专业方向,75个班级,实践总学时达到4100学时。

(二)校企合作稳步推进,模式多样,内容丰富,保质保量

通过校内外实习基地的生产实践训练,提高学生综合应用专业知识与技能的能力与素质。2013年,校企合作单位共计31家,截止到2016年,已增加到45家,合作对象进一步优化,提高校企合作的工作效率和合作项目的培训质量。同时在校企合作原有基础上开始探索校企合作项目化合作模式,做到合作企业项目不重复,不跨界。校企合作内容从单一的实习实训、技能培训到合作办学、嵌入式人才

培养。实习基地建设日渐成熟,累计达到 27 家合作单位,可供学院各个专业的学生进行定向的认知实习、专业实习、毕业实习等。学院与多市气象局签订实习基地建设合作协议,涵盖南京、扬州、泰州、苏州、宣城、滁州、昆山、镇江、南通。

(三)专业实习学院全覆盖,更加精细化,重视过程,保证安全

近几年,学院加大专业实习力度,要求做到专业实习全院覆盖,对学生的专业实习更加注重细节,学生校外实习计划、实习过程、实习成果等,培养学生校外实践能力、基础技能与实践技能相结合。与此同时,保障学生实习期间的安全以及食宿安排等。2013 年,校外实习涉及 5 个系,17 个专业,为期 1 周,参与专业实习学生数 1477 人。截至 2016 年,专业实习已全面覆盖 9 个系,32 个专业,参与专业实习学生数达到 2672 人,比往年增加 375 人,占学院 2013 级在校人数 87.9%,同比增长 13.6 个百分点。所有参与专业实习的学生做到了全员保险公司承保,交通全部由学院统一部署,并由相关老师随队实习,尽最大努力为学生实习安全提供保障,总计投入近 100 万元。尤其以大气科学类专业实习,成为学院专业实习的亮点。从原有的 2 家气象局实习单位,拓展到如今 7 家,保证所有大气科学类专业学生参与到气象实习当中。经过考察和深入,我们遍布省内五市气象局,南京、泰州、苏州、扬州、南通;省外两市气象局,滁州、宣城,分别建立大气科学类专业实习基地。学生可进行气象预报测报工作、校外观测实习、防雷工程的实施等。每一学年的上半学期,学生奔赴各地气象局,开始为期一个月的实习。在各地气象局,学生实地参与气象预报的整个过程,从观测、看图、会商、撰写预报过程,到各个天气过程的总结分析,每一位学生都能实战体验各个环节,系统而又不烦冗,全面而又不重复。学生不仅在实习过程中有所获,同时在实习的生活中也得到了很好的安排。与此同时,2016 年还重点落实了测绘专业实习,考察了省内多个测绘企业,根据实际情况选择了测绘实习基地,并当年安排实习,增强了实习的实践效果。

(四)突出专业技能训练,技能培训与就业实训同步进行,技能证书多领域覆盖,考证率稳中有升,就业层次不断提高

技能培训和就业实训一直是学院复合型人才培养的重要手段。技能证书作为学生高质量就业的一个重要砝码,已经覆盖全院各个专业,涉及多个行业领域,多项从业资格。2013 年毕业生考证通过率为 56.62%,近三年,考证率稳中有升。2014 年,考证通过率为 71%;2015 年,考证通过率为 72.61%,较去年提高 1 个百分点;2016 年,考证通过率为 75.75%,较去年提高 3.1 个百分点。高端证书获得情况显著提升,2015 届毕业生中共有 21 人荣获 CCIE(美国思科网络专家认证)证书、英国剑桥英语等高端证书,较上年增长 75%。2015 年考研培训专业课 136 人,

较去年增长 10 倍,考研统考科目参与培训 251 人,较去年增长 10.6%。2016 届毕业生中共有 29 人荣获 CCIE(美国思科网络专家认证)证书、美国剑桥英语等高端证书,较上年增长 38.1%。2016 年考研培训统考科目参与培训 323 人,较去年增长 28.7%。

就业实训通过模拟实际工作环境,教学采用来自真实工作项目的实际案例,教学过程理论结合实践,更强调学生的参与式学习,能够在最短的时间内使学生在专业技能、实践经验、工作方法、团队合作等方面提高。实训基地的老师都是有多年工作经验的工程师或技术总监,讲课内容结合实际工作。模拟工作环境来授课,让学生经过培训后,有能力直接胜任工作。实训由具有丰富经验的项目经理小组化指导,强调动手能力培养,具有很强的实战性,能全方位提高学生就业能力。三个月封闭实训相当于积累一年工作经验。2015 年新增专业实训项目 3 个,涵盖了 9 个系的 22 个专业,2015 年全年总计参加实训学生 135 人;2016 年新增专业实训项目 1 个,累计达到 15 个,涵盖了 9 个系的全部专业,2016 年全年总计参加实训学生 185 人,通过实训项目有多个学生实现了高质量就业,为学生的高质量就业提供了有力支撑,多名同学通过实训拿到 10 万年薪。

(五)创新型人才培养,推动科技创新训练,学科竞赛带动实践教学

"应用型、技能型"人才培养模式过渡到"创新型"人才的培养目标,除了必要的专业基础知识,专业技能,实习实训还需要科技创新训练项目的推动。

首先,学院对本科生毕业论文设计模式做了相应的改革工作,提出了"一体式、分层次、多元化"毕业设计新模式。学生毕业设计可以源于教师科研项目,可以源于企业案例。在教学模式、任务设计、目标实现、指导方式、过程控制、质量评价、效果体现、激励机制等方面改革和创新。学院引进了全新的本科生毕业论文管理系统,统筹分配系、指导教师、学生三个角色的功能,全面有效地管理学院本科生毕业论文设计工作,做到有条不紊,不遗漏,保质量。根据不同学生的特点,采用不同层次、不同形式、不同要求、注重学生创新能力培养的毕业设计教学模式。2015 年,学院对本科生毕业论文管理规定和工作办法进行进一步的修订,同时启动"本科生优秀毕业论文支持计划"项目。2015 年共计完成 3170 篇毕业论文设计,省级优秀毕业论文评选中,由滨江学院副院长耿焕同教授担任总指导教师的团队项目《互联网 + "滨江台风号"台风科普平台》与李祥超老师担任总指导教师的团队项目《雷电闪电先导及雷电电磁波耦合机理的研究》首次获得优秀团体奖。在江苏省所有的独立学院中,滨江学院团体获奖项目总数排名并列第一。同时我院计算机系主任刘生主任指导的《滨江学院程序在线评测系统(BJXYOJ)设计与开发》等三篇论文荣获三等奖,个人获奖篇数在江苏省所有独立学院中排名

并列第三。2016 年,毕业生总计完成毕业论文 3020 篇,实施学院优秀论文支持计划 39 篇,评出学院优秀毕业论文 43 篇、院级优秀团队 3 个,推荐省级优秀毕业论文 13 篇,省级优秀团队 3 个。

其次,以学科竞赛带动实践教学,增加大学生学科竞赛的种类,提高学生的参与度,同时,丰富学科竞赛的组织形式。学科竞赛是在紧密结合课堂教学的基础上,以竞赛的方法,激发学生理论联系实际和独立工作的能力,通过实践来发现问题、解决问题,增强学生学习和工作自信心的系列化活动。学科竞赛是一种可行的教育、教学行为,有着常规教学不能及的特殊的创新教育功能,能培养学生对科学的浓厚兴趣,使其具备发展型的知识结构、开拓探究型的学习方法、追求科学发现百折不挠的心理品质。学科竞赛在促进学科建设和课程改革,引导高校在教学改革中注重培养学生的创新能力、协作精神、动手能力,在倡导素质教育中提高学生对实际问题进行设计制作的能力等诸多方面有着日趋重要的推动作用。目前,我院认定学科竞赛 40 个。其中,国家级学科竞赛 15 个,国家级社会力量 9 个,省级学科竞赛 9 个,省级社会力量 7 个。涉及我院 9 个系,32 个专业的学生。同时,学院有着健全的学科竞赛管理办法和完善的竞赛工作流程。学院成立院学科竞赛工作领导小组,负责学科竞赛的总体协调管理,各有关负责学科竞赛的组织实施。院、校级学科竞赛,由承办系提出详细的竞赛计划方案、竞赛程序、评分标准和经费预算等,填写竞赛申报表,经学院批准后予以实施。校外学科竞赛,由承办系根据竞赛要求,对组队数量、培训计划、配套条件、目标成果、经费预算等提出详细方案,填写竞赛申报表,经学院批准后予以实施。学院设立大学生学科竞赛专项经费,实践教学管理科根据各系上报的竞赛计划和经费预算报送。学科竞赛专项经费主要用于资助和奖励。在传统的学科竞赛组队模式下,我们加入了学科竞赛实验班,由院内选拔赛产生优秀学员入围,经过层层淘汰筛选,遴选出精英强队参赛。在健全的机制和多部门紧密配合下,学院学科竞赛硕果累累。2014 年,获奖人数达到 207 人,获得奖项 200 项;2015 年,获奖人数达到 108 人,获得奖项 88 项;2016 年,获奖人数达到 233 人,获得奖项 219 项。其中,获得国家级奖项 10 人次,省级奖项 166 人次。主要有,蓝桥杯,省级一等奖 10 名,二等奖 10 名,三等奖 9 名;国家级二等奖 5 名,三等奖 5 名,10 名优秀指导老师。全国大学生电子设计竞赛,省级一等奖 2 项,二等奖 3 项。全国大学生数学建模竞赛,省级二等奖 1 项,三等奖 1 项。江苏省机器人大赛,成绩骄人,省级一等奖 1 项,二等奖 1 项,三等奖 3 项。江苏省高等数学竞赛,省级一等奖 17 名,二等奖 33 名,三等奖 52 名。全国大学生数学竞赛,省级一等奖 3 名,二等奖 5 名,三等奖 15 名。全国大学生英语竞赛,国家级一等奖 4 名。全国大学生智能汽车大赛,华东赛区三等奖 1 项。

（六）实践教学成果骄人，学院监督和评价并行，激励与奖励共举

第一，学院成立技能培训工作领导小组，对技能培训工作进行严格的监督和管理，根据技能培训工作的成效以及各专业考证情况的统计，评选出每一年度技能培训先进个人和先进集体。同时，由校企合作单位，对学院参加技能培训和就业实训的学生进行考核，对学院的工作给予评价，双方共同促进。

第二，学院给予每一项本科优秀毕业论文支持计划1000元项目启动费，同时入选院级优秀毕业论文项目给予1500元项目完善费。

第三，学院学科竞赛领导小组，严格把关竞赛各个流程和经费使用情况，根据不同性质的学科竞赛获奖情况，给予参赛团队和带队老师相应的获奖奖励。

### 三、进一步完善滨江学院实践教学工作的思考

（一）加强教师队伍建设

教师是实践教学活动的主导者，是学生专业学习的导师，他的"导航"和自身学识水平必然给学生以深刻的影响。所以，凡独立开课的实践教师都应做到"六个一"：有一个好的实践教学大纲，有一套适用的教材，一份符合实际的教案，一套严格的批改实践报告和开展实践教学辅导的方法，一个科学而严谨的考核机制，一份强烈的责任心。同时，建立合理的政策激励机制，充分调动这支队伍工作的积极性和主动性，鼓励和吸引更多高层次的教师参与实践教学，为建设高水平的实践教学提供了人力保障。

（二）完善因材施教

作为实践教学的主体，学生应该充分熟悉本专业的培养计划和目标，了解学分制学籍管理的内容，积极参与教学活动，自觉寻求自我发展的空间，从创业、创新、创造的角度全面提高自身的素质。学生的素质状况是学校教学质量评价的终极标准，所以学校的一切工作都应以培养学生为中心。为此，应建立创新教育和创新学分的有关规定，鼓励学生根据个人特点选修课程，在大三、大四期间，设立本科生学术活动导师制，指导学生有选择地开展科研活动和创新性实验。

（三）完善实践设施

开放式实验给实验设施、实验材料配置等提出了新的更高的要求，对应用型本科院校来讲，学校应有基本的实践教学设备，努力改善实践教学的条件，使学生学有设备、练有收获，达到预期的实践目标。采用开放式实验，可增加学生实际操作训练的机会，相同条件下减少了设备台套数，大大地提高了设备的利用率。同时建立一个面向全校的实验大平台，对实验仪器设备进行总体布局和规划，仪器设备不存在系所有权问题，由学校统一规划投入和管理。突破教师对仪器设备

"所有制"的观念,根据教学需求提出,不拘泥于"归我所有",而是强调"可供我用",使学校能从宏观角度上进行调控,实现资源共享、提高仪器设备的利用率。

(四)推动校企合作

完善校企合作校内宣传路径建设,促进校园宣传媒介的多元化。目前,我院的校企合作宣传途径单一,主要靠辅导员推动,在未来的合作中,会逐步引入微信、网站、宣传栏等宣传手段,增加校企合作在学生中的影响。创办"行业发展论坛"。行业发展前景是推动学生专业学习的动力,2017 年实践教学管理科将于校企合作单位联合推出"行业发展论坛",将不同行业的发展趋势、关键技术、前沿科技等内容引入校园论坛。校企合作已经初具规模,未来以保持稳定为主,在保证合作项目质量的情况下,保持 3 - 5 家的增量。

# 学科竞赛:大学生创新能力培养的新路径

当前,培养和提高我国大学生创新能力有其特殊的时代背景和重要的意义。首先,是增强国家自主创新能力和建设创新型国家的战略举措。科学技术的创新是创新型国家建设的核心,而科技创新的根本在于人才,必须把培养造就创新型人才作为建设创新型国家的战略举措,把培养大学生的创新能力作为当前高等学校的一项根本任务。其次,是实施科教兴国、人才强国战略的必然选择。众所周知,国家科技水平不高,很大程度上是大学的研究水平不高和创造性人才培养不足的结果。当今时代,知识正在取代土地、原材料和资本,推动经济发展。世界各国都纷纷把培养创新人才作为教育改革的主要目标之一。高等教育大众化不仅注重量的扩张,更注重质的提升。中国高等教育持续发展的重点是提高质量,而提高质量的重点在于培养创新人才。因而,提高大学生的实践能力和创新创业能力显得更加迫切。其中,发展大学生学科竞赛,就是大学生创新能力培养的一条新路径。

## 一、大学生学科竞赛认知

学科竞赛是在紧密结合课堂教学基础上,以竞赛的方法激发学生理论联系实际,引导学生通过完成竞赛任务来发现问题、解决问题,进而培养学生综合能力的系列化活动。不仅对实践教学具有促进作用,而且在增强学生学习兴趣,培养学生的团队协作意识和精神,推进学科建设和课程改革,引导高校在教学改革中注重培养学生的创新能力、动手能力等方面都有着重要的功能。在竞赛内容方面,各类型的学科竞赛题目要么是按照参赛标准和准则自行设计作品,要么是对现已存在的问题提供一个解决方案,要么是发挥想象力构建一个场景来说明学科知识在实际中的具体运用。具有内容开放、竞赛难度较大的特点。学科竞赛对知识的综合和灵活运用能力要求较高,学生需要充分运用掌握的知识去发现并且分析解决问题,利用现有知识去筛选方法以及验证方案,进而完成从掌握理论知识到切实解决问题的跨越。在竞赛准备方面,学科竞赛需要参赛学生具备良好的心理素质和精神面貌。学科竞赛比赛周期较长,一般短则几周,长则数月,而且参赛场数多,难度系数和强度系数随着时间的推移会逐渐增大。这就要求参赛者必须具有坚持不懈的毅力和百折不挠的精神,长时间面临困难的勇气和决心,有超强的忍耐力和抗压能力。具有心理准备要求充分、抗压能力强等特点。在竞赛方式方面,参赛的学生可以利用现代化网络提供的便利条件,运用网络和各种文献资料、书籍、光影磁盘等多种途径获取所需信息。同时,参赛者可以建立稳定的人脉络网,形成自己的"军师团",向他们讨教参赛的好策略、可行性方案。这种半开放形式和完全开放形式的学科竞赛方式,对资料和信息的获取路径、对信息如何分析和处理,没有规定的范式。因此,对于外部资源的利用,全凭参赛者"各显神通"的能力。具有灵活度高、支撑系统多、可利用资源广泛的特点。

### 二、滨江学院学科竞赛概况

(一)学科竞赛种类繁多,涉及专业宽泛,学生参与度高

目前,我院认定学科竞赛 40 个。其中,国家级学科竞赛 15 个,国家级社会力量 9 个,省级学科竞赛 9 个,省级社会力量 7 个。涉及我院 9 个系,32 个专业,4 个不同年级的学生。其中,院内主要承办单位分别有经济与贸易系、外语系、计算机系、自动控制系、理学系、大气与遥感系及电子工程系。入围参赛的学生则以大二、大三为主。大一学生基础知识掌握水平不高,专业技能不熟练,更不能合理地将知识与技能相结合;大四学生则以考研与就业为主,很难坚持参与并完成一个整的赛季。

(二)健全的学科竞赛管理办法,完善的学科竞赛工作流程

学院成立院学科竞赛工作领导小组,并挂靠教务办实践教学管理科,负责学科竞赛的总体协调管理,各有关负责学科竞赛的组织实施。院、校级学科竞赛,由承办系提出详细的竞赛计划方案、竞赛程序、评分标准和经费预算等,填写竞赛申报表,经学院批准后予以实施。

校外学科竞赛,由承办系根据竞赛要求,对组队数量、培训计划、配套条件、目标成果、经费预算等提出详细方案,填写竞赛申报表,经学院批准后予以实施。学院设立大学生学科竞赛专项经费,实践教学管理科根据各系上报的竞赛计划和经费预算报送,学科竞赛专项经费主要用于资助和奖励。

(三)学科竞赛组织形式灵活,鼓励学生方式多样,奖励教师教学成果

尽管学科竞赛种类繁多,各个赛季时间间隔期短,一般而言,无论校内校外学科竞赛,都要严格地进行院内选拔赛。从选拔赛中,择优录取不超过参赛规模的学生代表我院参加比赛。尤其对于我院主要支持学科竞赛项目,如全国大学生数

学建模、全国大学生电子设计竞赛等,学生在经过选拔赛之后,择优录取成立竞赛实验班,系统学习竞赛相关知识和操作,不同阶段,进行新一轮淘汰赛,最终成绩优胜者者入围参加校外赛。同时,学院对参加学科竞赛的学生给予不同程度的鼓励和奖励。参加学科竞赛实验班学习的学生,在符合指导教师的要求下,完成各个阶段实验班的学习,可获得相应的成绩作为其置换学分的参考标准;在重大高级别竞赛中获得优异成绩的学生,可直接获得置换选修课学分的资格。对于指导学生参加校外学科竞赛且获得名次的指导教师,可直接申报教学成果"学科竞赛"奖,按照文件的奖励标准,获得相应额度的奖励金额。

### 三、学院学科竞赛具体做法及成效

以全国大学生电子设计竞赛为例来作进一步的说明。全国电子设计竞赛是一项国家级学科竞赛,是教育部、工业和信息化部共同发起的大学生学科竞赛之一,是与高等学校相关专业的课程体系和课程内容改革密切结合,以推动其课程教学、教学改革和实验室建设工作,涵盖各个理工科专业,尤其是学院电子工程系,自动控制系。根据竞赛特点,组队形式,我们首先成立电子设计竞赛工作领导小组,对整个赛事进行合理地规划和预算。在学院内,组织选拔赛,根据笔试、面试成绩,优先录取40名学生,成立电子设计竞赛实验班。通过小班化教学,结合实验室的操作,模拟竞赛环境,对学生进行专业技能的强化,基础理论知识与实践经验相结合。然后,再进行第二轮的淘汰赛,学生根据自己意愿,自由组队参赛。最终,筛选出6~10支队伍,参加全国赛。在为期四天的比赛过程中,参赛学生彼此协助,通力合作,团结一致,不畏艰难,灵活运用知识,将专业技能发挥到极致,也在最后的竞赛中取得了骄人的成绩。

基于学院的高度重视和采取的多项举措,近年来学院在学科竞赛中取得了突出成绩。近一年来,学院约有485名同学参加不同等级的学科竞赛,获奖人数176人次,获得国家级奖项10人次、省级奖项166人次。其中,蓝桥杯,省级一等奖10名、二等奖10名、三等奖9名;国家级二等奖5名、三等奖5名,10名优秀指导老师。全国大学生电子设计竞赛,省级一等奖2项、二等奖3项。全国大学生数学建模竞赛,省级二等奖1项、三等奖1项。江苏省机器人大赛,成绩骄人,省级一等奖1项、二等奖1项、三等奖3项。江苏省高等数学竞赛,省级一等奖17名、二等奖33名、三等奖52名。全国大学生数学竞赛,省级一等奖3名、二等奖5名、三等奖15名。全国大学生英语竞赛,国家级一等奖4名。全国大学生智能汽车大赛,华东赛区三等奖1项。

# 多措并举齐发力　创新训练见成效

科技创新是我国现阶段国家发展战略的核心。为此,中央出台实施了《国家创新驱动发展战略纲要》,将大众创业、万众创新作为进一步推动国家可持续发展的基本动力源。学院紧跟时代要求,依据《江苏省教育厅财政厅关于实施江苏省"十二五"高等教育教学改革与教学质量提升工程的意见》精神,采取多项措施,积极推动省级大学生实践创新训练计划向纵深发展,提高学生的实践创新能力,不断提高学院的教学教育质量。

## 一、学院推动大学生创新能力提升的举措

(一)出台科学的管理规定,加强创新工作的制度建设

学院教学研究与质量科制定《南京信息工程大学滨江学院大学生创新训练计划管理办法》,从组织机构、申报立项、项目运行与实施、项目检查与验收、结题方式、标准以及成果奖励、经费管理等方面做出规定,使大学生创新训练计划的工作既有法可依,又有据可循。

(二)学院对创新训练计划工作给予一定的经费支持

依据江苏省教育厅的相关文件精神,学院对大学生创新训练计划的项目给予经费支持,省级一般项目(2016年前的,按照省划拨经费进行1∶1配套支持3000元;2016年及以后给予经费支持6000元),省级指导项目配套3000元。

(三)规范创新训练计划项目的申报、立项、检查、验收、结题等环节的过程管理

为将大学生创新训练计划工作落到实处,学院加强创新训练计划各环节的过程管理。学院通过院系二级管理,设立专家组,对申报项目进行二级筛选,选取创新思路新颖、实施目的明确、贴近行业需求、创新性和可行性强的项目进行立项。对指导教师的选取提出一定的要求,为学生创新训练提供较为可靠的指导。为使经费能真正定向使用到创新训练计划中去,学院加强项目经费报销的审查。同时,学院还对取得高质量成果的项目进行科技创新奖励,鼓励学生大胆创新,努力

取得好的成绩。

### 二、近五年学院大学生创新训练工作成效

（一）学院历年大学生创新训练计划立项项目概况

自江苏省开始推进大学生创新训练计划工作以来，我院就积极主动参与此项工作。自 2013 年始，我院开始独立申报大学生创新训练计划。2012 年至 2016 年，我院共申报项目 102 项，其中省级一般项目 75 项、省级指导项目 27 项。共有 395 人次参与创新训练计划，其中 157 人担任项目主持人。学生参与创新训练计划的面广，参与人数较多。同时，我院也鼓励学生跨专业合作申报，在促进跨专业学科知识交流的基础上，也提升了团队项目研究能力。

（二）项目选题涵盖面广、实用性强、专业特色明显、地域性显著

学院历年立项的创新训练计划涵盖了理、工、文、管理、法学、经济学等学科领域，参与学生涵盖学院所有专业。项目类型既有理论研究，也有社会调查和实用平台设计，还包括专业人才培养。如 2013 年项目《高校突发事件多元应对机制研究》《"知识流动"场域下的大学——产业战略联盟研究》；2014 年项目《完善我国物流行业监管法律制度研究》《新型城镇化背景下农村剩余劳动力转移的影响因素研究》；2015 年《网络虚拟财产法律保护的研究》《〈狼图腾〉英译本中的语境重构与译者显形研究》；2016 年的《合伙企业财产的法律性质研究》等均为理论探索。2012 年的《关于研究生招生和就业的多元统计分析》、2013 年的《90 后大学生慈善认知情况调查与分析》、2014 年的《独立学院学生专业满意度及影响因素的调查与分析》、2015 年的《独立学院教师职业认同感的调查分析》等为社会调查；更多的是应用平台设计，如：2013 年《基于 SVM 的气象云分类软件开发与设计》、2014 年的《云端排队系统》等等。

学院大学生创新训练项目也突出实用性的特点，讲究成果的实际利用和行业需求。如 2013 年项目《大学校园信息资源整合型论坛开发与设计》，是针对学院急需建立的网络信息系统进行的研究与开发；2014 年《独立学院学生考研意向的调查与分析》更是针对学院和南京市同类型学校的考研情况进行的深入调查分析，为学院制定考研战略、考研政策、考研指导方法提供了依据，使学院的考研工作取得了较好的成绩，成为学院教学工作的特色和亮点，为学院提高了社会声誉。2016 年的《一种吸盘式仿生擦窗机器人》，预期成果可以为当前超高层楼宇林立的大都市的高楼清洁难题提供新的替代方式，使危险性较大、成本较高的"蜘蛛人"清洁方式得以有效改进。

专业特色明显也是学院大学生创新训练计划的特色之一。大气科学类和环

境科学类专业学科是学院的特色专业,办学亮点。历年立项的项目中有 24 项选题与大气科学和环境科学相关,占所有立项项目的 23%。另外,经贸类和软件开发类的项目选题也占较大比例。

学院还突出项目选题的地域性特征,强调创新训练计划的选题及成果为地区社会、经济、文化发展服务。有的项目以长三角地区为研究对象,如:2013 年《基于 MODIS 资料的长三角地区 PM10 遥感研究》、2016 年《长三角制造业一体化发展循环经济的对策研究》等两项;有的以江苏省地区为研究对象,如:2013 年《产业集群与城镇化互动发展模式探究——以江苏省为例》、2015 年《实现江苏省节能减排目标的激励与约束机制研究》等三项;还有的以南京市地区为研究对象,如:2014 年《基于 3S 技术对城市内涝监测的研究——以南京市为例》、2015 年《南京地区雾霾天气发生的气象条件研究》、2016 年《南京书法文化沿革和发展》等 6项,项目涵盖了南京市的大气质量建设、城市市政建设、城市文化建设等方面。

(三)学院大学生创新训练计划取得丰富成果

截至 2016 年,2012 年 22 项、2013 年 14 项、2014 年 15 项、2015 年 13 项,共 64项顺利通过学院审查及结题验收。已经结题的项目取得了较为丰硕的成果。

自 2013 年,共有 23 个项目公开发表论文 1－2 篇,其中有多篇论文刊登在中文核心期刊上,如 2014 年《独立学院专业培养方案修订》刊登在《教育与职业》杂志、2015 年《基于环境噪声的音量自适应控制系统研究》刊登于《自动化仪表》、《基于动态阈值区域分类合并算法的高分辨率遥感图像分割研究》刊登于《测绘通报》《基于三星家纺案例的区域经济发展调查与分析》刊登于《新经济》。其中《测绘通报》为中文、科技双核心期刊,是全国优秀测绘期刊、中国科学引文数据库(CSCD)核心统计源期刊、中国学术期刊综合评价数据库(CAJCED)核心统计源期刊、地球与环境科学信息网(EES)收录期刊,权威性很高。《自动化仪表》系中文核心期刊,也是中国科技核心期刊、中国科技论文统计源期刊和全国优秀科技期刊。

还有 4 项获得专利权,4 项获得软件著作权。如:2014 年《雾霾天气能见度观测的无线多媒体传感器的开发与设计》取得专利权两项,"一种雾霾天气能见度测量装置"ZL201520235632.6、专利"气象台站观测资料相关函数与结构函数处理系统"2014SR070281;2015 年《限压型 SPD 阻性电流在线监测装置开发与设计》取得专利"一种限压型电涌保护器阻性电流在线监测装置",专利证书 ZL201520348261.2。

学院的创新项目还与学科竞赛紧密结合,14 项项目成员荣获省级以上学科竞赛奖。如:2014 年《室内定位技术研究与应用》项目成员取得第五届"蓝桥杯"全国总决赛 B 组优秀奖、第五届"蓝桥杯"全国软件和信息技术专业人才大赛全国总决赛 JAVA 软件开发本科 B 组三等奖;《时间序列周期模式挖掘算法的开发与设计》项目成员取得第五届"蓝桥杯"全国总决赛优秀奖和一等奖;2015 年《基于 Android 的台风知识手机游戏设计》项目组成员取得第六届"蓝桥杯"全国总决赛 B 组三等奖;《基于环境噪声的音量自适应控制系统研究》项目组成员取得 2015 全国电子设计大赛江苏省赛区一等奖、全国二等奖的佳绩。

（四）大学生创新训练计划的开展,促进学院教学质量的提升

随着学院积极推进大学生创新训练计划工作,学院师生的教学、科研水平也得到了较大的促进。

学院积极鼓励学生的创新训练项目与指导老师的学术科研相结合,鼓励学生积极参与指导教师的科学研究,使其所学知识能够及时应用到科学研究中去,有益于学生掌握好所学知识,也有利于学生及早接触学科的前沿领域。如:2015 年《基于环境噪声的音量自适应控制系统研究》,此项目为指导老师王玉芳的省级科研项目的(编号:16KJD46005)一部分。这就使老师指导更得心应手,学生也能在创新活动中收获更多的知识和能力。

学院还积极鼓励实行双指导教师,鼓励青年教师在有经验的教师的帮助下对学生进行创新训练的指导。5 年来,共有 62 项创新训练项目为双指导教师,占全部项目的 60.78%。这使学院的青年教师的教学和科研指导能力得到极大的提升。

由于创新训练计划工作的推进,学生的学习和实践能力也得到了全面培养。如:2014 年《基于 GPRS 的气象数据无线传输与控制系统的开发》《雾霾天气能见度观测的无线多媒体传感器的开发与设计》;2015 年《基于环境噪声的音量自适应控制系统研究》《限压型 SPD 阻性电流在线监测装置开发与设计》等项目组成员不但在核心期刊发表学术论文,还在省级、国家级的学科竞赛中取得优异成绩,并且获得国家知识产权局颁发的专利证书。

### 三、进一步加强学院大学生创新训练工作的思考

（一）加大宣传力度,营造良好氛围

在万众创新的背景之下,学院需要对大学生创新训练工作进行大力宣传。要通过相关讲座、网络平台、移动终端等各种方式和途径进行宣传,在学校营造积极创新的良好氛围,使学生、教师对大学生创新训练工作有更深刻的认识,积极推动大学生创新训练工作在学院里的推广。

（二）加大保障力度，力保项目进行

建立较为完整的创新工作保障体系有利于大学生创新训练工作的顺利展开。

学院需要在开放式的实验平台建设方面加大力度，鼓励学生、指导教师走入创新实验室，利用好创新实验平台，为创新工作提供硬件保障。

学院还需要在过程管理上进一步科学化。首先需要强化申报、立项过程管理，使学生的选题能建立在自身兴趣和指导教师优势学科的基础之上，使创新训练项目成为有本之源。其次加强指导教师的选拔确定管理。指导教师在低年级学生为主的创新训练工作中的作用极其重要，选拔并确定适当地指导教师非常必要。学院应积极鼓励有指导经验的教师辅助青年指导老师，还鼓励学生联系有企业工作经验的双师型教师作为指导教师。同时学院应积极努力聘请企业行业专家作为指导教师，为学生创新训练工作提供强大的实践背景。再次，加强创新训练过程的评价管理。重申报、轻实施是大学生创新训练工作中容易出现的问题。确立院、系两级评价体系可以确保创新项目实施过程中评价的专业性和科学性。

（三）建立激励机制，推动创新繁荣

学院需要对取得丰硕成果的项目、优秀的项目组成员、优秀的指导教师进行适当的奖励，以推动创新训练工作的不断进步。对优秀项目加大扶持力度，给予更多的经费支持、正常支持和平台支持。对优秀的项目组成员给予物质奖励和学分奖励；对优秀的指导教师给予物质奖励和工作量奖励。

# 奋斗青春路　实训助成长

## ——一个毕业生的实习感悟

今天,终于把"就业协议"签了,心情却格外复杂。很遗憾,我没有坚持考研,而是选择了另外一条同样需要坚持才能走完的路。感谢这一路上鼓励我、帮助过我的人!

首先,汇报一下成果。现在我已经签约了凯捷咨询(中国)有限公司,成为一名 JAVA 开发工程师。通过这四个半月的努力,一共拿到了四个公司的 offer。为什么一定要提这个? 作为一个物联网专业的学生,一路上和那些学了三年计算机的人竞争,这其中的努力和付出只有我自己知道,四个 offer 是对我的认可。现在尘埃落定后,我也静下心来捋一下这几个月到底做了什么。

从三月份开始,我就已经开始自学 Java,并且把凯捷咨询设为职业目标。我把网上的 Java 基础教学视频看了三遍,重要章节比如面向对象看了不下五遍,还自己借书去上网查。之后开始查培训班,全国的培训我调查了很多,包括北京的、上海的,最后经过综合考虑和比较选择了网博培训。

开课以后的一个多月对我来说就相当于复习。每天的作业我也都是早早就做完了,陈老师最后布置的作业"学生管理系统"我一个上午就做完了(在全班排前几名)。那时候我每天晚上八点多去跑步,九点半再回来学习,一直学到十一点左右,班里我们有几个人总是最后离开的。那时候英语也搞得不错,互相对话都尽可能用英语,大家都在为了目标而努力。十月份,开始学习 Web 了,那段时间是我最动摇的时候,因为我已经意识到凯捷咨询没有我想象的那么好,于是就在偷偷查询各种公司信息,不过对各个行业有了了解之后,我最后还是下决心选择凯捷咨询!

十一月份开始学数据库,那一周我每天早晨都是七点多就起来,去教室里看数据库。八点半和大家一起吃早饭的时候,我已经自学了一个小时了。十二月开始找工作的这两个星期,真的是"累惨"了! 感觉时间像是过了好几个月,每天六点多起来,高强度的大脑运作,宣讲笔试面试,中午还不能睡觉,在我一共正规面试的五家企业里,有四家正式给我发了录取通知。从最开始拿着试手的凌志软件(对日金融外包)月薪4k,到的诚迈科技(移动端业务)4.5k,再到歪打正着的国泰新点(政府业务的实施工程师)5.2k,再到最想去的大公司凯捷咨询6k。从外包公司,到正规的大企业,再到外资公司,这些都是我努力的最好证明。

这一路上有太多人帮助了我,鼓励了我,有太多人需要感谢! 这里最想感谢的是我的父母! 如果没有他们的理解和支持,我什么都不能做。在我的成长过程中,父母一直支持与鼓励我,他们尊重我的想法和选择。当我跟他们说我要创业时,他们就给我凑了十万块钱;当我跟他们说我要学软件时,他们就给了我一万块钱做学费。尤其是我的妈妈,别人总说她太惯孩子,她也陪着我默默承受了很多压力。虽然他们没能让我成为一个"高富帅"或者"富二代",但是他们给了我人生最宝贵的东西! 敢于承担责任。我们没法选择父母,但是我真的很幸运可以成为他们的孩子,将来我也会用他们对我的教育方式来教育我的孩子。

感谢学院为我们提供了这样的实训平台,在实训课堂上,老师不仅教会我们技术应用和技能训练,也告诉我们要有梦想,要有目标,目标就是那个让你朝思暮想却又热血沸腾的东西。

真心希望每一个小伙伴们将来都能有一个美好的生活。希望大家别忘了这个夏天,这是我们一同努力奋斗过的日子。

# 建基地　拓途径　促进毕业生高质量就业

高校毕业生的就业基地是学校人才培养的重要载体,加快就业基地的建设,对拓展我院毕业生就业途径、提升毕业生就业能力和层次、促进毕业生的有效就业、提高人才质量培养等方面具有重要的意义。

我院就业工作坚持以"促进毕业生充分就业,提高毕业生就业质量"为总目标,结合学院专业设置和市场需求情况,切实加强与各类用人单位的联系,广泛开辟就业市场,大力推进就业基地建设,为毕业生就业提供更广泛的机会。

## 一、学院就业基地的建设原则

### (一)实用原则

建设就业基地,应以我院各专业特色和市场需求为出发点,在人才供需对路、合作空间广阔等前提下,选择效益较好、规模较大、社会知名度较高或者发展较快、前景较好的企、事业单位作为我院就业基地建设的重点对象,较好地为学生提供毕业实习和就业机会。

### (二)共享原则

就业基地建设要本着"互惠互利、双向受益、共同发展"的原则,努力寻找学院和就业基地双方合作的共同点和结合点,进行广泛深入的交流,拟定合作领域和建设方案,探索学院和就业基地单位的双赢模式,促进双方的共同发展。促进就业基地与实习基地建设相结合,实现毕业生从实习到就业的有机衔接。

### (三)稳定原则

就业基地建设应考虑我院与基地单位的合作基础,着眼于长期合作发展,探讨长期合作的支撑点,确保就业基地单位能够每年相对稳定地给我院毕业生提供就业、创业实践机会和岗位。

## 二、学院就业基地的建设措施

（一）明确建设目标，确定责任人

明确就业基地的建设目标、内容和进程，确定基地建设责任人。充分发挥学院教职员工，特别是知名教授、学者、专家的优质资源，共同参与就业基地建设工作。

（二）把握人才需求情况

各专业要及时、准确把握经济社会发展对人才的需求情况，切实提升毕业生的实践能力和创新创业精神，广泛发掘用人单位资源，积极打造符合毕业生就业需求的优质基地群。

（三）开展共建良性互动

开展学院与就业基地的共建活动，形成双方的良性互动。以基地建设为突破口，在就业指导、大学生职业生涯规划、人力资源管理、毕业生招聘等工作中积极探索院企、院地的合作模式。一是加大对就业基地的宣传力度，优先满足基地用人需求，积极向基地推荐优秀学生；二是为基地进校宣传、招聘提供方便；三是邀请基地优秀管理人员来校开展专业讲座和就业指导讲座，进行行业介绍和前景分析，参与专业建设和人才培养方案的修订；四是聘请就业基地优秀管理人员、成功人士等成为学院的就业指导教师，扩大校外指导教师队伍，优化指导教师队伍结构。

（四）开展职业教育与实践活动

以就业基地为依托，开展形式多样的毕业生职业教育和社会实践活动。学院积极组织毕业生到就业基地，到经济建设第一线，了解社会经济发展状况，了解用人单位对毕业生素质的要求。同时定期主动邀请就业基地的成功人士和校友来学院，向毕业生做先进事迹和成功经验的报告，了解他们从业的经历、奋斗的历程，从而激发毕业生积极进取、奋发成才的热情。

（五）做好调查，及时反馈

开展毕业生追踪调查工作，做好就业单位的用人信息反馈。以就业基地为依托，开展毕业生追踪调查工作，做好信息反馈，了解社会和用人单位尤其是就业基地对我校毕业生综合素质的评价及意见。学院在专业、教学建设的改革中要考虑就业基地针对所属专业的专业方向、课程设置及专业技能方面的建议。

（六）开展就业基地建设的评估工作

学院每学年对校外就业基地进行走访调研，了解基地建设情况。每年定期召开校企座谈会，邀请基地负责人、主管部门领导、校外兼职指导教师、基地的专家学者进行沟通,倾听就业单位的意见,不断总结就业基地建设的经验,不断提高就业基地建设水平,以满足我院人才培养的需要。

我校就业基地是对就业渠道的重要补充,对促进毕业生就业、深化教育教学改革、培养用人单位后备人才,以及推进产学研结合将产生积极的作用。目前,学院已与上海统一星巴克、江苏京东、江苏爬山虎科技、深圳丝路数字视觉、孩子王、南京特捷交通、陕西兴源御等知名企业建立合作,签订就业基地协议,实现就业基地零突破,给毕业生创造良好的就业环境,提供了更多的就业机会。

就业基地建设是一项综合性工作,需要各方面配合。一是增强毕业生在就业基地建设中作为主体的主观能动性。加强对毕业生的观念教育,将就业基地作为成功就业的前哨战,培养毕业生吃苦耐劳的精神,锻炼动手与实践能力,提高认识自我、认知社会的能力。二是发挥学院在就业基地建设中的积极主导作用。学院必须将就业基地建设作为毕业生就业的重要渠道抓好,增强就业基地建设的目标性、针对性和实效性,从经费、场地、人力上给予充分保证。充分调动师生参与实践基地建设的积极性、主动性,营造良好的就业实践氛围。三是充分发挥用人单位在就业基地建设的主体作用。用人单位参与就业基地建设,需要提供硬件设施保障,并配备足够的指导队伍,在这些投入中收获他们所需要的大量人才,从而保证企业的可持续发展。

就业基地建设是毕业生就业工作系统的子工程,因此,搞好就业基地建设需要完善毕业生就业工作其他环节:提高对就业基地建设重要性认识,在思想上将就业工作摆在与招生工作同等重要的位置;根据适应市场需要、以就业为导向进行专业设置及课程改革;积极引导毕业生树立正确的就业观,养成良好的就业心态,制定合理的职业生涯规划;加强学生心理素质教育,培养毕业生的独立性、坚韧性、克制性、适应性等心理品质。

# 拓平台 塑品牌 打造滨江志愿服务新常态

为倡导并弘扬"奉献、友爱、互助、进步"的志愿者精神,培养"有梦想、有责任、有担当"的优秀大学生,滨江学院秉承"我志愿、我奉献、我快乐"的口号,努力开拓志愿服务平台,培育志愿服务品牌,组织大学生志愿者积极服务公益事业,开展关爱留守儿童、孤寡老人,参与无偿献血等活动,不断形成滨江学院志愿服务新常态。滨江学院红十字协会自2009年起,连续8年走进中西部贫困地区开展暑期支教活动,为支援农村基础教育建设贡献力量,每年都被江苏省评为高校红十字会"博爱青春"暑期志愿服务活动"优秀项目奖"。滨江学院青年志愿者协会2015年创立的"憨豆音乐理疗室"项目在第四届中国公益慈善项目大赛中以评审分第二名的成绩荣获大学生公益创客项目金奖;在沿江小学、永丰小学、九龙小学等校园支教活动以及龙池、毛许、盘龙等社区支教中多次得到南京龙虎网的报道和六合区政府的表彰;在"紫金草行动"项目中所开展的祈愿活动荣获南京网络电视台的报道,得到社会广泛关注。

### 一、民俗风采,文化传承

滨江学院与南京市民俗博物馆自2008年12月建立共建关系以来,开展了丰富多彩的志愿服务和社会实践活动,如"民俗文化进校园""零距离接触昆曲"等。2009年经学院申报,南京民俗文化博物馆被评为省级"大学生社会实践基地"。2016年我院青协开展了"探访民俗艺人,传承民俗文化"的暑期社会实践活动,实地走访夫子庙民间艺术大观园和南京市民俗博物馆,走访民间艺术大师,了解和采集民间艺术文化信息,深入了解南京古老而珍稀的民间艺术文化,专题调研当地民间艺术文化概况、保留程度,了解它们的发展变化趋势,并荣获二等奖。

### 二、祈愿和平,永矢弗谖

2015年学院青协志愿者们加入到侵华日军南京大屠杀遇难同胞纪念馆志愿服务队伍中。每周六、周日前往侵华日军南京大屠杀遇难同胞纪念馆完成志愿服务工作。缅怀先烈,悼念同胞。勿忘国耻,祈愿和平。

（一）捐款献花，缅怀同胞

在侵华日军南京大屠杀遇难同胞纪念馆一号门的入口，负责捐款献花的志愿者们把菊花递给捐款的参观者，捐款不限金额，参观者可在烈士丛葬地献上菊花，用以缅怀先烈，悼念遇难者。

（二）微信扫码，收听讲解

志愿者向游客推荐扫描纪念馆微信二维码，游客可以免费收听侵华日军南京大屠杀遇难同胞纪念馆各项陈列的语音讲解，更清晰地了解侵华日军南京大屠杀遇难同胞纪念馆，并可获得侵华日军南京大屠杀遇难同胞纪念馆的纪念贴纸一份。纪念贴纸为侵华日军南京大屠杀遇难同胞纪念馆的馆徽：代表和平的紫金草。

（三）前台服务，包裹寄存

志愿者在服务台以灿烂的笑容和热忱的服务态度为游客答疑解惑，租用讲解设备，帮助馆内人员寄存游客包裹。因纪念馆内收藏着很多珍贵文物和历史资料，因此行李箱和大型的包裹不能带入，志愿者即于服务台帮助游客寄放包裹。

（四）馆内引导，疏散游客

因侵华日军南京大屠杀遇难同胞纪念馆大门的全面敞开，参观人数激增，使得该馆在安全、卫生、秩序等方面承受着巨大的压力。为切实缓解馆内压力，志愿者们于老馆内部引导游客参观，协助馆内安保人员疏导馆内拥挤游客，维持秩序，避免因拥挤造成安全事故。

（五）整理捐款，传播爱心

志愿者们齐心协力帮助馆内工作人员清点捐款献花活动所筹善款，并做好汇总记录。滴水成川，小小的心意汇聚成了大大的爱心。这些来自五湖四海的游客们的善意，表达了他们对历史的沉痛、对先烈的缅怀、对死难者的悼念。更是诉说了黑暗的历史虽已成为过去，但国耻永不能忘。

学院与其达成良好合作，并多次获得表彰。在2016年12月13日第三个国家公祭日之时，为铭记历史，祈愿和平，我院开展了以"祈愿和平，永矢弗谖"为主题的"紫金草行动"，荣获南京网络电视台报道。


### 三、博爱青春，关爱"候鸟"

学院红会的关爱"小候鸟"暑期支教项目已开展八年，八年来学院志愿者走进安徽、湖南等地的希望小学与支教学校建立长期合作关系，成立"滨江学院志愿服务工作站"，累计派出志愿者350余名，受益"小候鸟"2000余人。该项目连续四年荣获"博爱青春"十大优秀项目荣誉称号，成为滨江学院志愿服务特色品牌活动。

学院青协关爱"小候鸟",走进"青少年之家"团队荣获2016年南京市大中学暑期社会实践优秀团队。学院将此项目实践到平时,开展了永丰支教、九龙支教、龙池毛许支教、盘龙社区服务等一系列常规支教活动,走进学校,走进社区,走进青少年之家,以生动多样的课堂形式培养"小候鸟"的学习兴趣,拓宽视野,不断提高其科学文化修养,为其梦想助力。进一步树立了奉献、友爱、互助、进步的时代新风;磨炼青年志愿者的道德品质及行为修养,充分发挥青年志愿者在支教工作中的作用,不断推进青年志愿服务稳步发展;同时为了加强大学生与社区沟通的桥梁,树立优秀的学生形象,帮助社区需要帮助的群体。此项目多次获得六合区政府的表彰。

### 四、无偿献血,奉献爱心

为了让我院更多大学生积极参与到血液中心志愿服务中,并积极响应江苏省高校红十字会"博爱青春"暑期社会志愿服务项目。从2009年开始,南京信息工程大学滨江学院红十字会就为深入贯彻和落实"人道、博爱、奉献"的红十字精神,并结合滨江学院暑期社会实践的有关精神,在南京市红十字会与浦口区红十字会的大力支持下,连续八年开展了与南京市血液中心合作的暑期志愿服务活动。引导无偿献血的市民与同学填写献血单,提醒献血时的注意事项,并向广大群众普及献血的常识及意义,带领更多的人加入到无偿献血的志愿队伍中来。弘扬中华民族互助互爱的优良传统,彰显当代大学生乐于奉献、关爱他人的崇高品质。此项目历年来为市红会"博爱青春"优秀项目。

### 五、助力憨豆,艺启未来

2015年,滨江学院携手乐活公益,创立的"憨豆音乐理疗教室"项目从1323个公益项目中脱颖而出,获得第四届中国公益慈善项目大赛——大学生公益创客项目金奖。"憨豆音乐理疗教室"项目主要面向唐氏综合症患儿(以下简称憨豆),兼顾其他智障儿童,着眼于其康复和社会融合,兼顾其成人阶段后的就业。以"音乐启智"为目标,将乐器演奏练习作为智障儿童康复训练的手段,将智力培育和特长训练融于一体,为其借助所掌握的音乐特长将来融入社会创造条件。

滨江学院与乐活公益针对"憨豆音乐助疗教室"项目,共同发起了"服装义卖""助力憨豆""音乐理疗"等公益活动。学院志愿者将项目中募捐得到的所有善款,全部用来帮助我们身边的"喜憨儿"。我们很清楚地了解到所有的心智障碍者,带给家庭和社会的都是无尽的痛苦和沉重的压力。希望通过"憨豆音乐助疗教室"项目,帮助心理障碍者学习一些基本的生活技能,并且拥有直面生活的勇气,让更多的人关注到身边的喜憨儿,给予他们力所能及的帮助,用爱心铸就未来。

## 六、关爱老人,与爱同行

敬老助老是中华民族的传统美德。为了丰富大学生的课余生活,也为了给老人送去快乐和温暖,滨江青协每周六都开展敬老活动,地点为浦口区盘城敬老院。志愿者们每周六来到敬老院,为老人打扫卫生,陪老人聊天、散步,并在元旦为老人包饺子,在感恩节为老人准备文艺演出,做一切力所能及的事来让老人们感到温馨和温暖。短短的时间内,志愿者与老人们俨然成了一家人。老人们将自己的往事轻轻诉说,志愿者们静静聆听,他们的笑容重叠在一起,为敬老活动添上了一道美丽的风景。时间短暂,分别时却依依不舍,能做的就是约定下次再相见。

# 西行新疆　用爱聆听异乡的故事

## ——"万千气象看人生"社会实践活动"新疆队"教师心得感悟

新疆,在这个暑假之前,我一直以为那一定是我跟老公一起走过的一段旅程,不知是什么样的勇气,让我带着三个孩子一起踏上了这段永生难忘的大爱之旅。

很多人说大爱新疆,因为它拥有天山天池、喀纳斯湖、坝上草原、火焰山、楼兰古国、塔克拉玛干沙漠、月亮湾、伊犁河等好多浑然天成的美景,因为它拥有手抓饭、烤肉串、手抓羊肉、馕、哈密瓜、葡萄、香梨等饕餮盛宴的美食……在我看来,真正称得上大爱新疆的是那些愿意为新疆建设奉献自己青春的人们。

在北京时间晚上 9 点半的时候到达乌鲁木齐,依然耀眼的日光让我深深感受到这必将是段神奇而难忘的旅程。

### 一、喜欢折腾的张老

张学文老人是我们采访的第一位气象老人,我们一起讨论采访提纲,我们一起浏览他的博客、搜索他的著作,生怕采访过程中有太多的专业背景是我们所不了解的。

第二天一早,我们相约在自治区气象局门口,除了带着我们一起去采访的李处以外,还有局办公室的潘主任(号称自治区气象局的大记者)和当地媒体记者,这个阵势已经让我深深感受到张老在新疆气象系统的地位。来到张老家,给我们开门的是张老爱人,面前两个和蔼可亲的鹤发老人,让我们的紧张与不安顿时消减。真的就像听爷爷讲那过去的事情一样,张老从他青年时代因为原子弹的爆炸成功而热爱上科学,讲到特殊年代离开首都北京只身来到新疆这片土地搞气象。他是将日本计算机编程改装并应用于气象观测自动化的第一人,他的小型计算机改造不仅开拓了气象行业的新纪元,还为 80 年代百业待兴的中国工业、信息业等都带来了福音;他是关注并监测雾霾问题的第一人,当时区气象局误购了一台监测二氧化硫的仪器,张老正好在关注乌鲁木齐由于烧暖气、过度碳排放带来的冬季大雾问题,就借来这台机器跟同事一起在乌鲁木齐各个地区进行观测、记录数据,这就是中国最早的雾霾监控;他是把水利观测加入天气预报的第一人,80年代新疆发生一次洪灾,当时张老还做气象预报的播报工作,他将每天洪灾的水情通过天气预报第一时间播报出去,为抗洪抢险提供了第一手珍贵资料……张老还有自己的博客,一切新奇的事物他都感兴趣,也都愿意去研究和尝试,就是这样一颗敏感而不甘平凡的心加上张老严谨的求学态度,成就了他传奇而伟大的一生。

对于年轻人,张老只有一句话:"年轻人应该多折腾折腾,有很多东西开始不懂,多折腾几次就出来了。"在当下大众创业、万众创新的年代里,张老用自己的行动生动地给年轻人上了一课,教育年轻人勇于尝试、勇于创新、脚踏实地、严谨务实,将毕生精力奉献到为人民服务的事业中。

### 二、坚守高原的孤独守望者

发紫的嘴唇、憨厚的笑容、朴实的徐州方言,沙志远老人给我印象最深的就是孤独的守望者,他在大西沟气象站工作40年,几十年如一日。

大西沟气象站是新疆乌鲁木齐地区海拔最高的气象站之一,由于条件太过艰苦,在沙老退休后那里已经变成了自动观测站。在沙老走入大西沟的时候,没有公路通到气象站,要靠人力把食物和日用品背上山,而且在山上一待就是几个月,没有人交流,枯燥而单调的气象站工作,与野兽为伴,与大雪相行,还有自娱自乐的打瓶子之类的,每个月收音机广播也不敢天天听,因为气象站供电都是有限的,除了正常观测设备的运行,平时用电都是很紧张的。老人给我们讲述了一次他的生病经历,让我至今仍然心怀感激,感谢老天厚爱这样一位伟大的老人!老人一次发烧生病,起不来床,但是到了气象观测的时间,沙老为了数据的及时完整,他拄着树枝在雪地里艰难前行,记录完观测数据,沙老回到小屋里感觉一阵眩晕,就昏倒在房间里,没有人知道他昏迷了多久,等沙老醒过来的时候,强撑着身体煮了白粥喝下,他在讲述的时候面带苦笑地对我们说:"那次是我命大,要不然我有可能真的就醒不过来,也许要几个月后才会被人发现。"老人语气那么平淡,好像已经看透了生死,是怎样的精神支撑他用生命在为气象事业奉献,老人的解释很出人意料:"我就是想既然做了就把这件事情做好。"

沙老用他无私奉献的一生,为我们展现了一个孤独守望者的坚守与责任。之所以我感到他是一个孤独的守望者,不仅是因为他在那个孤独的气象站工作了40年,还是因为在这个物欲横流的社会里似乎很难再有人能够理解、认同并继承他的事业,老人简单的坚守让我在整个采访中双眼湿润,这也更好地教育了年轻人——不一定人人都要去做惊天动地的大事业,关键是要用怎样的态度对待你的每一份工作。

### 三、感恩于心的哈萨克雄鹰

卡热浦老人是我们采访的第三个气象老人,他被称为"哈萨克雄鹰"。初见老人,树影婆娑下他戴着一顶哈萨克族的民族帽,腿脚有一点不利索,经过询问是老人之前中风留下的后遗症。

跟老人一起坐在体育公园的长椅上,老人用不太熟练的普通话跟我们交流。他悲苦的童年,少有受教育的机会,是中国共产党的政策给了他接受教育的机会,他经过自己的努力还考上了中央民族大学,在毕业选择工作的时候,老人毅然选择了回到新疆,并且从基层做起,只为报答党的恩情。讲到毛主席过世的时候,老人哽咽无语,看着老泪纵横的样子,深深感受到英雄也有柔情的时候,在那么多的困难和挑战面前,老人都是用哈萨克族的歌舞欢快面对,但是讲到中国共产党、讲到毛主席时,老人才被深深触动。老人用哈萨克语为气象翻译行业和气象科普做出了许多贡献。

### 四、一个馒头的承诺

这次新疆之旅让我们还意外地结识了2013年感动中国十大人物陈俊贵。与陈班长的相识是在我们踏上独库公路的时候,这是一条从独山子到库车、贯通南北疆的一条天山公路。这条公路的修筑原本是军事要道,在80年代由解放军部队用铁锹和炸弹一点点在雪山中开凿而成。陈班长当年作为一名新兵也跟随部队来到新疆天山脚下完成这项神圣的使命。

在修筑这条天路的过程中,天寒地冻、短衣少粮、地震雪崩……各种危险随时都可能夺走每一位战士的生命。陈班长所在的排在弹尽粮绝的情况下,接受了重要的任务——与支援部队联络。在所有战士都饿得走不动的时候,他的班长拿出了最后一个馒头,所有的战友都不要吃这个馒头,都想把生的希望留给战友,最后班长决定把馒头给陈俊贵,因为他是排里面最年轻的战士,并对他讲一定要出去找到援兵,万一他回来时发现班长不在了,就到班长的老家去看看他的父母。陈俊贵眼含泪水地咽下那个已经被冻僵的馒头,他走出雪山找到了支援部队。后来陈班长知道从他找到救援的地方到战友牺牲的地方只有三公里路程。多年之后陈班长复员回到家乡当上了电影放映员,当他放到天山的电影时,他忽然想到了留在天山的战友们,他毅然回到了新疆天山脚下,在乔尔玛为班长守灵,一守就是30年。在离别的时候,陈班长握着我的手说:"我有一个心愿,就是要用这三年的时间到战友的家乡,老人健在的话就给老人做顿饭,老人不在的话就到坟上磕个头,等我完成心愿了,就到南京给你们学生做个讲座。"朴实的话语和质朴的承诺,深深感动着我们每一个人，从看到陈班长那黝黑的面庞、深壑的皱纹、真挚的眼神，我的泪水就没有停止过。

在今天这个倡导诚信的社会价值背景下，陈班长那一个馒头的承诺是多么珍贵，他教育着我们当代青年人，人无信而不立，真诚、诚信地对待每个人、每件事，才是年轻人应该有的处世态度。

**五、要当警察守卫家人的志向**

与三个团队学生告别之后，我来到了阿克苏，下飞机的那一刻就充满了期待，第一次从飞机上直接走下来而不是漫长的飞机通道，有种领导人走下舷梯的感觉，心中呐喊着：神秘的南疆我来了。

之所以来到阿克苏是因为我们系的一个毕业生程同学在阿克苏气象局工作，在他的带领下我们参观了阿瓦提气象局、刀郎部落、阿拉尔新疆农一师纪念馆，还走进了梦中的大沙漠，在漫无边际的沙漠中奔跑，沙子被太阳晒得滚烫，烫得脚心难耐却在心中又无法抵抗的那股爽。边走边聊，我真的为自己有这么出色的学生而骄傲，记得大学的时候程同学就想考警察，后来没有成功，但是他还是选择了回到阿克苏工作，正聊着的时候他拿出了一张准考证给我看，他说："老师，我还在努力想考警察，我的很多中学同学都有这样的志向，我有两个好朋友考进了安全局工作，我挺羡慕他们的，我自幼在阿克苏长大，看着我的爷爷奶奶、爸爸妈妈都为了建设新疆奉献他们的青春和力量，虽然我们确切地讲只能是新疆移民，但是我深深地爱着新疆，想为新疆奉献自己的力量，当警察也是想用自己的力量保卫家人的安全。老师，真的希望你们在南疆看过之后能把看到的感受到的传递回去，其实南疆很美，这里需要更多的人才来建设。我是从这里走出去的，毕业时父母都希望我留在江苏，但是我说服了他们，我要像他们一样建设这片美丽的地方。"

# 携手同行  传承气象精神

——"万千气象看人生"社会实践活动"贵州队"学生心得感悟

经过报名、笔试、面试等一系列程序,我如愿以偿地成为"万千气象看人生"暑期社会实践的一员。在学院的统一安排下,我前往贵州,同行还有团委邱老师和两个小伙伴(一个是一起在院学生会工作的男生,还有一个是贵州当地的小学妹)。临行前,我心中充满了期待。

虽然暑期社会实践已经结束,但是在贵州那几天的点点滴滴依旧历历在目。在贵州的几天,我们一直都在不停地赶路——贵阳、遵义、湄潭、黔南州,感觉每天有四分之一的时间是在车上度过的,每天的工作时间都排得满满的。

很感谢我的队友们,在旅途中给了我很多的照顾与帮助。首先,是我们的大家长邱老师。邱老师是一个挺严肃的人,以前他在团委管理学生工作时,每次和他探讨活动流程和细节,他总是特别认真,给我们提出一系列建议,所以还有点怕他!刚得知与邱老师组队时,心里还有点小忐忑。可是,经过几天相处下来,我觉得邱老师是个超逗的大哥哥,很爱"捉弄"我们,爱和我们开玩笑,爱偷拍我们。同时,他更像是我们的引领者,告诉我们什么时候该做什么,和我们分享他的人生心得与体会。其次,是我们最帅气的队员唐伟智同学。我们都叫他小智,大一就认识他了,大二我们开始熟络起来。他不喜欢别人用"可爱"这个词来形容他,他说有失男子汉气概,哈哈,偏偏我们就是爱这样说他!小智看上去瘦瘦弱弱的,其实内心有一颗爆发的小宇宙。他是我们三个学生中说话比较少的,我和学妹总是喜欢逗他,和他"吵架"!其实小智很辛苦,他每天都要背着单反拍照片。最后,是可爱的学妹冯雁彬。彬彬是因为这次社会实践才认识的,比我们低一级,是个很可爱的小女生。我们俩住一间房,真正做到了同吃同住。彬彬是贵州当地人,所以很多事情就好办了,她可以用当地话交流,这给我们的采访带来了极大的便利。彬彬算得上一个"豪爽"的妹子,活泼开朗,我们很快就熟悉起来了。

我们采访的老气象人是两位很慈祥的老爷爷。对于我们的到来,他们表现出了很大的热情,极力配合我们的采访工作。他们都是为气象行业奉献了一生的人,虽已退休但仍心系气象,积极发挥自己的余热,党和组织需要他们时,依旧奋不顾身。真的很佩服他们,不计较个人得失,勤勤恳恳,任劳任怨,默默奉献。他们身上这种无私奉献、不求回报的精神,值得我们每个人学习。

从采访开始到结束,我们总是在感动和震撼中体验他们的人生,在那些峥嵘岁月里,他们是静静地矗立在气象岗位上的一棵大树,虽然他们岗位平凡,但是却有一颗不平凡的心,有一种永不放弃的精神!

我觉得在老气象人的身上有一种非常宝贵的品质,那就是不断学习,不断进步的精神。几年之后,我们将离开校园,步入社会,开始工作,是不是就意味着我们可以放弃学习了呢? 答案是否定的,学习是一辈子的事情,"学到老,活到老",这并不是一句空话。只有不断地学习,不断地进步,才不会与这个社会脱节。

人生是一个不断学习的过程,在这短短的七天中我学到了很多东西,充实了自己,丰富了自己。七天说长不长,说短不短,但是却得到了平时所不能得到的东西、学到了课堂上所不能学到的知识。我想这才是社会实践的意义吧,在实践中感悟与充实,在实践中得到人生的真谛!

聆听气象老人的故事后,我慢慢了解这句话的含义,那些故事像幻灯片般一帧帧地在我脑海里回放,我似乎明白老人们为何对气象如此坚持。对于他们而言,气象事业是一种信仰,能给他们带来一份份的惊喜,我们无法了解在那个年代研究气象是多么地艰辛,但他们仍坚持奋斗着,而这一坚持,便是一生。

贵州之行,终生难忘! 感谢学校组织这次活动,感谢小伙伴们的支持与陪伴,感谢一路上给予我们帮助的人们,谢谢你们!

# 有担当:"讲责任 践行动 树典型"主题实践活动

为积极培育和践行社会主义核心价值观,推动社会主义核心价值观体系建设,学院党委在全院开展"实施'三有'工程,践行社会主义核心价值观"主题教育活动。"三有"即有梦想、有责任、有担当。会计系围绕"有担当"主题,依托老同志传帮带作用,积极引导教师主动关爱学生成人成长,充分挖掘学生党员和入党积极分子的作用,开展一系列实践教育活动。

## 一、依托老同志传帮带,关心关爱学生的成长成人

(一)老教授传帮带讲责任,青年教师践行动有担当

2016 年 10 月 27 日下午,在综合楼 S508 小会议室,大气系主任缪启龙教授与会计系、计算机系、大气系的青年教师进行了亲切交谈,三个系学办的 18 名辅导员参加了座谈会。缪老师,强调日常工作中,要充分挖掘老教师传、帮、带的作用,引导青年教师要懂得借力出力,多向老同志取经,真正做到"以生为本",提高自身工作能力,关爱学生的人生幸福才是教育的终极目标。

座谈会上,郑晓坤、张龙华、王晶三位老师向缪老师介绍了前段时间所在系开展"牵手三有工程,践行核心价值观"活动的具体情况。大气系紧贴专业特色,通过气象日科普宣传、"我是气象小老师"支教活动、参观气象博物馆、观看万千气象看人生视频、毕业生工作感悟分享会等方式,激发同学们爱专业、学专业、做专业的志向;计算机系紧密结合学风建设,课上课下双管齐下,开展了"征服任性的手机""学霸学渣也疯狂"等活动;会计系着重培养学生骨干要"有担当",先后开展了入党积极分子进社区、党员讲团课、新老生交流会、结对帮扶藏族同学、党员加油站等活动,引导党员要服务同学、勇于担当。缪老师对各系前期开展的活动都给予了肯定,同时指出,在后续活动的开展中,还要不断创新活动形式,丰富活动内容,不能一次活动就结束,要持续、深入地开展下去,使活动成果落到实处。

随后,结合"两学一做"学习要求,教工党员还集中学习了"四个意识"的教育内容,在实际工作中要强化政治意识、大局意识、核心意识、看齐意识,切实把"四

个意识"变为自觉行动。缪老师特别强调,今年恰逢红军长征胜利 80 周年,作为年轻一代的党员同志,要居安思危,要发扬吃苦耐劳、艰苦奋斗的宝贵精神,明确党员责任,勇于落实和担当。

最后,每位辅导员分享了自己的学习心得。张龙华老师结合辅导员实际工作谈了自己的学习体会,现在的年轻人整体比较浮躁,比较愤青,作为一名辅导员,要在学生思想政治教育、学业引导、职业规划、就业帮扶上发挥自身作用、体现价值;要明确职责分工,多深入学生宿舍关心学生,多深入学生课堂了解学生听课情况,要主动迈开腿,走出办公室,多"去实地、下基层",落实责任到位,勇于担当到人。

（二）老教授与藏族学生零距离交流

11 月 2 日下午,在综合楼督导办公室,大气系主任缪启龙教授、院教学督导陈渭民教授与大气系、会计系、计算机系的 15 位藏族学生代表进行了座谈,老教授关心关爱藏族学生,鼓励他们自信自强,不负青春。

座谈会气氛热烈。大家就入学以来的感受、学习生活、民族文化、宗教信仰等方面情况进行了探讨和交流。会计系 16 级新生强巴央卓和旦增晋美同学说,入学第一天,学院领导就到宿舍进行了慰问看望,让大家心里暖洋洋的。两个多月来,辅导员、班主任都非常关心他们的学习生活,在结对的党员同学的帮助下,大家都很快地适应了大学的学习生活。大气系 13 级拉巴顿珠和计算机系 14 级丹增诺布在发言中反映的突出问题主要是学习基础弱,特别是数学和英语因为底子差,加以语言交流困难,课堂听课有些困难,幸好得到老师和同学的帮助。

缪启龙教授在了解同学们的学习生活情况之后,就同学们反映的问题给予了建议。他鼓励藏族同学要有自信,在学习方面应保持乐观的学习态度,与成绩优异的同学多多交流,有问题要主动大胆地咨询任课老师。缪教授希望每位同学珍惜大学的美好时光,看准方向,给自己定一个阶段性的目标,在实现目标的过程中相互支持,相互尊重,同时积极地参加文体活动,活跃生活,为将来走向社会夯实基础。

陈渭民教授分享了自己与藏族同胞一起搞科研的故事,他对藏族学生有着深厚的感情,陈教授鼓励大家肩负起增进民族文化和友谊交流的使命,藏汉一家亲,希望他们自立自强,把握大学四年学习机会,尽快适应大学学习生活环境,克服困难,迎头赶上,不辜负家乡父老的期盼,顺利毕业并回报家乡。

**二、发挥青年教师做示范,培养毕业生爱校荣校有担当**

(一)师生共叙滨江情,特别礼物致青春

2012年5月30日上午,会计系528名应届毕业生收到了会计系学生会为他们准备的一份特殊的毕业礼物——会计系专属定制毕业纪念徽章,"致青春"的他们笑容挂上嘴角。5月27日下午,会计系2012级同学迎来了大学校园里最后一场主题班会,毕业班528名同学怀着激动而不舍的心情齐聚一堂话滨江。

辅导员王明杰老师饱含深情地对同学们表达了谢意。王老师说,这是他走出校园后的第一份工作,与大家相处四年是缘分更是成长,在与学生相处的四年里让他成熟了许多,现在同学们都学有所成、步入社会,作为辅导员平时给大家讲了太多的道理,到离别之际只想给每位同学送出祝福,希望大家能心怀感恩、身负责任、坚守梦想。希望同学们在大学最后一段时光里能够严格遵守校纪校规,珍惜师生情、同学谊,为自己的人生留下更多的美好回忆。

王老师朴实的话语深深感染了现场的同学,现场气氛活跃起来,有同学说,还记得我们军训时看到的青涩辅导员吗? 特别感谢您四年对我们的照顾,其实您比我们大不了几岁,但对于我们当时的那些困惑,你都认真地回答每一个问题,从此我也开始像您一样认真对待大学里的每一件事。有同学说,我挺庆幸在滨江度过了人生最珍贵的四年青春,有认真负责的老师,有难舍难忘的同学,我家表弟去年九月份也来到滨江上学,我们都为成为滨江人而自豪。

系学生会还为2016届会计系毕业生制作了毕业视频《青春不散场》,从食堂到宿舍到教室,从老师到同学到辅导员,将大学校园里的每一份美好定格。又是一年毕业季,会计系辅导员老师深情祝福,滨江2016届毕业生勿忘初心,为母校增光添彩。

(二)难忘母校点点滴滴,难忘恩师深厚情谊

会计系2016届毕业生深情表白感动师生。"杰哥,谢谢你一路默默地陪伴,永远忘不了您背着我去医院的那个夜晚,您的教导和帮助我会记一辈子的","杰哥最帅,晓坤最美","莹姐你要永远那么年轻,永远是我们最亲切的朋友","您的笑容总让我重拾信心","其实不想走,感谢辅导员,感谢母校"……会计系的表白墙让毕业生们驻足留言,表白母校,表白辅导员,那些以前未说出口的话大声说出来,深情写上表白墙,记住这一刻,定格难忘的母校情、师生谊。

四年前,他们走进会计大家庭,四年后的今天,难说再见。一场毕业生晚会,是钱行,亦是祝福。6月21日晚六点半,会计系为2016届毕业生设计了红毯入场仪式,既是对他们圆满完成学业的祝贺,也是对即将步入社会的祝福。

晚会在系学生会精心拍摄的毕业 MV《不说再见（滨江版）》中温情开场，视频中教室、操场、涂鸦墙、图书馆、天台，一幕幕滑过，这四年走过的地方，重新勾起的回忆，不禁让大四学长学姐们热泪盈眶，片尾的辅导员寄语，感谢你们与我这四年的不解之缘，你们在成长，我也在成熟，之前的各种做法大家都理解成我对你们的爱吧，以后没有我的陪伴，你们要更加勇敢地去面对挑战，从军训到相伴自己四年的辅导员，那些谆谆教诲犹萦耳畔。

辅导员王明杰老师跟 2011 级和 2012 级五位毕业生为大家带来《老男孩》《再见》等歌曲串烧，师生同台将晚会再次推向高潮。最后，系学生会主席部长联手倾情演绎歌曲《一生有你》，大家用手机闪光灯汇为星空，祝福会计系 2012 级毕业生越走越好，再创辉煌。

### 三、挖掘学生干部树榜样，培养学生党员主动服务讲担当

（一）会计系开展"有担当"入党积极分子主题实践活动

为了增强入党积极分子的社会责任感，会计系党总支以"有担当"为主题，组织第 67 期高级党校培训班的 72 名入党积极分子开展了内容丰富的社会实践活动。

4 月 22 日世界地球日，一部分入党积极分子开展"绿色环保行，做有担当的大学生"绿色行动。以党小组为单位，在党员的带领下 2013 级财务管理专业入党积极分子来到龙王山生态保护区，开展"珍爱地球，从我做起"志愿清扫活动，烈日下全体成员拿着手中的工具一步一步地迈向山头，清扫每一个走过的地方，一路向上将景区内随地乱扔的垃圾捡拾起来，同时还给游客进行环保宣传，不时还有一两个路人加入到行动中，"珍爱地球·保护环境·从我做起"的行动号召感染着每一个人爱护我们的地球家园；2015 级的 10 名入党积极分子在中午 12:20 集合，带着扫把、簸箕在滨江校园中清扫垃圾，共同完成此次以"有担当"为主题的绿色行动，滨江楼、综合楼、滨江大道……清扫工作虽然辛苦，当看到校园更加整洁时，大家心里还是获得了满足。

4 月 23 日读书日，2014 级的 34 名入党积极分子一部分人来到阅览室帮忙整理图书，一部分人来到盘城敬老院，为敬老院的老人们开展"读报纸，献爱心"活动，入党积极分子们帮助工作人员整理好卫生后，陪老人聊天、给老人读报，用自己的实际行动关爱老人、关爱社会弱势群体，做"有担当"的当代大学生，向社会传递更多的正能量。

（二）树典型学先进，做合格共产党员

会计系在 2016 届毕业生中间开展优秀毕业生党员风采展活动，选树身边先

进典型,依托学院微信公众号平台引导并鼓励在校生要勇于担当,学先进,争先进,做先进。

(三)会计系党员结对藏族学生

9月5日晚,会计系党总支书记郑晓坤老师带领2014级学生党员代表走访新生宿舍,看望了6名藏族新生,并慰问第一天参加军训的新生们。党员代表们把自己亲手制作的明信片和精心准备的励志书籍送给藏族新生,明信片上心与心交流的赠言,手机、QQ各种联系方式。现场结对的同学们还学起了日常打招呼的藏语,一晚上亲切友爱的交谈赶走了藏族同学们一天军训的疲劳和远离家乡、在外求学的孤单。

今年会计系首次迎来西藏新生,系党总支高度重视,开展"汉藏连心桥"活动,由党员与藏族新生一一结对,协助辅导员做好日常的引导与管理工作。迎新工作中,会计系学办积极推进"两学一做"学习教育,在新生宿舍设立党员加油站,给党员划定责任区服务好同学。走访宿舍中,郑老师亲切地询问藏族同学们来南京这几天在住行、饮食方面是否适应,军训中有没有出现不适应的情况等,还送上了学院慰问受灾学生的慰问金和生活用品。来自西藏山南地区的次仁深有感触地说,"两天来,系里老师和党员们热情周到的服务,他特别感动,对于大学生活自己充满了期望与设想,要好好珍惜来之不易的学习机会,也要像学长学姐一样努力为系里做贡献。"

# 有梦想:"追逐梦想　携手同行"主题实践活动

　　为积极培育和践行社会主义核心价值观,推动社会主义核心价值观体系建设,我院党委决定在全院开展"实施'三有'工程,践行社会主义核心价值观"主题教育活动。"三有"即有梦想、有责任、有担当。"实施'三有'工程,践行社会主义核心价值观"主题教育活动是深化社会主义核心价值观教育的又一活动创新,通过"三有"工程,积极开展社会实践活动,塑造和践行社会主义核心价值观。根据学院党委部署,我系重点围绕"有梦想"开展有关主题教育活动,并将"有梦想"分为了"谈梦""立梦""圆梦"三个层次,开展了一系列活动。

## 一、畅谈梦想,倾听你我心声

（一）理学系优秀学长进课堂,牵手学弟学妹谈梦想

　　6月13日,理学系"优秀学长进课堂"答疑解惑,为学弟学妹的梦想点灯。学长学姐从考研、考证到创业等方面与同学们分享经验。

　　梅皓天,2015届给水排水工程专业校友,理学系第五届学生会主席,"小鲜肉"一个,在南京地铁工作后发现,本科毕业在国企的发展空间有限,毅然选择考研,梅皓天边工作边复习以总分365分排名第三名的成绩考取了本校语言文化学院科学技术史专业研究生。他告诫大家考研要克服浮躁的心理,不能被一些外在因素干扰情绪,意志要坚定,把握复习的效率。

　　桂梓原,2016届信息与计算科学专业,原2012级实验班学生,考取计算机科学与技术专业的研究生。热爱生活,热爱音乐,弹得一手好吉他。他高考失利后,大一就明确了考研的目标,并一直为这个目标努力。他很庆幸自己进入了实验班,也在大学前两年努力打好数学和英语基础。

　　李敏,2016届应用化学专业,拥有两项国家专利,考取浙江理工大学纳米材料与器件专业研究生。她分享了自己的考研英语和数学学习的经验,李敏说,自己通过英语六级考试的路也不平坦,第一次做英语真题阅读理解零正确率,这引起了她的重视,不断修正学习方法,最后考研英语取得70分的好成绩。李敏说,今

年的数学虽然难,但是只要好好刷题就不怕,她的一本数学题就刷了四遍。

谭成,2017届给水排水工程专业,辅导员助理,江苏省优秀学生干部,学习成绩优异,大二通过英语四六级。他主要对英语考级的学习方法做了详细的介绍。"英语四六级考试准备就等于记单词?这是很多人的一个误区。"他认为,记单词最好的方法就是把单词放入句子中去理解,更有助于理解和记忆。他还推荐一本参考书《于慧真题100篇》。

金维,2017届信息与计算科学专业学生,现已取得Oracle OCP证书(Oracle认证数据库专家),向大家讲述了如何更好地在大学中丰富自己的生活,提升自己的能力。针对大家在计算机二级考试中出现的问题做了解答。学长建议大家选择自己最擅长的科目做准备,考试的时候一定要一步一个脚印,认真细致地做题。

顾杨,2016届信息与计算科学专业学生,结合自身的创业经验,向大家列举了创业时可能遇到的困难以及解决困难的方法。她告诫大家无论遇到什么困难,保持良好的心态才是解决问题的关键。

(二)从专业入手,畅谈梦想——理学系举办新生专业教育讲座

新生专业教育是新生从高中到大学转型过程中一个必不可少的"预备课",为使新生尽快了解本专业,了解专业发展前景以及掌握专业学习的方法和技巧,理学系在系主任王顺凤教授的安排下,近日,理学系邀请校本部各相关院系专业负责人对新生进行了专业教育。

理学系设有光电信息科学与工程,信息与计算科学与应用化学三个专业,分别邀请到物理与光电工程学院光电信息科学与工程系主任郑改革老师、环境科学与工程学院应用化学系主任李俊老师、数学与统计学院副院长刘文军老师对新生进行专业教育。

老师们主要对2016级新生所学的各个专业进行了分别的介绍,对各个专业的前景进行分析,并详细讲解了从业要求,鼓励新生学好理论基础的同时,积极拓展培养自己的实践能力,并介绍了相关课程设置情况,主要有公共基础课、专业课以及选修课,并且强调说,在重视本专业的同时,还需要淡化专业界限。同时建议,上大学必须做好三件事。一是对自己的专业有一定的认识和了解并且努力学好;二是构建良性的社会关系;三是锻炼好身体,为将来的生活进行充分的准备。

## 二、确立梦想,我们无畏艰难

(一)梦想与责任同行——滨江学子心系学院发展积极献计献策

2016年4月14日晚,滨江学院学生代表召开梦想与责任同行"模拟两会"。针对学院开展的"实施'三有'工程,践行核心价值观"主题教育活动,自控系、理

学系联合举办"模拟两会",旨在为学院发展、学生学习生活献计献策。两系辅导员老师、学生会干部和各年级正副班长、团支书参加了"两会"。

会议对校园安全问题、教育基础设施、校园卫生环境、人际交往、学生素质培养和学生日常生活作息问题等进行了探讨。门禁制度本身的出发点是为了保护学生的人身财产安全,2014级信计代表陈星彤对学校门禁规定提出了自己的看法。实施过程中存在的一些问题,如有的宿管对刷卡的监督力度不够,存在外来人员进入宿舍的风险等。随着电子商务的普及,快递成了生活中不可缺少的一部分,自控系学生会技术部代表提出,同学们取快递排队长、等待时间长和路程远等不方便的问题。2015级实验2班代表吴雪彤在提案中谈到,图书馆占座的现象普遍,有的同学一个人用几本书就能占据几个空座位,有的同学贴张小纸条就申请了"专座",导致座位"闲置"。2015级信计1班代表李阳晨根据哈佛大学的一项关于午休可以提高人记忆力60%的研究,提出自己所在专业课程安排紧凑,有的实验课程和上机课要到大校,缺乏足够的午休时间等等。16个代表积极发言,其他代表纷纷附议,阐述自己所提议案并具体说明其带来的危害。

根据16名选手阐述的提案内容,评委们对各个提案进行了投票,从16个提案中选出了10个优秀的提案并请代表团给出可行的解决方案。其中有代表团给出了较好的建设性意见,如针对图书馆占座问题,可以像滨江的阅览室一样,发放预约卡,本人只能拿一个,这样保证座位能被更多愿意学习的人使用。建议学校在夏季延后半小时上课,以此来保证学生们充足的休息时间,使下午在课堂上精神更集中。对于校园快递的问题,希望学校增设快递签收点,方便快递签收。校园内增设监控,让潜在的犯罪分子无处遁形,保护学生私有财产及人身安全。

理学系吴老师认为,"模拟两会"是同学们主人翁意识的体现,也让学校和辅导员老师更好地认识到同学们的内心需求。切实地让广大同学参与进来,达到大学生自我教育、自我管理的目的。从而帮助学校改善校园环境,营造良好的校园文化氛围。吴老师希望同学们在遇到问题的时候,能及时通过正常沟通渠道反映,理性处理。

(二)小梦想成就大梦想——党课教育培训

我系开展党组织活动,积极宣传党组织要求,就如何成为一名优秀的党员以及作为一名党员应具备的道德品质开展了党课教育,要求党员从自我做起,带动身边的同学完善自我,实现自己的小梦想,继而推动实现党的建设全面发展的大梦想。在此基础上,我系展开了如下党课教育:

1. 理学系学生党支部开展"两学一做"专题党课活动

为迎接党的95岁生日,深化"两学一做"学习教育效果,2016年6月30日上午理学系学生党支部在滨江楼 BS202 开展了"两学一做"专题党课学习教育。

党课开始前，理学系学生党支部的辅导员老师们向每位学生党员赠送了一枚党徽，并帮同学把党徽佩戴在胸前，希望学生党员们时刻牢记自己是一名党员。

党课主讲人高婷亭老师紧扣"两学一做"学什么、做什么、如何做三个方面，通过深入浅出的讲解，加深了党员们对"两学一做"丰富内涵的理解，明确了"两学一做"的具体要求。高老师同时结合最近学生宿舍调整问题，向党员同学讲解如何在集体中起模范带头作用，如何争作一名讲奉献、有作为的合格党员。在交流讨论环节中，党员们纷纷发言。常稳稳同学说，学生党员必须认真学习"两学一做"党课内容，加强自身党性修养。谭成同学认为，"两学一做"是从"关键少数"向广大党员扩展、从集中性教育向经常性教育延伸的重要举措，也是学生党员进行自我学习自我整改的一次大好时机。王啸卿同学说，"两学一做"提出的"五个坚持"、"四讲四有"为如何成为一名合格党员提出了明确要求，需要时刻牢记。

高老师还对支部下学期的组织活动做出了安排，要求党员同学密切联系群众，建立党支部与普通同学之间的密切联系，把党员的正能量传递给更多的人，把"两学一做"要求贯穿到日常生活学习工作中，真正起到先锋模范作用。

2. 学习系列讲话，强化四个意识——理学系学生党支部召开专题讨论会

2016 年 9 月 9 日上午，理学系学生党支部召开"学习系列讲话、强化四个意识"专题讨论会。会上，党支部书记高婷亭老师阐述了"四个意识"的基本内涵，提出学生党员要牢记党员身份，自觉增强"四个意识"，把政治意识、大局意识、核心意识和看齐意识贯穿到生活和学习的始终，做到知行合一。党员们围绕如何把"四个意识"运用到实际生活中，谈感想、谈认识、谈体会，邵莹同学说，作为学生党员要时刻谨记"四个意识"，在生活和学习中发挥先锋作用，在本学期宿舍调整中，理学系党员同学以学院整体工作为重，带头搬家，体现了一定的大局意识。唐瑞麟同学谈到自己前几天在迎新党员服务岗工作时，积极为学弟学妹解答大学生活学习的疑问，为学生家长介绍滨江校园，作为一名党员感到骄傲。支部青年委员常稳稳同学表示，作为一名学生党员要不断加强政治修养，坚定理想信念，在学习和生活中不断实践、不断锤炼、不断进步，做到"知行合一"。

3. 理学系聘用学生党员担任小班主任

近日，理学系党支部新聘了"党员小班主任"，谈碧云、华亚婕、常稳稳、詹薇和顾洁凡 5 名学生党员分别担任理学系新生 5 个班级的"党员小班主任"。主要工作是协助辅导员做好新生入学后的各项工作。

理学系学生党支部结合院"两学一做"学习教育工作安排，积极探索学生党员教育的新方法，将学生党员教育培养与系内学生工作相结合，在系党支部内开展

"党员小班主任"实践活动,在实践中加强学生党员教育。

开学至今,"党员小班主任"们协助系学办和党支部做好新生日常管理和思想政治工作,新生报到当天,党员小班主任深入宿舍提醒学生防盗防骗,帮助学生解决其他实际困难;军训期间他们每天深入宿舍关心新生;分发教材时,他们在现场协助辅导员有序地分发教材;新生入学教育时,党员走在学生中间,协助辅导员将新生准时带到了体育馆,整个入学教育过程中坐在学生中间,维持好现场秩序等等。后期他们还将深入新生早操检查、晚自习纪律检查、教室学风检查、对学习困难学生进行帮扶以及宿舍卫生检查、宿舍文化建设等各方面,帮助新生养成良好的学习生活习惯,顺利完成中学到大学的过渡。

"党员小班主任"得到了大一的"小鲜肉"们欢迎,他们非常高兴能有这样一群没有代沟的哥哥姐姐,陪着他们一起开始全新的大学生活。"党员小班主任"也认为,在实际工作中提升了沟通与组织能力,为将来走上工作岗位更好地为人民服务积累了实际经验。

### 三、实现梦想,我们携手同行

(一)理学系开展"实现梦想,展望未来"心理健康教育活动

我系 2015 级应用化学团支部组织召开"倾听你我心声"主题班会。张得成同学讲述了自己在春节期间兼职的经历,向同学们暴露了最初独自在马路徘徊无人倾诉的内心痛苦,以及慢慢敞开心扉,学会与朋友倾诉内心情感的心理过程。他认为"有生之年,只送温暖亦言伤"。通过他的亲身讲述,同学们更加深刻地体会了倾诉与倾听的重要性和必要性。

2015 信计和 2015 光信息团支部别出心裁,走出宿舍,走出网络,选择在大自然环境下进行座谈。班会给同学们创造了一个相互了解的机会,用"你比我猜""谁是大嗓门"等热身小游戏拉近了彼此的距离。大家席地而坐,围成圆圈,交流感情,交换想法。畅谈自己对生活、对未来、对爱情、对国家的看法和憧憬。

"脚踏春风追梦,心怀理想起航",实验班的同学来了一次与任课老师的"约会",大家从大学的感受开始,回忆自己进入实验班的目的,有的同学说是为了好好学习,有的同学说是为了打好扎实基础准备将来考研。总结了上学期的得与失,同学们把对未来大学生活的想法、自己的理想一起分享。

(二)实现梦想,我们在路上——理学系举办考研就业指导动员大会

为进一步加强大四同学们对就业形势及专业就业方向的认识,了解研究生入学考试信息、增强考研信心,10 月 25 号上午,理学系举办了考研就业指导动员大会。

　　会上,具有三十多年工作经验的张翠英老师就当前社会大学生就业形势做出了具体分析,张老师指出大学生职业生涯规划的几个误区,也给应用化学、光信息科学与技术专业同学进行了就业方向的指导。张老师说,就业形势依然严峻,正确的自我定位和科学的求职方法尤为重要,绝大多数同学可以通过科学规划找到合适的工作,学校组织的招聘会一定要积极参加。

　　考研指导环节中,高婷亭老师首先了解了考研同学网上报名的具体情况,提醒大家一定要按时进行现场确认。接着,高老师就考研前大部分同学会出现焦虑、担忧、动摇的心理状态进行了分析,鼓励大家坚持到底就是胜利。高老师还与大家分享了一些备考小技巧,例如要求大家在考前完成一套真题卷进行热身等等。最后,同学们就自己在考研准备过程中遇到的问题向老师询问,高老师也为同学们一一做出详细的解答。

　　通过开展“三有”活动,我系举办了内容丰富、形式多样的各种活动。“谈梦”即通过畅谈梦想使学生对“梦想”这个词有更加深刻的印象,为同学们的“立梦”打好基础;“立梦”即同学们都要拥有自己的小梦想,有自己为之努力的目标;“圆梦”即鼓励学生们去实现他们的梦想,让学生们知道梦想并不遥远,我们已在路上。从这三个大方面进行的“有梦想”主题活动为我系的学生们带来了很大的影响。大多数学生坚定了理想信念,树立了正确的人生观、世界观和价值观。让他们懂得了学生应该从爱专业、爱行业开始,激发自己的职业理想,燃起自己的创业梦想,才能练就报国本领,让校园充满满满的正能量。

# 有责任:"弘扬正能量 做有责任青年"主题实践活动

为全面贯彻落实党的十八大对社会主义核心价值体系建设提出的新部署新要求,结合教党〔2016〕4号《中共教育部党组关于教育系统深入开展爱国主义教育的实施意见》精神,积极培育和践行社会主义核心价值观,推动社会主义核心价值观体系建设。深入学习习近平总书记所提出的系列重要讲话,促进学生全面发展,培养可塑性人才及勇于进取、开拓创新的社会主义接班人。结合电子工程系实际,将践行社会主义核心价值观建设活动,实施"三有"之"有责任"主题实践活动。

## 一、责任大事件

责任是一种职责和任务,具有强制性和内在自主性等特征,既是身处社会的个体应该遵守的规则和行为规范,也是每个社会公民需要自觉履行的道德意识。它伴随着人类社会的出现而出现,有社会就有责任。责任感是衡量一个人精神素质的重要指标。责任产生于社会关系中的相互承诺。在社会的舞台上,每种角色往往意味着一种责任。当我们在承担一项责任的时候,要付出一定的代价,但也意味着获得回报的权利。社会在发展,责任内涵也在不断发展,改革开放和现代化建设的伟大实践赋予责任日益丰富的时代内容。

活动对象:滨江学院师生

活动时间:三月下旬至六月上旬

活动形式:随机采访

活动介绍:从我们刚出生的那一刻就被赋予了责任,履行属于我们的权力同时也就承担着我们的责任。法律面前人人平等,可在一些小的事情方面我们真的承担责任了吗?作为子女,我们履行了孝顺父母的责任了吗?作为学生,我们做到了学生该做的了吗?责任大事件出发的目的就是找寻与倾听我们在镜头前最真实的想法,在下课、放学的路上随机采访不同民族、不同年龄阶段的人群,亦是最朴素的校园"清洁师"。通过分组,"责任小精灵"随机采访学校路上的行人,询问他们关于责任的问题,是不是明白并履行了自己的责任,对当下正在进行的"两会"是否了解。通过镜头传达他们的心声,对父母的祝福、对学校的祝福、对祖国的祝福!采访不分民族肤色、不分职位的高低,都是在自己岗位上默默奉献的人。

完成采访后,进行后期制作,做成一个完整的视频在各班级进行展示,感受他们的"责任"来教导我们履行自己的责任。

### 二、3 月:接棒雷锋,扬热血青春

面向对象:电子系全体学生

活动时间:三月份

活动开展:活动之一由电子系各班班长组织,申请教师、辅导员结合时政,给学生讲读两会精神,传达习近平总书记对当代大学生的寄语。开展主题班会,以提高学生对责任问题的认知能力、自我教育能力和实践能力,为形成正确的世界观、人生观、价值观打下基础,使学生明确对自己、对他人、对集体、对家庭、对社会及对国家等应尽的责任行为,并懂得在细节中努力实践责任和履行责任。

活动之二:结合三月雷锋月,电子系全系范围内开展学雷锋活动,各班组织策划;同时,开展"规划青春,扛起责任"主题征文活动,要求全系学生在深刻理解社会责任及个人责任的基础上,用文字记录个人对青春、对责任的感悟以及作为当代大学生,将如何担负起未来的责任作出规划,并能在规划的基础上,结合自身实际,如何付诸实施;最后,电子系将以学生征文为基础,挑选有深度、有内涵、可付诸实施的优秀文章,结集出版电子系以"有责任"为主题的小册子,并分发给每位同学阅读,以使更多同学从中得到启发而受益。

活动之三:结合学院宿舍刷卡制度的实施,组织电子系党员及入党积极分子,并随机从各专业、各年级抽取同学,共同组成宿舍巡查小组,不定时到宿舍了解学生归宿刷卡情况,向每个宿舍同学详细讲解和介绍刷卡进宿舍的好处,帮助广大同学尽快进入刷卡进宿舍的状态;同时,与电子系各辅导员紧密联系,从辅导员老师处获得第一手刷卡信息,与辅导员老师一起监督不刷卡同学;通过进入宿舍拍摄照片、视频等手段,督促宿舍卫生情况较差的宿舍同学整改。

### 三、4 月:钻研知识,守青春本分

面向对象:全体电子系学生

活动时间:四月份

活动简介:做一名"有责任"的当代大学生,从本质上说,就是不浪费父母为我们付出的每一分血汗钱,坚守作为一名学生的本分,努力学好专业知识,以学有所

成来回报父母、回报师长。因此,电子系每年四月份开展"电子设计大赛",通过竞赛让更多同学积累竞赛经验,夯实电子系学生应该具备的专业知识;同时,也会邀请"上海贝尔股份有限公司"、"南京思杰(ctrix)股份有限公司"等外企单位高级工程师为学生介绍工作相关知识背景等,激励学生认真学习;召开学生与我系任课教师座谈会,通过座谈会找出在上课过程中存在的不足或问题,师生共同协商,找出解决问题的办法,促进师生感情的交流;另外,响应学院学风建设号召,在电子系开展"图书漂流活动",每个班级推荐几本较有影响力的文学著作或者与专业课相关的书籍并贡献出来,放在电子系学生工作办公室公共图书角,编写图书号码,班级间图书轮流借阅,并要求学生写出读书体会,或由电子系任课教师根据专业课书籍内容提出问题让学生解答。最后,结合电子系微组织,让电子系同学通过关注微组织微信公众号,了解电子系及国家最新消息。让学生从小事做起,关心身边的事,家事、国事事事关心!

另外,四月,随着清明节的到来,电子系传统项目"雨花台烈士陵园扫墓"活动,组织电子系学生党员及部分入党积极分子一起,联系雨花台烈士陵园管理人员,开展向烈士学习,承担责任,继往开来。

### 四、5 月:激情燃烧,展青春风采

五月,是绿荫如海的季节,那灿烂的阳光如青年的脸庞,总是给人一种热情如火、激情飞扬的感觉。在这样一个季节里,我们电子系学生会策划了以下几个彰显青春的活动。

首先,开展五四青年趣味运动会。5 月 4 日为中国青年节,五四精神的核心内容为"爱国、进步、民主、科学",五四精神代表着进步的、积极的思想倾向。为纪念"五四青年节",弘扬"五四"精神,营造良好的校园文化气氛,学生会开展几项趣味运动,让学生们在趣味运动中体会互助、友爱的精神。

其次,结合五四青年节的主题,开展"我与五四"海报设计展,通过老师在教室宣传及学生会通过各种途径宣传,动员电子系全体同学,积极参加我与五四海报设计展,让每位同学都能在设计海报的过程中,自主查阅五四相关知识,把握五四精神内涵,以当代大学生的身份,担负起应该肩负的责任。

再次,开展 520 系列心理活动。继续电子系传统写信活动,号召每位同学给自己写一封信,告诉自己应该如何规划大学生活;要求电子系大一同学与大四同学相互写信,大二同学与大三同学相互写信,相互诉说生活、学习及对人生的迷惘,在不同年级的相互交流中得到成长的启示。

最后,五月底,即将迎来每年一度的"六一国际儿童节",作为大哥哥、大姐姐,

我们应为小朋友做些什么,又能够做些什么,为小朋友做些力所能及的事,也是青年的责任。电子系老师与同学一起,发动募捐活动,在六一儿童节到来之前,联系南京市儿童福利院,为福利院的小朋友们送去一份爱心。同时,走进浦口区个别小学,给小朋友捐赠图书。

除了关爱祖国花朵以外,我们也不会忘记,我们还有一份关爱老人的责任,这个月,作为青年的我们,会联系个别养老院,为老人们送去温暖与爱心。

### 五、6 月:指点江山,踏青春征途

六月,对于毕业生来说,是分别的季节,校园里到处弥漫着淡淡的离别伤感,但在伤感的同时,也有着对学弟学妹们的深深祝福和对踏入职场的兴奋与向往。在这个既带着离愁别绪又伴着激情的日子里,电子系学办组织毕业班党员及全体同学开展"我们自己的跳蚤市场",在帮助毕业班同学解决日常用品难以处理的问题,也促进低年级同学形成循环消费的理念。

同时,随着六一儿童节的到来,组织电子系学生开展"致我们终将逝去的童年"活动。活动通过演唱童年歌曲、动画观影、讲童年故事及童年照片征集、童年故事征文等形式,引导同学们不忘初心,担负起引导和影响少年儿童健康成长的责任。

六月,面对毕业生即将走进社会,挥洒他们青春的季节,电子系学生党员也将开展文明离校系列活动。

# 05

第五篇

## 文献资料篇

　　南京信息工程大学滨江学院在国家实施创新驱动发展战略和推进大众创业、万众创新的时代背景下，不断建立完善大学生创新创业工作机制，在全院师生中营造浓厚的创新创业氛围，努力培养高素质的创新创业人才。本篇主要收录了学院办学过程中制定出台的有关加强和改进大学生思想教育、开展大学生创新创业工作等文件资料。

# 南京信息工程大学滨江学院关于进一步加强和改进大学生思想政治教育的实施意见

为了深入贯彻落实《中共中央、国务院关于加强和改进新形势下高校思想政治工作的意见》精神,适应学生思想政治教育面临的新形势、新任务,努力把握学生思想政治教育创新发展的规律,全面提升我院学生思想政治教育的科学化水平,开创学生思想政治教育工作新局面,制定以下实施意见。

**一、进一步明确新形势下大学生思想政治教育总体要求**

高举中国特色社会主义伟大旗帜,以邓小平理论、"三个代表"重要思想、科学发展观为指导,深入学习贯彻党的十八大精神和习近平总书记系列重要讲话精神,全面落实党和国家教育方针,积极培育和践行社会主义核心价值观,努力提高思想政治教育的针对性、实效性和吸引力、感染力,促使学生思想道德素质、科学文化素质和身心健康素质全面协调发展,培养德智体美全面发展的社会主义合格建设者和可靠接班人。

**二、充分发挥课堂教学在大学生思想政治教育中的主导作用**

(一)加强思想政治理论课教学

不断加强思想政治理论课的学科建设、课程建设、教材建设和师资队伍建设,以加强理想信念教育为主要任务,继续坚持把马克思主义基本原理教育与引导大学生自学马列主义经典原著结合起来,坚持把课堂教育与开展社会实践活动结合起来,坚持把系统教育与开展专题教育结合起来,坚持把课堂教育与网络教育结合起来,建立思想政治理论课教师的定期培训制度和集体备课制度,改革教学内容、改进教学方法、改善教学手段,不断增强思想政治理论课的吸引力、感染力和说服力,引导大学生形成正确的世界观、人生观和价值观。

(二)完善形势与政策教育

结合国际国内形势变化,紧密围绕大学生普遍关注的热点、难点问题,教育引导学生正确认识世界和中国发展大势,从我们党探索中国特色社会主义历史发展和伟大实践中,认识和把握人类社会发展的历史必然性,认识和把握中国特色社会主义的历史必然性,不断树立为共产主义远大理想和中国特色社会主义共同理想而奋斗的信念和信心;正确认识中国特色和国际比较,全面客观认识当代中国、看待外部世界;正确认识时代责任和历史使命,用中国梦激扬青春梦,为学生点亮理想的灯、照亮前行的路,激励学生自觉把个人的理想追求融入国家和民族的事业中,勇做走在时代前列的奋进者、开拓者;正确认识远大抱负和脚踏实地,珍惜韶华、脚踏实地,把远大抱负落实到实际行动中,让勤奋学习成为青春飞扬的动力,让增长本领成为青春搏击的能量。形势政策课作为大学生必修课纳入教学计划,保证课时,认真考核。

(三)发挥各门课程的育人功能

深入挖掘各门课程的思想政治教育功能,使各类课程与思想政治理论课同向同行,形成协同效应。充分调动任课教师开展大学生思想政治教育的积极性,使学生在学习科学文化知识的过程中加强思想道德修养,提高思想政治觉悟。同时,严格教学纪律,加强教材管理,禁止在讲台和教材中散布违背我国宪法和党的路线方针政策的错误观点和言论。

### 三、努力拓展新形势下大学生思想政治教育的有效途径

(一)坚持实践育人,开展大学生社会实践活动

发挥"第二课堂"实践育人在思想政治教育中的独特作用,打造好"万千气象看人生"等社会实践活动品牌,创新开展大学生社会实践活动,将专业学习与社会需求、学校教育与社会教育、理论教育与实践教育、服务社会与双向受益更加紧密地结合,广泛开展扶贫支教、创业创新、志愿服务等社会实践,特别要参与服务国家重大活动和"一带一路"建设。把社会实践纳入教育教学总体规划和教学大纲,规定学时学分。加强社会实践基地建设,积极探索社会实践与专业学习、择业就业、创新创业相结合的管理体制,不断丰富社会实践的内容和形式,提高社会实践的质量和效果,让学生在亲身参与中认识国情、了解社会,受教育、长才干、做贡献,培养大学生的实践能力、创新精神、职业道德和社会责任感。

(二)坚持开展大学生思想道德建设工程

秉承"成人与成才并重"的教育理念,高度重视学生的思想道德建设工作,继续打造"有梦想、有责任、有担当"主题教育活动,把社会主义核心价值观教育贯穿于人才培养全过程,结合革命传统教育、改革开放教育、中华优秀文化教育,开展主题团日、榜样示范、网上宣传等活动,引导青年学生坚定信仰、积极传播、模范践

行,树立正确的世界观、人生观、价值观,扣好人生的第一粒扣子。把思想教育同道德实践结合起来,把严格日常管理与引导大学生遵规守纪,养成良好行为习惯结合起来,从我做起,从一言一行做起,增强文明道德意识,提高思想道德素质。

(三)加强校园文化建设

以加强爱国主义教育,推进素质教育,促进学生全面发展为主要目标,制定校园文化建设的总体规划,整合校内资源,广泛利用社会资源,拓展校园文化建设的空间,建设优良的校风、教风和学风;充分利用重大节庆、重大活动和爱国主义教育基地,开展特色鲜明的主题教育;全面实施大学生素质拓展计划,在大学生中开展科普教育、艺术教育、健康教育、诚信教育和文明礼仪教育,办好校园科技文化艺术节,努力构建人文素质教育体系;加强大学生爱校教育,利用校训、校歌、校徽和校园景观,教育学生继承和弘扬优良传统;加强人文景观建设,搞好校园的绿化美化;加强校园文化阵地的建设与管理,确保校园文化健康有序发展。

(四)开展心理健康教育

根据大学生的身心发展特点和教育规律,制订大学生心理健康教育计划,确定相应的教育内容、教育方法,通过开设公选课、举办讲座等多种形式,在学生中普及心理健康知识。坚持开展大学生心理健康调研和测试,建立学生心理健康档案,积极做好新生、应届毕业生、经济困难、学习困难、感情困惑、违纪学生的心理健康辅导。保证心理健康教育所需要的用房、设备和经费。积极开展心理咨询辅导,构建心理健康测试、教育、咨询,心理健康危机预防、干预及研究的心理健康教育工作体系,引导大学生健康成长。

(五)充分利用网络资源,积极发挥网络在思想政治教育中的宣传、引导作用

加强校园网站建设和管理,加大学院官方微博、微信等新媒体建设和管理,丰富网站教学、学术和文化内容,不断提高服务水平,把握网络思想政治教育主动权;利用"中国大学生在线"校园通讯站、"中青在线"校园记者站等平台,继续建好贴近实际、贴近生活、贴近学生的主题网站,提升校园网的思想政治教育功能。注重网络舆情分析,加强网络评论员队伍建设,强化网络管理,引导网络舆论,规范网络行为,建设"绿色网络"。

(六)加强毕业生就业指导和服务工作

深入实施毕业生就业"一把手工程",形成"领导主抓,各系为主,部门统筹,全员参与"的毕业生就业工作联动机制。坚持加强毕业生思想教育,认真开好就业创业课,把创业模拟实训作为选修课,加强职业生涯教育,引导大学生树立正确的世界观、人生观、价值观和择业观;在毕业教育中抓好文明离校教育、形势政策教育、正确择业观教育和艰苦创业思想教育。发掘校友先进典型,宣传校友就业创

业事迹。坚持未雨绸缪、主动出击、早谋划、早动手、抓市场、抓信息,充分挖掘市场潜力,拓宽校内外就业市场,举办大、中、小及专场招聘会,建立用人单位信息库和毕业生档案信息库等。

（七）认真解决学生生活中的实际问题

积极推进国家助学贷款的实施,形成以国家助学贷款为主体,包括奖学金、勤工助学基金和学费减免在内的助学体系;广开渠道,争取社会企事业单位和个人在学院设立奖、助学金,加强对贫困大学生的资助工作;积极采取多种形式与学生家长进行联络,建立家校合作育人的模式,对家庭经济困难学生进行实地走访,与学生家长面对面交流,深入了解学生家庭经济状况,反馈学生在校学习生活和思想动态。

**四、充分发挥党团组织在大学生思想政治教育中的重要作用**

（一）发挥党组织的作用

大力加强大学生党员发展和大学生党建工作。认真办好党校,加强大学生党员和要求入党积极分子的教育、培养,要坚持标准、规范程序、保证质量,积极做好从大学生中发展党员的工作。努力实现本科班级"低年级有党员、高年级有支部"的目标,充分发挥学生党员在思想政治教育中的骨干带头和先锋模范作用。

（二）发挥共青团组织的作用

要根据学院发展规模,按照规定配备专职共青团干部,加强共青团思想建设、政治建设、组织建设和作风建设,努力建设一支生气勃勃的高素质团干队伍;坚持党建带团建,认真做好推荐优秀团员入党工作,发挥各级共青团组织在学生思想政治教育、校园文化活动、青年志愿者活动和大学生暑期"三下乡"活动中的重要作用。

（三）发挥学生组织和学生团体的作用

要加强学生会和班委会、团支部建设,充分发挥学生会和班委会自我教育、自我管理、自我服务的作用。加强对大学生社团管理和指导,积极推进思想政治教育进学生社团。

**五、大力加强大学生思想政治教育工作队伍建设**

（一）加强党政干部和共青团干部队伍建设

要重视从事大学生党建和思想政治教育工作干部的选拔、培养、考核和任用。有计划地安排他们学习进修、挂职锻炼,不断提高他们的思想水平和工作能力。

（二）加强思想政治理论课和哲学社会科学教师队伍建设

要根据思想政治教育和人文素质教育的需要，不断充实师资力量，吸收他们承担必要的政治教育任务，开展社会考察、社会实践，提高他们的思想政治素质和思想教育水平，发挥他们在大学生思想政治教育中的重要作用。

（三）着力加强辅导员班主任和心理咨询教师队伍建设

要按照"政治强、业务精、纪律严、作风正"的要求，切实加强辅导员班主任和心理咨询教师队伍建设。完善和规范辅导员管理体制，建立分层次、多形式的辅导员培训体系，实施辅导员岗前培训计划、建立"辅导员工作坊"，实施"辅导员能力提升计划"，努力建设一支专业化、职业化、专家化的辅导员队伍。重视对班主任的选拔、培训、考核工作，强化班主任的责任感和荣誉感，树立学生思想政治工作先进典型，引领全院学生思想政治工作。要重视他们的政治水平、业务水平的提高，关心他们工作、生活条件的改善，在政策和经济方面给予适当倾斜。

**六、切实加强对大学生思想政治教育工作的领导**

（一）加强领导体制

成立学院、各系二级学生思想政治教育工作领导小组，建立和完善领导小组议事、督察、报告等制度，及时发现和解决学生思想政治教育工作中的实际问题，确保各项工作落到实处，努力形成党委统一领导、党政齐抓共管、专兼职队伍相结合、全校紧密配合的工作体制。

（二）完善工作机制

加强制度建设，建立健全加强大学生思想政治教育和管理的各项制度，不断改善条件，优化手段，加大投入，全面落实学生思想政治教育工作的各项任务，形成学生思想政治教育工作的长效机制。

（三）明确责任，加强理论研究

各系、各部门要明确各自在学生教育和管理中的责任，密切协作，把育人的根本任务落到实处。深入开展学生思想政治教育的理论研究，总结学生思想政治教育的成功经验，探索学生思想政治教育新模式、新方法。

# 南京信息工程大学滨江学院大学生创新创业基金管理办法(试行)

## 第一章 总 则

第一条 为了倡导和鼓励学生自主学习和研究性学习,培养学生创新创业意识与能力,激发广大师生崇尚科学、锐意创新的热情,营造"大众创新、万众创业"的氛围,推进"挑战杯"、"创青春"、"互联网+"竞赛和创业实践活动的开展,促进优秀创新创业人才和优秀创新创业成果的涌现,学院特设立"南京信息工程大学滨江学院大学生创新创业基金"(以下简称"创新创业基金"),并制定本管理办法。

第二条 创新创业基金面向我院在册全日制本科生,实行组队申请,公平竞争,择优立项。

## 第二章 组织机构

第三条 学院成立"南京信息工程大学滨江学院大学生创新创业基金管理委员会"(以下简称"基金管委会"),负责审批创新创业基金的年度计划、项目立项,并根据立项项目的资金需求、评审专家组意见等因素确定立项项目资助额度,负责资金使用的监督管理等重大事项决策和重大事项处理。

第四条 院团委负责制订工作计划,组织开展项目申报,组织创新创业基金项目评审,审查、跟踪经费使用情况,组织中期检查、验收等日常管理。

第五条 院团委成立"南京信息工程大学滨江学院大学生创新创业基金评审专家组",主要由学院骨干教师、外请专家等组成。创新创业基金评审专家组配合院团委制定基金项目指南,审核申报项目的创新性和可行性,参与创新创业基金项目的评审、审查、验收等。

## 第三章 基金来源和管理

第六条 本基金来源于以下两个部分:

1. 教育行政部门和学院拨款;

2. 社会团体、企业或个人在学院设立或捐赠的用于支持大学生创新创业的资金。

第七条　本基金每年的资助金额不超过 10 万元。如果有特殊情况,可向学院申请从其他校外合作经费中划拨部分经费用于资助立项项目。

第八条　本基金委托院团委进行日常管理,基金的募集和使用必须经过基金管委会的审批,任何个人不得挪用基金。

### 第四章　项目申报及立项

第九条　创新创业基金项目分为创新项目与创业项目两类。创新项目可来源于学生的自选课题、指导教师的建议课题、研究机构或企事业单位的委托课题、开放实验室发布的课题等,按大学生科技创新的项目分类办法分为三类:自然科学类、社会科学类、制作发明类;创业项目来源于具有一定创新性、可行性的创业计划项目和创业实践项目。

第十条　学院每年于三月份或者十月份组织创新创业基金的申报和立项工作。学院团委在申报工作启动时发布创新创业基金项目立项指南,并同时受理项目申报;或者结合学院开展的创新创业竞赛,开展创新创业基金的评审立项工作。

第十一条　创新创业基金项目研究或实施年限一般为一年,重点项目或受某种特殊条件制约的项目可申请延长半年。

第十二条　项目申报小组可跨年级,由 2 名及以上学生自愿组合,负责人必须由一年级至三年级学生担任,项目组的成员均应符合以下条件:

1. 学习态度端正,近一年未受到任何违纪处分;

2. 有较强学习能力,近一年课程成绩学分加权平均分应达 70 分以上、无课程不及格;

3. 尚无正在实施的创新创业基金项目;

4. 若已负责或参加过学院创新创业基金项目,完成情况必须为已验收合格。

第十三条　为加强对学生创新创业项目的指导,原则上每个项目应有 1 - 2 名教师担任指导(其中至少有 1 名是校内教师)。指导教师可以由申请者自行联系,也可以由学院为其指定,实行双向选择,自愿结合。项目指导教师应治学严谨、为人师表、悉心指导、甘为人梯。每名指导教师同时指导的项目不得超过两项。

第十四条　申报程序

1. 申请者详细填写《南京信息工程大学滨江学院大学生创新创业基金项目申报书》(以下简称基金申报书);

2.《基金申报书》由指导教师审查并填写推荐意见后,报送至学院团委。

第十五条　审批与立项

1. 由创新创业基金评审专家组对申报项目进行评审。

2. 评审主要考察以下几点：

（1）申报期间是否已有相同和类似项目并完成；

（2）研究内容是否具有创新性和特色；

（3）经济效益和社会效益以及是否可供相关部门决策参考；

（4）设备、人员及经费是否合理。

3. 符合申请条件的项目，准予立项并给予经费资助。

4. 准予立项的项目将由基金管委会书面通知确认。

### 第五章 项目实施管理

第十六条 创新创业基金项目实行中期检查制度。中期检查于每年三月份或者九月份进行，主要检查项目的进度、质量和经费使用情况。

1. 项目组填写《南京信息工程大学滨江学院大学生创新创业基金项目中期自查表》，指导教师先行检查后签署意见，报送至院团委；

2. 创新创业基金评审专家组对项目进行检查，分别对每个项目形成检查意见，并向项目负责人反馈。

3. 中期检查合格的项目准予继续开展项目研究工作；不合格的项目将按评审专家组意见限期进行整改，并由基金管委会组织整改后的检查。

第十七条 项目进行过程中，不得自行更换负责人或变更、增补项目组成员，不得擅自更改项目名称、研究内容、最终成果形式或中止项目。项目确需变更、调整、中止，须由项目负责人提出书面申请，经指导老师批准后，报基金管委会审批。

第十八条 有下列情形，经基金管委会核实将撤销项目，被撤销项目的项目负责人不得再申请创新创业基金项目：

1. 研究方向存在严重问题；

2. 研究经费使用很不合理；

3. 整改后检查仍不合格；

4. 剽窃他人成果；

5. 与批准的项目计划严重不符；

6. 逾期不提交延期申请，或延期到期仍不能验收；

7. 项目组成员学习成绩严重下滑；

8. 无故不完成研究任务或自行终止项目研究。

第十九条 项目负责人因疾病、退学、休学等原因而不能继续主持项目工作，征得指导教师同意，向基金管委会报告，经核实认定，可分别做出以下处理：

1. 由项目组成员替任负责人，继续开展项目研究；

2. 经项目组全部成员同意,终止项目研究。

## 第六章　项目经费管理

第二十条　创新创业基金立项项目分为重点扶持项目、重点项目和一般项目三个类别;项目经费分为立项经费和追加经费两个类别。

1. 立项经费资助额度见下表:

| | 重点扶持项目(元) | 重点项目(元) | 一般项目(元) |
|---|---|---|---|
| 自然科学类、制作发明类 | 5000～30000 | 3000 | 1500 |
| 社会科学类 | 3000～20000 | 2000 | 1000 |
| 创业类 | 5000～20000 | 4000 | 2000 |

2. 创新创业基金立项项目进入"挑战杯""创青春""互联网＋"省赛决赛的追加经费5000元,进入"挑战杯""创青春""互联网＋"国赛的追加经费10000元。

第二十一条　项目经费实行实报实销制,由项目负责人在导师的指导下,按计划自主支配项目经费。相关发票经项目负责人、指导老师签字后,到管理办公室审核,经院领导审议后报销。重点扶持项目立项经费分两个阶段报销。第一阶段占总额的50％,在项目启动时可以报销;第二阶段占总额的50％,在项目进行中期检查审核通过后可以报销。重点项目和一般项目立项经费在项目启动时可以报销。项目追加经费在获得省赛决赛资格或国赛参赛资格后可以报销。

第二十二条　项目经费的管理与使用必须符合国家和学校的有关财务制度和其他相关规定,专款专用。开支范围主要包括图书资料费、调研及学术交流费、论文版面费、打印复印费、邮寄费用、元器件费用、调研交通费用等。

## 第七章　项目结题验收

第二十三条　创新创业基金项目以实物、模型、总结报告、学术论文、研究报告、竞赛获奖等形式作为研究成果以备验收。

第二十四条　基于创新创业基金项目发表的论文和形成的研究报告,均应注明"南京信息工程大学滨江学院大学生创新创业基金资助"字样。

第二十五条　项目验收前,项目组应填报《南京信息工程大学滨江学院大学生创新创业基金项目结题验收表》,由指导教师签署审查意见,连同项目总结报告和研究成果,一并送交院团委。

第二十六条　基金管委会先审查项目经费的使用,再组织评审专家组对项目进行评审验收,验收结果分为优秀、合格和不合格。验收通过的项目将在全院范围公布,验收不合格的项目责令提高改进,并由评审专家组再次验收。

第二十七条 验收通过的项目将颁发证书,同时推荐参加更高级别的创新创业活动;再次验收仍不合格的项目,其项目组成员均不得再次申请创新创业基金项目。

### 第八章 附 则

第二十八条 本办法自颁布之日起执行,由创新创业基金管理委员会负责解释。

# 关于成立南京信息工程大学滨江学院
# 大学生创新创业基金管理委员会的通知

各部门:

为加强大学生创新创业基金管理,推进大学生创业实践工作有序开展,现决定成立南京信息工程大学滨江学院大学生创新创业基金管理委员会,人员组成如下:

主　　任:申双和　陈　涛

副主任:葛昕明

委　　员:耿焕同　黄　锐　齐运锋　沈伟峰

秘　　书:陈　银

大学生创新创业基金管理委员会负责审批创新创业基金的年度计划、项目立项,确定立项项目资助额度,负责资金使用的监督管理等重大事项决策和重大事项处理。大学生创新创业基金管理委员会下设办公室,办公室设在滨江学院团委。办公室负责制订工作计划,组织开展项目申报,组织创新创业基金项目评审,审查、跟踪经费使用情况,组织项目中期检查、验收等日常管理。

# 南京信息工程大学滨江学院大学生
# 创业园管理办法(修订)

## 第一章　总则

第一条　根据有关规定,结合学院实际,为鼓励大学生积极开展创新创业实践活动,进一步培养大学生创新创业意识、提高创业能力,保证南京信息工程大学滨江学院大学生创业园(以下简称"创业园")各项工作正常有序开展,特制定本办法。

第二条　创业园是学生的校内创业实践基地,具有孵化器功能,为校内外大学生提供创业服务。创业园通过提供创业场地及相关扶持政策,为大学生提供创业实践平台,使学生在开办经营实体及运营过程中,培养和提升专业实践能力和创新创业能力。

第三条　申请入驻创业园的团队应以本院在籍学生为主体。

## 第二章　组织机构及职责

第四条　创业园由南京信息工程大学滨江学院团委负责管理与运作,具体负责创业园各项事务。

第五条　院团委职责

1. 负责编制创业园的发展规划;

2. 负责创业园和创业团队的管理工作;

3. 负责创业园的对外宣传和联系;

4. 负责代收创业团队在创业园期间需支付的相关费用;

5. 负责受理创业团队的入园申请和组织专家评审工作;

6. 负责对创业团队进行创业辅导、培训的组织,并提供相关咨询服务;

7. 负责对创业团队项目的实施过程进行监控,防止其出现转租或擅自改变申报项目等违规行为;

8. 负责入驻团队的考核和评比。

## 第三章　创业项目的入驻

**第六条　入驻条件**

1. 创业团队负责人及其成员以南京信息工程大学滨江学院全日制在校生为主,其他外校及已经毕业学生也可以按规定参加团队;

2. 创业团队自愿接受创业园的相关管理制度,并遵守执行;

3. 创业项目应具有一定的创新性或良好的市场潜力,鼓励创业项目与专业相结合;

4. 创业团队需根据市场需求确定经营项目,自负盈亏;

5. 创业团队应具备一定项目启动资金和承担风险的能力;

6. 创业团队入驻创业园后,必须保证能在园区正常开展工作;

7. 创业团队为在校生,开展创业活动需经所在系同意。

**第七条　入驻程序**

1. 创业团队提交《南京信息工程大学滨江学院大学生创业园竞标书》和身份证明复印件;

2. 院团委聘请有关人员组成评审专家组,结合各系审核推荐意见,对标书进行研究和审定,并初选一定比例的竞标者进入复选环节;

3. 院团委组织进入复选环节的同学参加竞标答辩,陈述自己的创业计划,并回答专家组的相关提问;

4. 专家组结合标书内容、答辩情况及各系推荐意见进行讨论与商定,确定竞标项目的胜出者;

5. 创业团队与院团委签署入驻协议书并办理其他相关手续;

6. 创业团队正式进驻开展创业活动;

7. 在国家级、省级、学院举行的创新创业大赛中成绩优异、适合在园孵化的项目,经过创业园的审核可以直接入驻创业园。

**第八条　评审标准**

1. 团队负责人在校综合表现良好,学习过相关创业课程,具有较强的组织协调能力;

2. 团队组织结构合理,成员目标一致,具有良好的团队精神;

3. 创业项目具有创新性和市场潜力;

4. 创业竞标书内容全面,并具有较强的现实操作性。

## 第四章　创业园的管理

第九条　创业园管理

1. 创业团队应在协议指定区域内经营项目,不得私自占用公共区域;

2. 创业团队不得擅自对创业园既定的格局和装修等进行改造,如确实需要改造,改造方案需经院团委批准,方可施工;

3. 创业团队在创业园举行大型活动,需提前三天到院团委报批;如有校外人员参加,需提前一周进行报批。

4. 经竞标确定的创业团队不得以任何形式转让或转租创业园的经营权;若存在此类行为,院团委将无条件收回创业园经营权。

第十条　经营管理

1. 遵守国家的有关法律、法规,合法经营;

2. 遵守创业园的各项规章制度和与院团委签订的协议;

3. 各创业团队在院团委的统一管理与指导下,实行自主经营,独立核算,自负盈亏;

4. 及时准确地向院团委报送不涉及经营机密的报表和数据,配合院团委完成相关的统计工作;

第十一条　安全管理

1. 各创业团队必须严格遵守创业园作息时间,开园时间为 8:00 至 21:30;

2. 各创业团队必须做到离开创业园时,锁门关窗,关闭电源;

3. 创业园内严禁任何人员留宿;

4. 因创业团队自身管理不善,发生安全事故的,损失自行承担;后果严重的,依法追究相关法律责任。

5. 各创业团队成员无论发现任何安全隐患,有义务立即向学校保卫处和院团委报告;

6. 各创业团队不得在创业园区内通过任何形式发布有害国家安全、有损国家形象的言论。

第十二条　卫生管理

1. 各创业团队有义务维护公共区域内的环境卫生;

2. 各创业团队应保证自己区域内干净整洁,不准在创业园内吸烟、不准做饭。

## 第五章　创业项目的考核与奖惩

第十三条　创业项目的考核

1. 创业项目的考核每季度进行一次;

2. 考核程序

（1）由院团委发出书面通知；

（2）创业团队根据评估考核要求准备材料；

（3）院团委组织有关人员对考核材料进行审核，并进行相关调查；

（4）根据考核各项指标进行评分；

（5）考核结果以书面形式予以公布。

3. 评估考核结果分优秀、合格与不合格三种。入驻项目在评估考核中，如出现下列情况之一者，视为考核不合格：

（1）创业团队入园后，未按要求在园区内开展工作，项目开展处于停顿状态，致使创业项目用房经常处于空闲或关闭状态者；

（2）未能按时向院团委上报相关材料，或所报材料内容不真实，经整改仍无效者；

（3）创业团队出现重大安全事故者；

（4）主要负责人违反法律或校纪校规受到纪律处分者；

（5）超出业务规定范围，从事与申报经营内容无关的商业活动者；

（6）不按规定时间交纳应缴费用者；

（7）擅自更换团队负责人；

（8）因安全问题，受到两次以上警告者；

（9）因卫生问题，受到两次以上警告者；

（10）因各种原因，累计受到三次以上警告者。

4. 创业项目考核时需提交评估考核自评表、内部管理制度、财务报表、团队人员花名册、承担业务统计表和合同复印件、团队成员在创业方面获得的荣誉材料等其他要求提供的材料。

第十四条 考核结果的效用

1. 创业园依据考核结果，评选优秀创业团队和创业新星；

2. 组织优秀团队到校外进行考察学习；

3. 考核不合格的团队勒令退出创业园。

## 第六章 创业项目的退出

第十五条 合同期满退出

大学生创业园对团队项目孵化期限为一年，孵化期结束办理出园手续，对需继续孵化的优秀项目，可以向院团委申请延期一年。进驻团队与院团委合同期满，到院团委办理相关手续，方可退出。

第十六条　自动申请退出

因创业团队内部问题,团队负责人向院团委提出退出申请,院团委审核,终止协议,办理相关手续,方可退出。

第十七条　勒令退出

对严重违反创业园管理办法或考核不合格的团队,院团委可提出终止协议,办理相关手续,勒令退出。

## 第七章　附　则

第十八条　本办法未尽事宜,严格遵照国家有关规定和学院管理条例执行;

第十九条　本办法自发布之日起执行,由院团委负责解释。

# 南京信息工程大学滨江学院
# 校外实习基地建设与管理的规定（试行）

　　校外实习基地是培养学生创新精神和实践能力的重要场所,是学生了解社会和企业、接触生产实践的桥梁,也是高等学校实现人才培养目标的重要条件保证。加强实习基地的建设,直接关系到实践教学质量,对培养学生的实践动手能力和创新意识有着十分重要的作用。为进一步加强和规范校外实习基地的建设和管理,特制定本规定。

　　南京信息工程大学滨江学院校外实习基地由学校和相关企业、事业单位协商共同建立。各专业可根据自身学科的性质特点,有目的、有计划、有步骤地选择能满足实习教学条件的企事业单位,共同建立校外实习基地。

### 一、建立校外实习基地的基本条件

　　1. 与专业基本对口,技术和设备先进,能满足实习教学任务和实习大纲的要求;

　　2. 能满足实习学生学习、劳动保护和卫生安全等方面的条件;

　　3. 就地就近,相对稳定;

　　4. 能与"产、学、研"一体化相结合。

### 二、校外实习基地的类型

　　1. 由学院与大型厂矿企业、集团公司、研究机构等单位建立教学、科研、生产联合体的(产、学、研)综合型校外实习基地;

　　2. 普通专业型的校外实习基地。

### 三、学校与校外实习基地共建单位应承担的义务

　　1. 学校在人才培训、委托培养、课程进修、咨询服务、信息交流等方面对校外实习基地单位优先提供服务;

2. 在国家政策许可范围内，在同等条件下，校外实习基地共建单位在招生与就业方面可优先考虑；

3. 校外实习基地共建单位对实习学生有关收费给予优惠，不收或少收；

4. 校外实习基地共建单位要积极探索、创造条件使实习教学与"产、学、研"一体化相结合，产生经济效益和社会效益；

5. 学院与校外实习基地共建单位应对实习指导教师进行上岗培训，并对实习指导教师的工作进行质量监控；

6. 学院与校外实习基地共建单位应优先考虑实习场所的学生实习条件，保证实习学生、指导老师及生产人员的人身安全，并对相关人员（尤其是实习学生）强调安全注意事项；

7. 学院与校外实习基地共建单位应考虑实习基地的建设、设施维护工作，并指定相应专人负责相关事务。

### 四、校外实习基地协议书的签订

1. 校外实习基地共建双方有合作意向，在符合建立校外实习基地条件的基础上，经协商后可由学院系与基地所在单位签订建立校外实习基地协议书（一式两份），由学院、校外实习基地各执一份；

2. 校外实习基地协议合作年限根据双方需要确定，一般不少于 3 年；

3. 协议书应包括以下内容：①双方合作目的；②基地建设目标与受益范围；③双方权利和义务；④实习师生的住宿、学习、交通等安排；⑤协议合作年限；⑥其他。

### 五、校外实习基地挂牌

学院与校外实习基地共建单位签订合作协议后，校外实习基地挂"南京信息工程大学滨江学院教学实习基地"铜牌，实习基地铜牌由学院定做。

### 六、校外实习基地的管理

为促进校外实习基地建设和规范管理，学院作为职能部门对全校校外实习基地进行全面统筹，各专业所在院系负责基地的建设、实习教学内容安排、实习计划、总结，并报教务办公室备案。要做好日常管理工作，注意保存反映实习基地的状况及师生活动的照片等资料，有实习基地的基本情况和教学状况的详细介绍（不少于 1500 字）。同时学院组织有关部门不定期到校外实习基地检查、评估校外实习基地教学情况。实习基地建设的相关费用可在实习经费中开支。对协议到期的校外实习基地,根据双方合作意向与成效,可办理协议续签手续。

**七、本规定由教务办公室负责解释**

附件:

1. 南京信息工程大学滨江学院赴校外实习基地实习计划申报表
2. 南京信息工程大学滨江学院赴校外实习基地实习情况总结表

# 南京信息工程大学滨江学院
# 校企合作管理办法（试行）

## 第一章　总则

第一条　目的

为适应学院"技能型、应用型"人才培养战略的需要，同时也为进一步节约学生经济和时间成本，按照"资源共享、优势互补、责任同担、利益共享"的原则，学院积极搭建校企合作平台，创新校企合作运行机制。通过引进企业的设备、技术、培训业务等，提高学生的实际动手能力；企业在实现自身工作任务的同时，接受学生的专业实训，使学生得到企业文化的熏陶，尽快实现由学生到职业人角色的转换，更快地融入社会中去。为进一步规范学院与企业单位的合作，结合学院的实际情况，特制定本管理办法。

第二条　适用范围

本管理办法适用于院内各单位与企业在学生实习、实训、技能培训等方面的合作事项。

第三条　组织机构

院内各单位与企业的合作由实践教学管理科统筹协调，归口管理。实践教学管理科负责合作单位与院内各单位的联络沟通，合作单位负责学生在本单位实习、实训期间内的日常管理。

## 第二章　合作与管理

第四条　合作条件

（一）合作的基本条件

开展校企合作的企业必须是持有执业资格的法人单位或合法机构，与学院人才培养和专业建设对接，有着良好业绩和可持续发展能力，具有较高合作诚信度。校企合作项目应符合学院的办学定位和人才培养需求，可持续发展能力强，能积极搭建产学研紧密结合、互利共赢的合作平台。

（二）优先合作条件

1. 能提供产、学、研紧密结合的教学、生产、科研平台并自愿与学院合作；

2. 企业拥有行业内较为先进的设备和技术条件，并能与学院实现共享；

3. 能提供相应资金或设备用于学院实验室建设、实训环境改善；

4. 能在学院通过设立相应奖学金或助学金的形式切实帮助到学生。

（三）不宜引进的校企合作项目范围

1. 拟引进的校企合作项目中含有国家或行业协会明令禁止的设备、材料、工艺、技术等；

2. 单纯进行商业性生产经营；

3. 有关法律、法规禁止的其他情形。

第五条　合作模式

（一）共建实训基地

为适应市场和企业发展对人才的需要，共同成立"人才培养实训基地"，建立校企合作人才培养机制，联合培养学生。逐步建立学分互换、学籍管理、组织管理等方面的联合机制，共同实施并逐步完善人才培养计划。

（二）开设技能培训班

为了鼓励学生参加各类职业技能培训，增强就业竞争力，根据各企业培训特点及不同培训方向或培训教学的需要，与企业建立相关技能培训班。培训班的授课方式以面授为主，授课时间由双方商定，授课课时按双方商定的教学计划执行，具体上课时间以课程时间表为准。授课地点为企业或者学校。对于取得相关职业技能资格证书的学生，可根据获得证书的情况置换一定的选修课学分。

第六条　校企合作项目办理程序

（一）校企合作项目由企业或承接单位提出申请，实践教学管理科进行资格审查，重点是审查校企合作项目的可行性、合作企业资质，并将材料送院内相关职能部门审核，以及组织专家论证，报分管院领导审批、决定。

（二）凡批准的项目，应签订学院统一的合作协议。实践教学管理科负责与合作方协调文本内容，报分管院领导审批，由院长或院长委托人签字确认，合作方法人或委托人签字后，加盖双方公章方为有效协议。

第七条　校企合作项目的管理

（一）项目的监督

1. 实践教学管理科要督促合作项目单位落实各有关合作具体措施，合作场地由项目合作负责人向学院提出申请，由实践教学科统筹安排。

2. 各项目单位每学期要制订本学期的项目合作计划，上报实践教学管理科审核,实践教学管理科结合当学期学院相关安排与项目单位确定最终合作方案。

3. 各项目单位必须于报名结束一周内上报本期学员详细名单,如遇恶意不报或漏报的情况,则视为自动终止合作协议,对后期增补的学员也要求及时上报,以便于学院统一管理。

4. 各项目单位每年要上报当年"校企合作年度报告",对项目的时机把握、人才培养、科研成果、服务收入、功能开发进行年度效益自评,教学实践科按照企业协议履行情况,组织学院相关进行复评。

(二)项目的年度考核

每年由实践教学管理科牵头对所有合作项目进行考核。考核时间一般定在每年的11月份。如发现校企合作项目的目标落实不力,工作不到位,管理不善的,需上报学院分管领导,经学院讨论研究,可以警告、整改、中断直至取消该合作项目。

1. 对校企合作项目的年度考核

(1)协议履约情况:

对照协议各条款,检视协议履约情况。

(a)未能完成协议所规定的条款,视为不合格;

(b)基本完成协议所规定的条款,视为合格;

(c)较好完成协议所规定的条款,视为良好;

(d)出色完成协议所规定的条款,视为优秀。

不合格项目的项目负责人需向实践教学管理科提交报告,详细说明未履约条款的程度、原因,并做出整改计划。

(2)生源数量情况:

连续两期在同类合作单位中生源数量居末位的原则上不再续签下期合作协议。

(3)满意度情况:

实践教学管理科定期组织相关学生及辅导员对现有合作单位进行满意度测验,对学生的就业情况进行跟踪,对于满意度较低的单位要求其整改,甚至取消该合作项目。

(4)一票否决:

凡合作过程中出现重大安全事故视为不合格,直接终止该合作项目。

2. 考核结果

(1)学院每年评选出校企优秀合作企业,给予证书、奖牌奖励。优秀合作企业由院内合作部门推荐或合作企业自行申报,实践教学管理科组织专家进行考核,上报学院批准。颁发奖牌,本奖项依据实际情况按不超过合作企业总数的20%评定。

(2)学院每年对考核不合格的项目单位进行淘汰,对违反规定的按学院有关规定进行问责。

第八条 经费及资产管理

(一)学院设立校企合作发展基金,用于支持校企合作项目,调研、交流活动和成果奖励。

(二)学院在项目实施过程中发生的费用,均按财务制度进行收支,不得账外运行、私设小金库。

(三)项目在合作过程中获得的产、学、研成果(包括发表论文、专著、研发的产品专利),均应署合作双方名称,双方共同所有,并纳入实践教学管理科管理范围。

第九条 公文管理

学院各单位收到的各类关于校企合作的文件(包括参加会议发放的文件),要及时送交实践教学管理科归口管理。校企合作协议原件交学院党政办公室备案存档。


## 第三章 附则

第十条 学院与事业单位、社会团体在学生实训、技能培训等方面的合作,参照本办法管理。本办法由实践教学管理科负责解释,自公布之日起执行。

附件:

1. 滨江学院校企合作项目申请表
2. 滨江学院校企联合人才培养协议书
3. 滨江学院教育培训合作协议书

# 南京信息工程大学滨江学院
# 职业技能资格证书与技能教育选修课
# 学分置换办法（试行）

各单位：

为了鼓励我院学生参加各类职业技能培训,促进动手能力的培养,增强就业竞争力,经研究决定,对于取得国家职业技能资格证书的学生,可根据获得证书的情况置换一定的选修课学分,现将有关规定通知如下：

### 一、认定范围

（一）在我院学习期间参加学院举办的各类职业技能培训,如剑桥商务英语、会计从业资格、企业人力资源管理、网络工程师、软件设计师、程序员、报关员等项目培训,通过相应考试并获得证书；

（二）在我院学习期间参加其他职业技能培训,通过相应考试并获得省级或以上范围通用的经学院审核认证通过的各类证书。

### 二、认定学分

每个学生每通过一项职业技能培训认证可参照《职业技能资格证书与技能教育选修课学分置换标准》(见附件一)认定 2 个技能教育选修课学分,每个学生认定的技能教育选修学分不超过 4 学分。

### 三、认定程序

每年 4 月份,当年毕业学生将拟申请认定学分的证书原件和复印件交各系审核,系审核后将学生申请情况登记造册,与各类证书的复印件一并报教务办认定学分。

本管理办法从发文之日起开始试行。最终解释权归滨江教务办。

附件：

1. 滨江学院职业技能资格证书与技能教育选修课学分置换标准

2. 滨江学院职业技能资格证书与技能教育选修课学分置换审核表

# 南京信息工程大学滨江学院
# 学生参加学术讲座学分计算办法（试行）

第一条　为加强大学生综合素质教育、提升学生学术素养，进一步活跃校园学术氛围，鼓励更多的学生积极参加学术讲座，特制定本办法。

第二条　在籍学生参加学术讲座统一纳入学籍管理，学生积极参加学术讲座予以计算学分。

学分计算办法：学生在校期间参加各类学术讲座，达到规定次数的，可取得相应学分。参加学术讲座达到 3～5 次的，计 1 个学分；达到 6 次及以上的，计 2 个学分，按"良好"计入选修课成绩；8 次以上按"优秀"计入选修课成绩。

第三条　学生参加学术讲座，认真填写讲座卡，并由现场工作人员在讲座卡上签章确认。

第四条　讲座卡不得转由他人代替填写、签章。

第五条　讲座卡需妥善保管。第七学期期末，经辅导员审核，由所在系评定成绩，汇总后交学院教务办。

本管理办法从 2009 级学生起实施。

本办法由学院教务办、团委负责解释。

# 南京信息工程大学滨江学院学生社团管理条例

### 第一章　总则

第一条　《南京信息工程大学滨江学院社团管理条例》中所指"学生社团"为我院学生发起成立和参加的、有一定活动主旨的、为学院和学生服务的学生团体。

第二条　学生社团必须坚持中国共产党的领导,坚持四项基本原则;遵守国家宪法和各种法律;遵守校纪校规。学生社团开展各种健康有益、有利于提高觉悟、陶冶情操、活跃生活、培养能力的活动。活动内容积极健康,不得宣扬封建、迷信、淫秽、反动等内容。

第三条　学生社团在学院党委的统一领导下和学院团委的指导下开展活动。

第四条　社团理事中心是学院团委管理学生社团事务和协调社团关系的特设机构。在学院团委的具体负责下,学生社团理事中心发扬民主,加强管理,更好地发挥作用。

第五条　学生社团工作是我院学生工作的重要组成部分,目的是培养、发展学生的兴趣和爱好,发挥学生特长,提高学生综合素质,丰富校园文化生活。

第六条　学生社团一律平等,它们之间的工作关系由学院团委委托社团理事中心予以协调。

第七条　禁止任何个人以社团名义在校内开展活动,禁止未经批准的社团开展活动。

### 第二章　社团理事中心

第八条　社团理事中心是学院团委管理学生社团事务和协调社团关系的特设机构。社团理事中心负责对社团的管理、监督、服务、协调以及参与所辖社团的有关工作。

第九条　社团理事中心的宗旨概括为"科学管理,互相监督,服务为本,携手共进"。

第十条　社团基本组织制度为民主集中制。

第十一条　社团理事中心的最高领导机构和决策机构为理事会。

## 第三章　学生社团成立、注册

第十二条　学生社团的发起成立条件必须符合以下条件：

（一）遵守《南京信息工程大学滨江学院学生社团管理条例》；

（二）学生社团至少有五名本院学生共同发起，社团发起人不得是一年级学生，并应有一定的活动组织经验。社团发起人学习成绩合格，学有余力，无不良表现，未受过任何处分；

（三）成员均为学院在籍学生；

（四）有能够准确反映社团宗旨的社团名称；

（五）有明确合法的活动宗旨，活动范围，活动内容，活动主旨积极健康，有利于校园文化环境和同学成长；

（六）至少有一名指导老师；

（七）学院内无性质相同或类似的学生社团存在；

（八）非营利性。

第十三条　学生社团的成立须首先向社团理事中心提出申请，申请成立学生社团须提供以下材料：

（一）社团成立申请书、名称、简称、社团章程（包括社团宗旨、财务管理制度、组织机构和管理制度、社团选举制度、会员的权利和义务、社团主要活动）、活动计划（包括活动范围、活动内容、活动主旨、活动方式）及其他需要说明的事项等内容的草案；

（二）拟聘请指导教师：各社团成立后必须聘请至少1名本校教师为指导教师；

（三）社团发起负责人和发起人名单（包括姓名、系别、联系方式），并附上社团第一负责人的个人简介。

第十四条　学院团委委托社团理事中心收集社团成立申请报告，并负责初步审核申请材料的真实性，社团理事中心审核通过后送至学院团委批准。

第十五条　对学生社团的成立，须会同院内其他部门共同审批的，由学院团委送交其他部门。

第十六条　从社团申请成立之日起一个月为社团的试运行期，社团理事中心将根据其试运行情况对该社团做出是否批准成立的决定。

第十七条　在试运行期结束时，学生社团经学院团委书面批准后正式成立。届时，社团方可招收成员和开展活动。未经批准成立的学生社团，不得以学生社团名义收取会费和组织社团活动。

第十八条　批准成立的学生社团应当以公告等方式宣告成立。

第十九条　学生社团需要更换名称时,须向社团理事中心申请,经学院团委同意,履行登记、注册手续后,方可启用新的名称开展活动。

第二十条　学生社团必须在每学年指定时间内按要求登记注册并接受学院团委考核,在社团理事中心备案。

## 第四章　学生社团的注销和解散

第二十一条　社团内部三分之二以上会员同意解散时,可以提出注销申请。注销学生社团须向社团理事中心提出书面申请,经学院团委同意后方可注销。

第二十二条　社团出现以下情况之一者:

(一)社团会员长期不足 10 人者;

(二)连续半年机构瘫痪,未进行正常活动者;

(三)无正式负责人或管理混乱者;

(四)社团活动违反相关规定或不服从管理,情节严重者;

(五)每学年在指定时间内不进行社团登记注册者;

(六)出现其他应予解散情形者。

学院团委有权解散该社团或暂时停止该社团的日常活动。社团由于以上情况而导致不良后果的,学院团委有权按相关规定追究主要责任人责任。

第二十三条　已注销、解散或被停止活动的社团,任何人不得以该社团名义开展活动。

## 第五章　社团成员

第二十四条　社团成员必须严格遵守国家法令和校纪校规。

第二十五条　在我院正式注册的学生均可申请加入我院学生社团。

第二十六条　社团成员必须坚持"以学习为主,以参加社团活动为辅"的原则,在完成好学习任务的情况下参加活动。

第二十七条　社团成员享有本社团成员的权利,同时必须履行成员的相关义务。

第二十八条　社团成员如果退出所在社团,须向本社团提出申请,由学生社团除名。

第二十九条　学生社团须在每学期初向社团理事中心报送社团成员名单备案。

第三十条　学生社团不得跨校发展成员,不得招收社会成员。

## 第六章　社团组织

第三十一条　社团组织必须有严格的规章制度,必须有严明的组织性、纪律性,不能与国家的法令或学校的规章制度有抵触。

第三十二条　学生社团的主要负责人应由社团推荐,经学院团委考察,大多数社团成员同意,由学院团委予以聘任。学生社团第一负责人不得是一年级学生。被学院团委聘用的学生社团负责人享有学生干部待遇。

第三十三条　社团组织负责人除对本社团进行日常管理外,还应对社团的工作成效、成员表现、社团公物等负责。

第三十四条　学生社团的干部每年12月份进行改选。社团负责人换届改选须由社团提出,报社团理事中心登记,经学院团委批准,在社团理事中心的监督下进行,公布后生效。社团负责人的任期以一学年为期限,未经学院团委、社团理事中心批准,不得随意中途变更。社团负责人确实有特殊原因需要在任期内变更的,需报社团理事中心登记,学院团委批准方可。

第三十五条　学生社团章程、财务制度、会员名单、社团登记表等资料由社团理事中心每学年统一建档保存。

第三十六条　社团不得刻制公章,可以自备艺术图章或其他标志,但须经学院团委批准,在社团理事中心备案。

第三十七条　社团有以下违纪行为:

(一)未经登记或逾期未注册且以协会名义开展活动者;

(二)登记、注册中隐瞒真实情况,弄虚作假者;

(三)开展活动内容与申请、申报不符者;

(四)从事违反法律法规、校纪校规及其协会章程活动者;

(五)从事不利于学生身心健康活动者;

(六)财物管理混乱或非法参与经济活动者;

(七)侵吞协会财物,挪用协会经费者;

(八)其他违纪违法行为。

学院团委将对社团负责人和主要责任者进行批评教育;情节严重者,根据或比照相关条例给予行政处分。在社团活动中违反规定受到校纪处分的学生,未经学校管理部门同意,不得再参加任何社团活动。

## 第七章　社团活动

第三十八条　社团活动一般在学生的课余时间进行,避免与学校的教学和其他统一安排发生冲突。学生社团的办公和活动时间不得超出学校的作息时间。

第三十九条　社团活动内容、范围不得超出本条例规定范围。活动内容和方式须合法、健康向上、对社团成员和广大同学的成长具有积极意义。

第四十条　学院团委和社团理事中心支持社团开展活动。学生社团开展活动须接受学院团委的管理和社团理事中心的统一协调,并接受指导老师的指导。

第四十一条　各学生社团有独立开展活动的权利,也可联合开展活动。学生社团可以独立申办、主办、承办或协办校内学生活动。

第四十二条　学生社团要出版、印刷刊物需向社团理事中心提出申请,经学院团委审批。学生社团的刊物接受社团理事中心的统一管理。

第四十三条　学生社团须在每学期期初向校社团理事中心提交本学期活动计划,并由社团理事中心汇总后送学院团委后备案。学生社团举办任何形式的活动时,必须向社团理事中心提出申请,在社团活动审批登记表经学院团委批准后在社团理事中心备案。

第四十四条　未经学院团委许可,学生团委不得擅自开展校外交流活动。申请跨校交流活动,同其他活动申请流程。

第四十五条　活动未经社团理事中心登记注册一律无效,并视为非法活动,社团理事中心将追究社团第一负责人及相关人员的责任。

第四十六条　学生社团经费来源为学院团委拨款、会员费、社会资助、同学捐赠等,为资助单位所做的宣传计划要经学院团委批准,在社团理事中心备案。

第四十七条　学生社团不得从事任何盈利性的服务活动。

第四十八条　各社团应及时与社团理事中心成员交流社团活动开展情况,认真、按时参加社团会议。

## 第八章　附则

第四十九条　本规定解释权属院团委。

第五十条　本规定自发布之日起实施。

# 南京信息工程大学滨江学院暑期社会实践评奖办法

　　为了大力推动我院大学生暑期社会实践活动的深入开展,更好地贯彻《中共中央国务院关于进一步加强和改进大学生思想政治教育的意见》(中发〔2004〕16号)和《进一步加强和改进大学生社会实践的意见》(中青联发〔2005〕3号)文件精神,把社会实践工作落到实处,现制定《南京信息工程大学滨江学院暑期社会实践评奖办法》,具体内容如下:

**一、奖项设置**

(一)团体奖

1.“优秀团队”:分特、一、二、三等奖,名额大体分配为:特等奖4%、一等奖6%、二等奖10%。

2.“优秀调查报告”:评奖数占参评总数的8%左右,约为30个。

(二)个人奖

1.“先进个人”:根据“优秀团队”获奖级别,按团队人数比例推荐人员参评,具体为:特等奖60%、一等奖40%,二等奖每支团队推荐2名,总计约200名。

2.“优秀指导教师”:特、一等奖团队指导老师,名额为20人。

**二、评奖方法**

(一)“优秀团队”

评奖采用百分制评分法,具体细则如下:

1. 实践论文、调查报告或其他形式的实践成果具有较高的专业水平,有实质性的成果上报(包括实践论文发表、为当地发展提出建设性意见、设计方案受到当地政府或企事业单位重视等),成果充分体现实践性质(占20分);

A. 实践论文内容突出围绕本年度实践主题;主题鲜明,内容充实;符合基本学术规范(占10分);

B. 实践论文或调查报告形式具有创新性,恰当运用数据、图形、图片等强化

论文内容;理论联系实际,反映实践特色(占10分);

2. 在实践过程中主动与地方媒体联系,有媒体对团队的认可并进行正面报道(主要依据报纸、录像等图文资料以及有媒体单位盖章的采访证明);着力宣传,树立良好形象;

实践团队要争取在地市级以上(含地市级)媒体上公开发表一篇有关社会实践活动报道。凡在国家级媒体上报道一次的,评奖中加5分。宣传报道须提供相关清单和证明材料(报道文章原件、广播电视的录音录像等)(占10分);

3. 建立与实践基地的长期合作意向;实践活动反馈表中,实践单位党团组织对团队有较高的评价(占10分);

4. 较好地完成暑期社会实践总结工作,能按时上报实践材料(占30分);

A. 实践前制订完整详细的社会实践方案,及时上交立项材料(占5分);

B. 实践出发前,积极参加学校组织的相关活动,如出征仪式、培训等(占5分);

C. 实践中圆满完成实践任务,确保活动过程安全无事故(占10分);

D. 及时汇报和上传实践成果,向社会实践网站提交实践新闻稿件(占5分);

E. 团队实践报告、总结等按时上报,积极参加评比(占5分);

5. 积极参加学院暑期社会实践团队报告会、图片展等后期宣传活动(占10分);

6. 暑期社会实践中指导教师全程进行科学指导(占15分)。

(二)"优秀调查报告"

优秀论文奖是颁发给在社会实践活动中撰写的具有一定现实意义和理论价值的调查报告、学术论文、心得体会等成果的。具体评奖标准参考以下几点:

1. 论文选题能结合时代背景,紧扣实际问题,具有较强的现实意义;

2. 论文观点明确,分析问题全面、客观、逻辑严密,具有一定的学术价值;

3. 论文所引用数据可靠、可信,能运用科学方法进行加工整理;

4. 论文结构严谨,条理清晰,语句通顺,文字简洁。

(三)"优秀指导教师"

优秀指导教师奖颁发给帮助学生做好实践活动,切实指导,并有实践成果产生的指导老师。

(四)"先进个人"

能够有效组织实践团队积极参与实践活动,较好地完成实践前、中、后期相关工作;在实践活动中,发扬团队精神,表现突出,在实践团体中起着良好的模范带头作用或关键性作用。

### 三、奖励办法

1. 所有获奖团队及个人均可获得学院颁发的荣誉证书；

2. 具体奖励办法参照《滨江学院 2010 年暑期社会实践奖励方案》执行；

3. 举行暑期社会实践报告会，在院内橱窗、网站上进行先进事迹宣传展览。

# 后 记

习近平总书记在全国高校思想政治工作会议上强调,做好高校思想政治工作,要因事而化、因时而进、因势而新,要更加注重以文化人、以文育人。高等学校校园文化是社会主义先进文化的重要组成部分。加强校园文化建设对于推进高等教育改革发展、加强和改进大学生思想政治教育、全面提高大学生综合素质,具有十分重要的意义。

本书是《高校校园文化建设成果文库》入选书目之一,主要收录了南京信息工程大学滨江学院近年来在大学生创新创业教育理念以及创新创业工作实践等方面的主题活动、研究成果、调查报告、人物事迹和相关文件资料,总结了该校在构建行业特色育人文化、立德树人、技术技能型人才培养、"双创"育人等方面的特色经验,展示了该校在党建创新、社会主义核心价值观培育、教学改革、社会实践等方面的创新案例,介绍了该校扎根基层、干事创业的优秀毕业生事迹以及在爱岗敬业、创新创业、志愿服务、自强不息等方面表现突出的优秀教师、在校大学生和创新创业团队。参与本书编写的有陈涛、葛昕明、齐运锋、黄锐、沈伟峰、万卫华、陈银、李艳艳、郑晓坤、王娟、魏萌、王维维等。本书在编写和出版过程中,得到了《高校校园文化建设成果文库》编委会和光明日报出版社的大力支持,在此表示衷心的感谢。

本书编写组
2017 年 6 月